I COLOMBI

ALLEVAMENTO, EDUCAZIONE, STORIA NATURALE

DEL COLOMBO IN GENERALE
E DEL VIAGGIATORE BELGA IN PARTICOLARE

E LORO APPLICAZIONE

AL SERVIZIO MILITARE, ALLO SPORT, ALL'INDUSTRIA, AL DILETTO

UNICA PUBBLICAZIONE DEL GENERE IN ITALIA

PEL TENENTE NEL GENIO

GIUSEPPE MALAGOLI

INCARICATO DEL SERVIZIO DELLE COLOMBAIE MILITARI
PRESIDENTE ONORARIO DELLA SOCIETÀ COLOMBICULTORI DI PARMA
E MEMBRO ONORARIO DI QUELLE DI MODENA E REGGIO EMILIA
AUTORE DI UN'ISTRUZIONE SULLE COLOMBAIE MILITARI
ADOTTATA DAL MINISTERO DELLA GUERRA

Con 60 nitidissime incisioni originali,
ed un prontuario di conti fatti per calcolare la velocità dei colombi
da 11 a 2000 chilometri

TORINO
ERMANNO LOESCHER

FIRENZE
Via Tornabuoni, 20.

ROMA
Via del Corso, 307.

1887.

Proprietà letteraria.

MODENA, Società Tipografica Modenese, 1887.

I Colombi: Allevamento, Educazione, Storia Naturale Del Colombo in General E Del Viaggiatore Belga in Particolare ...

Giuseppe Malagoli

G. MALAGOLI

I COLOMBI

A MIA MOGLIE

AUGUSTA MALAGOLI-BARALDI

———————✳———————

Dedico questo mio tenue lavoro, a te angelo di bontà,
che col darmi il tuo prezioso affetto mi destasti
a nuova e felice vita

————————

PREFAZIONE

Col principale proposito di attirare nella schiera dei colombicultori un maggior numero di dilettanti della razza belga, estendendo in tal guisa nel nostro paese un dilettevole *Sport* a beneficio dell'industria e dell'esercito specialmente, e stante lo sviluppo che un tale *Sport* va prendendo da noi, ciò che rilevo anche dalle numerose domande di indicazioni e di colombi che, specialmente dopo la prima gara nazionale tenutasi da Torino il 3 agosto 1886, continuamente mi giungono da ogni parte per impianto di colombaie ed altro; mi son deciso di pubblicare queste mie memorie che da molti anni avevo scritte per servirmi di base nell'istruire i sottufficiali allievi colombicultori. Questo libro, frutto di molti anni di pratica esperienza, servirà inoltre per riempire il vuoto attualmente esistente nelle nostre pubblicazioni in tale materia, e sarò più che soddisfatto se otterrò il proposito prefissomi, che cioè si raggiunga presto da noi lo sviluppo che un tale *Sport* ha già preso presso le altre nazioni.

Quanto ái difetti, in parte inseparabili da un libro che tende a dimostrare la colombicoltura a chi non ne conosce affatto, (giacchè a tale scopo sembrami debbano tendere le pubblicazioni che come questa trattano materie non molto conosciute), confido nella benignità del lettore.

MALAGOLI.

INDICE DELLE MATERIE

LIBRO I.

COLOMBICULTURA

CAPO I.

Conoscenza del colombo e suo nutrimento.

I.

DEL COLOMBO IN GENERALE.

II.

DEL COLOMBO VIAGGIATORE BELGA IN PARTICOLARE.

III.

CENNI SULL'ORGANIZZAZIONE E FUNZIONI FISIOLOGICHE DEL COLOMBO
E SUL PIUMAGGIO.

IV.

MUTA DELLE PENNE.

V.

NUTRIMENTO.

CAPO II.

Allevamento.

I.

NOZIONI DIVERSE — CARATTERI DEL COLOMBO RELATIVI ALL'ALLEVAMENTO.

II.

SESSO ED ETÀ.

III.

DEPOSIZIONE ED INCUBAZIONE DELLE UOVA — PICCIONCINI — PICCIONI.

IV.

PRINCIPIO E ANDAMENTO DELL'ALLEVAMENTO —
ACCOPPIAMENTI — INCROCIAMENTI.

CAPO III.

Igiene e malattie.

I.

IGIENE.

II.

MALATTIE DEGLI ORGANI DELLA DIGESTIONE.

III.

MALATTIE DEGLI ORGANI DELLA RESPIRAZIONE.

IV.

MALATTIE DEGLI ORGANI GENITALI.

V.

MALATTIE DELL'APPARECCHIO NERVOSO.

VI.

MALATTIE DELLA PELLE.

VII.

MALATTIE EPIZOOTICHE.

VIII.

MALATTIE PARASSITARIE.

IX.

MALATTIE DIVERSE.

CAPO IV.

Impianto di colombaie — Suppellettili.

I.

DEL LOCALE.

II.

SUPPELLETTILI DA COLOMBAIO.

III.

MODO PER POPOLARE UN COLOMBAIO DI NUOVO IMPIANTO
CON COLOMBI VIAGGIATORI BELGI O DI ALTRE RAZZE.

CAPO V.

La colombicultura come industria.
Cenni sulla caccia e proprietà del colombo.
Cose varie.

I.

ALLEVAMENTO DI COLOMBI COME INDUSTRIA.

II.

CENNI SULLA CACCIA E PROPRIETÀ DEL COLOMBO.

LIBRO II

EDUCAZIONE DEL COLOMBO E SPORT

CAPO I.

Educazione del colombo in generale e del viaggiatore belga in particolare — Ammaestramento del colombo ad alcuni giuochi dilettevoli.

I.

NOZIONI DIVERSE.

II.

ADDESTRAMENTO NORMALE DEL COLOMBO VIAGGIATORE.

III.

ADDESTRAMENTO PEI VIAGGI DI ANDATA E RITORNO

IV.

AMMAESTRAMENTO DEL COLOMBO AD ALCUNI GIUOCHI DILETTEVOLI.

CAPO II.

Sport colombofilo.

I.

CENNI DIVERSI.

II.

ORDINAMENTO DELLE SOCIETÀ COLOMBIFILI.

LIBRO III.

CAPO UNICO.

Delle colombaie militari.
Applicazione del colombo viaggiatore al servizio militare.

I.

II.

LE COLOMBAIE MILITARI IN ITALIA.

III.

APPLICAZIONE DEL COLOMBO VIAGGIATORE AL SERVIZIO MILITARE.

LIBRO IV.

PRONTUARIO DI CONTI FATTI
per calcolare la velocità dei colombi,
da 11 a 2000 chilometri

fu assoggettato al dominio dell' uomo è assai remota, e sorpassa di certo l' epoca storica.

Questa preistorica antichità del colombo domestico ci prova che in ogni tempo fu grande l'interessamento preso dall' uomo nell' educarlo, nell' allevarlo, nel migliorarne le razze, sia per i vantaggi che ne ricava, sia pel diletto che procaccia per la sua facilità di adattarsi ai voleri dell' uomo nelle più svariate condizioni della domestichezza.

2. **Uso presso gli antichi.** — La Genesi ci rappresenta un primo caso in cui l' uomo approfitta dell' intelligenza di questo volatile per servirsene. Noè dà la libertà alla fine del diluvio ad una « *colomba* » (e sia pure che voglia intendersi la « *colomba mistica* ») che ritorna la sera all' Arca, portando nel suo becco un ramo d'olivo simbolico. Ciò prova che prima del diluvio l' uomo si era già affezionato il colombo e conosceva l' amore che questo uccello porta alla propria dimora.

Successivamente venne poi dagli uomini coltivata la produzione e l' educazione di questi intelligenti volatili, e sin dai tempi remotissimi risulta che prestarono utili servizi.

L' uso di mandare lettere per mezzo dei colombi fu sì comune in alcuni paesi orientali, che alcuni scrittori lo riguardano come un' invenzione venutaci dall' oriente.

Sin dal 1174 nell' Assiria degli antichi, risulta che era stabilito un vero sistema postale governativo di provincia in provincia in cui i colombi facevano da porta-lettere. Siffatto servizio durò fino al 1258 nel

LIBRO I.

COLOMBICULTURA

CAPO PRIMO

CONOSCENZA DEL COLOMBO E SUO NUTRIMENTO.

I.

Del colombo in generale.

1. Antichità. — Consultando le opere più antiche ed anche la Bibbia, risulta che il colombo (1) è il primo volatile che venne ridotto allo stato domestico. Non si conosce quando ciò avvenne perchè la storia non ci ha tramandata nessuna notizia che ne accenni il cominciamento; ma, essendo fatta menzione di esso nei libri più antichi, si può dedurre che l'epoca in cui

---

(1) Il nome originario è *piccione.* Gli antichi sostituirono a questo il nome di *colombo.* (Varrone, *Agricoltura,* Capo VII, libro 3º) per la predilezione che hanno di abitare e di posarsi sul *culmine* delle case, delle torri e di chicchessia. Ora il nome di piccione è usato, dai più, per indicare un colombo giovane. Noi lo chiameremo, come si usa in Modena: *Piccioncino* dalla nascita e per tutto il tempo che ha bisogno di essere *imbeccato* dai genitori. *Piccione* da questa epoca e sino al momento in cui, nell'anno successivo alla sua nascita, viene ammesso alla procreazione. *Colombo* per tutto il rimanente della vita.

INDICE DELLE INCISIONI [1]

(1) Le figure 1.ᵃ alla 17.ᵃ incluse sono le stesse che fan parte della Istruzione sulle colombaie militari, pure da me compilata.

qual' anno i Mongoli s'impadronirono di quelle provincie e vi portarono la distruzione.

Nel secolo decimosettimo presso il gran Mogol si adoperavano colombi per tenere in corrispondenza gli assediati nelle varie fortezze.

I Gladiatori Greci e Romani se ne servivano per mandare con celerità in altri paesi, la notizia della vittoria riportata ai giuochi olimpici.

Così, secondo Plinio il vecchio, Irzio e Decimo Bruto nell'anno 43 avanti G. C. mantennero relazione tra loro durante l'assedio di Modena per mezzo dei colombi.

Torquato Tasso nel suo celebre poema « *Gerusalemme liberata* » ci narra un interessante episodio di un colombo che, colpito da un uccello di rapina, cadde inanimato nel campo dei cristiani. Esso portava sotto l'ala un biglietto, il cui contenuto rivelò ai Cristiani i progetti di guerra dei Musulmani (1).

Dagli antichi, e sopratutto dall'oriente, quest'uso passò fra noi, e si hanno molti esempi negli ultimi secoli di comunicazioni tenute, in gravi circostanze, per mezzo di colombi, come nella guerra d'Olanda dagli abitanti di Harlun assediati nel 1573, e da quelli di Leida nel 1574.

3. **Credenze mitologiche.** — Gli antichi consacravano il colombo specialmente a Venere. Questa Dea, secondo i mitologi, lo portava in mano, l'aggiogava al suo carro, e ne vestiva talora ella medesima le forme.

_____

(1) Colla corrispondenza in cifre od in qualche altro convenzionale linguaggio, si toglie oggi l'inconveniente di far sapere ai nemici il contenuto dei dispacci-colombi.

Gli abitanti di Ascalona tenevano in grande venerazione i colombi, e non ardivano ucciderli, nè cibarsene per tema di mangiare i loro Iddii medesimi; onde avevano gran cura di quelli che nascevano nelle loro città. Essi erano sacri anche presso gli Assiri, perchè credevano che l'anima di Semiramide fosse volata al cielo sotto questa forma. Il colombo era il solo uccello che si lasciasse vivere nei dintorni del tempio di Delo.

In Sicilia sul monte oggi chiamato S. Giuliano, esisteva un tempio di Venere, ove si celebravano tutti gli anni le feste della partenza delle *colombe*, essendochè credevasi che Venere andasse in Libia; quando i calcidi originari dell'Attilia, andarono a fondare la città di Cuma, la loro flotta *fu diretta nella sua rotta da una bianca colomba*.

La « colomba » era un uccello di buon augurio, tanto presso i Romani che presso i Greci; conservò e conserva ancora un certo carattere simbolico e sacro. Ed infatti anche attualmente nei monumenti sacri e negli altari rappresenta lo spirito santo, lo spirito di Dio. Rappresenta ancora l'emblema della dolcezza, della tenera fedeltà e dell'amor puro. Sullo scettro dei re Sassoni d'Inghilterra e su quello di Carlomagno eravi una colomba. Durante le cerimonie per l'incoronazione dei re di Francia nella cattedrale di Reims si dava la libertà a molte « bianche colombe ».

4. **Antico privilegio di allevare i colombi.** — Nel medio evo e sino al 1789 alla sola nobiltà era accordato il privilegio di tenere il colombaio. Questo

diritto venne abolito, assieme a tanti altri, la notte del 4 agosto 1789, ed attualmente il colombo è sparso dapertutto, e lo si trova tanto nei palazzi come nelle case, sia di città che di campagna.

5. **Origine delle diverse razze.** — Intorno all'origine delle diverse razze di colombi le versioni sono varie, ma la maggior parte degli scrittori antichi e moderni concordano nell'asserire che le varie razze dei colombi domestici abbiano avuto la loro prima origine da un unico stipite: *la Colomba Livia* (1). Senonchè ad alcuni sorge il dubbio come alcune razze che tanto differiscono dalla Colomba Livia, come sono il colombo pavone, il gozzuto ed altri, possono essere provenienti dal ceppo primitivo succitato, supponendo che siano provenienti da incroci della *Colomba Livia* con uccelli affini poco conosciuti in passato ed imbastarditisi colla specie colombide o perdutasi ora totalmente in modo di perderne le traccie. Abbenchè si sappia che l'incrociamento determina una certa tendenza alla variazione dei prodotti, pure è da ritenersi che ciò non sia avvenuto, giacchè per tener conto di questa ipotesi si dovrebbe ammettere che da cotesti incrociamenti fossero nati individui fecondi, mentre, per provvida legge di natura, sappiamo che gl'ibridi sono sempre infecondi.

La prima dunque delle due ipotesi credesi la più attendibile tanto più perchè i caratteri delle razze da

(1) La Colomba Livia viene volgarmente chiamata col nome di colombo sassaiuolo, colombo torraiuolo. Appartengono a questa razza i colombi che vivono in istato semidomestico a Venezia, Roma ed in altre città.

noi conosciute concordano tra loro, e colla colomba
Livia: Tutte depongono due uova; l'incubazione delle
medesime ha la stessa durata; tutte amano la società
dei loro simili; tutte, una volta accoppiati tra maschio
e femmina, si conservano fedeli per tutto il tempo della
vita; tutte si affezionano potentemente alla loro dimora;
tutte affettano lo stesso portamento nel corteggiare
le femmine; tutte sopportano grandi variazioni di
clima; tutte sono granivore e sono avidissime di sale,
ed hanno comuni altre abitudini di minor importanza
che si tacciono per brevità.

Riassumendo quindi le poche cose dette in merito
all'origine delle diverse razze dei colombi, si può
concludere che tutte le razze domestiche discendono
dalla colomba Livia, comprendendo sotto questo nome
alcune razze che tuttora vivono in istato selvaggio.

6. **Caratteri e sensi.** — Il colombo domestico è
granivoro, monogamo, cosmopolita, appartiene all'ordine
degli uccelli giratori (1) e possiede una grande potenza.

---

(1) Molti autori in materia vogliono scorgere in essi dei gallinacei.
Altri insigni naturalisti, invece, classificano il colombo tra gli uccelli, fra
cui il Brehm che lo colloca nella schiera degli uccelli Cursori, e ne forma
un ordine speciale di Giratori o Colombi, dividendola in dieci famiglie. Io
non ho esitato ad accettare una tale classificazione trovando ingiusto che
il colombo venga classificato tra i gallinacei perchè differiscono per ogni
rispetto tra loro. I colombi dopo nati restano nel nido quasi un mese, i
gallinacei invece sono attivi appena nati; quelli nascono ignudi, ciechi ed
inerti, questi vengono al mondo piumati e ben vivaci. Questa sola diversità
che è tanto notevole, parmi, dice il Brehm, più che sufficiente per fare una
tale distinzione. Differiscono ancora i colombi dai gallinacei nel modo di
bere, nella deposizioni delle uova, nel maritaggio, nella potenza di volo
ed altro.

di volo. Egli, dice il Brehm, si può considerare come un anello di transizione fra gli inerti ed i precoci, quelli cioè che sono attivi appena nati come sarebbero i gallinacei. Questi uccelli amano la bella vista, i luoghi tranquilli, l'aspetto di levante, le situazioni elevate ove possono godere dei primi raggi del sole; ed infatti si vedono i colombi dei colombai, le cui finestre sono situate in un piano basso e nell'interno dei cortili e di strade, uscire prima del levar del sole per recàrsi sul culmine delle case e delle torri vicine. È massimamente in primavera che essi cercano la prima influenza del sole, la purezza dell'aria ed i luoghi eminenti.

I colombi bevono immergendo il becco nell'acqua ed aspirano ordinariamente in una sola sorsata tutta la quantità di bevanda della quale abbisognano. Al contrario molti altri uccelli ed i gallinacei bevono a sorsi ripetuti, alzando per ciascuno di essi, la testa in modo quasi verticale.

Essi sono più caldi e prolifici degli animali quadrupedi e di molti altri uccelli, ed a differenza dei gallinacei, le femmine fanno le uova a due a due, e non sono feconde se le medesime non vengono volta per volta fecondate dal maschio. Le femmine che nell'estate non vengono accoppiate, fanno le uova infecondate a periodi diversi ed in quantità variabili. Normalmente la quantità annuale di uova che queste femmine depongono non oltrepassa il numero di sei.

Si congiungono spesso e quando mancano femmine della loro razza ed anche della loro specie si mi-

schiano, più volentieri di altri animali, colle prossime.
Il bisogno di congiungersi è tra essi di una necessità
si pressante, che alcuni infermano quando vien loro
lungamente impedito di soddisfarvi; e si vedono persino
qualche volta, dei maschi servirsi di piccioncini non
ancora completamente pennuti siccome incapaci di
fuggire. La femmina, nei colombi, si accoccola, e pare
che vi sia intromissione. All' esterno la vulva, che
sbocca sopra all' ano, alla sola ispezione non mostra
traccie visibili, è nei maschi non si scopre verga propriamente detta, ma esce dall' ano una linguetta biforcuta.

Se però un' organizzazione di siffatto genere sembra
non dover procurare ai colombi lunghi godimenti, ne
sono compensati, dalle carezze che servono di preludio
ai loro amorosi piaceri. Chi non è stato testimone delle
cure che il maschio profonde alla sua femmina per
eccitarla al piacere, delle grazie che procura di darsi
pompeggiando attorno ad essa, dei baci i quali espri-
mono si vivamente la tenerezza coi becchi incrociati?

Esso comincia col salutare tubando e girando intorno a sè, e strisciando la coda verso terra. La femmina non rimane per lungo tempo insensibile ai teneri
gemiti che accompagnano questi saluti; entra presto a
prender parte all'emozione del maschio, ed ella stessa
molte volte lo sollecita a rinnovare i loro piaceri fino
al momento del parto.

Nel colombo il principale motore di tutte le sue
azioni è quello di appagare tutti i suoi bisogni, e quella
certa inclinazione che ha di vivere in società de' suoi

simili, proviene e dal grado d' intelligenza e dall' estensione dell' affezione di cui è suscettibile.

La curiosità così attiva che i colombi manifestano,
non permette di supporre che la loro intelligenza rimanga stazionaria.

Si ricordano, certe razze hanno maggior memoria
delle altre, trasmettono questa facoltà e la intelligenza alla loro generazione, ed influiscono molto sui
figli, le istruzioni, le abitudini e lo sviluppo dell' intelligenza e del senso della direzione, quando queste qualità siano state diligentemente coltivate nei
genitori.

Generalmente non riconoscono le persone, ma distinguono i colori e riconoscono luoghi e cose da anni
non veduti; e lo dimostra la curiosità colla quale cercano di vederli ed il ritorno alla loro primiera dimora, che fanno alcuni colombi dopo due o più anni
d' assenza, specialmente in certe razze, come sarebbe-
bero i colombi viaggiatori belgi, inglesi e persiani.

Si rammentano di un maltrattamento ricevuto in
un dato luogo, degli esercizi fatti negli anni precedenti, della posta per la cova occupata negli anni
trascorsi e simili.

Nel colombo il primo fra i sensi è quello della
vista, e la natura avendolo fornito di due membrane,
delle quali una alquanto trasparente, e l' attitudine
che ha di far muovere indipendentemente queste membrane di ambedue gli occhi, gli dà nuovi mezzi per
ripararsi dai raggi luminosi, che disturberebbero la
visione; e nello stesso tempo per la facilità di muovere

la testa nelle diverse direzioni, può scoprire in ogni momento se è minacciato da qualche nemico.

Inoltre, il senso della vista essendo il solo che produca le idee del movimento, il solo per cui si possono confrontare immediatamente gli spazi trascorsi, ed i colombi, come gli altri uccelli, essendo tra tutti gli animali i più atti ed i più propri al moto, non è da meravigliarsi che essi abbiano nello stesso tempo il senso che li guida più perfetto e più sicuro. Essi possono percorrere in brev' ora un grande spazio; è dunque necessario che ne veggano l' estensione.

Se la natura fornendoli della rapidità del volo li avesse fatti miopi, queste due qualità sarebbero state contrarie; il colombo non avrebbe mai osato di servirsi della sua leggerezza, nè di spiegare un rapido volo. Altro non avrebbe fatto che volteggiare lentamente per timore di urtare e di trovare ostacoli non preveduti. Il colombo, dice Buffon, vede venti volte più lontano dell' uomo. La sola celerità con cui vedesi a volare un colombo può indicare l' estensione della sua vista; se non assoluta, almeno relativa. Un colombo il cui volo sia rapido, diretto, franco, vede certamente più lontano di un altro che muova lentamente e con più incertezza. Una seconda causa che sostiene la prima e che rende l'istinto del colombo, come quello degli altri uccelli, diverso dagli altri animali, si è l'elemento in cui egli abita, e che può scorrere senza toccar terra. Egli conosce forse meglio dell' uomo tutti i gradi della resistenza dell' aria, della sua temperatura a differenti altezze, della sua gravità relativa ecc. Esso prevede

più che noi, ed indicherebbe meglio dei nostri baro-
metri le variazioni ed i cangiamenti che si fanno in
questo mobile elemento. Più volte ha dato prova della
sua forza contro quella del vento, e sovente ancora
se, ne serve per volargli incontro per sua volontà,
amando meglio di volare controvento, quando ben inteso
non è troppo forte, che farsi spingere.

Dopo il senso della vista quello dell' **udito** sembra
il più sviluppato. Con esso sente i suoni più lontani
e più deboli; e può adunque rendergli utili servizi.
Si adattano a sentire senza timore suoni diversi come
di campana, del sibilar del vento, della musica e simili,
e, specialmente quando volano, sopportano con facilità
il busso del cannone anche da vicino.

L' odorato è in alcuni uccelli acutissimo. L' avoltoio,
per esempio, sente da una distanza incredibile il puzzo
degli animali·in putrefazione di cui si ciba. Nel colombo invece questo senso non è molto sviluppato, nè
ho potuto conoscere per qualche segno il grado di
sensibilità di questo senso, quando ricevono sensazioni
per le fosse nasali.

Il **gusto** viene esercitato dal suo organo, la lingua.
Benchè i colombi non mastichino gli alimenti e li
trangugino tutti interi, pure è in essi abbastanza sviluppato questo senso. Ed infatti dimostrano diffidenza
quando loro si presenta semi che non conoscono e che
non siano puliti, e si veggono a prendere e lasciar
quel seme, e non l' inghiottiscono, se non dopo di
averlo lungamente tastato, ed in certo modo assaggiato,
con ripetuta applicazione dell' organo del gusto.

Il **tatto** esiste indubbiamente, ma il piumaggio del colombo, che copre la pelle, ne rende l'azione quasi insensibile (1).

Il sentimento della conservazione è in essi superiore a molti altri animali. Sono timidi, ma non quando trattasi di scacciare perturbatori dal proprio nido, fossero anche uomini. Vengono spesso a battaglia fra loro, o per contendersi un dato posto nel colombaio, o per bere, o per mangiare, o per bagnarsi, e dalle risse avvengono poi antipatie ed animosità tendenti a cattiveria e ad ostinazione, specialmente quando sono tenuti rinchiusi.

La fedeltà coniugale è ben lontana dall'essere strettamente osservata come alcuni vogliono loro attribuire. Il maschio specialmente all'epoca dell'incubazione delle uova, va di frequente in cerca di illegittimi amori, e nelle femmine, sebbene più di rado, avviene che qualcuna accetta graziosamente le carezze di un maschio che non è il suo.

Non succedono però disunioni. Si accoppiano fra loro, od a volontà del colombicultore; si amano teneramente ed una volta accoppiati non si abbandonano che per morte, vecchiaia, malattia o per assenza prolungata di uno di essi.

Il colombo vive fino a vent'anni, seguendo in ciò quella legge che si dice fissa negli animali, di vivere cioè sei o sette volte la durata del tempo che l'organismo impiega a svilupparsi completamente; ma a 12

(1) Veggasi al N. 14 l'esistenza di un sesto senso, quello cioè della direzione.

anni non è più atto alla generazione, a sette anni i suoi prodotti cominciano ad essere in decadenza; a tre anni è nella massima sua vigorìa.

Tutti hanno certe qualità, che sono loro comuni; l'amore della società, l'affezione verso i loro simili, la dolcezza dei costumi, l'amore indivisibile del maschio e della femmina, la pulizia e la cura di se stessi che presuppongono il desiderio di piacere, l'arte di fare piacevolezze al proprio compagno, le tenere carezze, i movimenti graziosi, i baci timidi che non diventono intimi e arditi se non nel momento di godere, i teneri baci che succedono dopo questo momento; un fuoco sempre durevole, un gusto sempre costante, e per maggior bene ancora il mezzo di poter soddisfare all'amore sino ad otto o dieci volte in un sol giorno. Nessun disgusto, nessun puntiglio, nessun litigio, tutto il tempo della vita impiegato nei servizi dell'amore e nella cura dei suoi frutti, tutte le funzioni faticose egualmente divise, il maschio abbastanza amante per dividerle ed anche per incaricarsi delle materne cure per risparmiare l'incomodo alla sua compagna, e per mettere fra sè e lei quell'eguaglianza da cui dipende la felicità di qualunque durevole unione. Qual modello per l'uomo, conclude Buffon, se egli potesse, o sapesse imitarlo?

Molti altri caratteri riguardanti il colombo, per l'attinenza che hanno colla riproduzione, coll'addestramento ecc., si sono applicati nei rispettivi capitoli allo scopo di rendere più pratica la conoscenza del volatile in relazione alle sue diverse applicazioni.

II.

Del colombo viaggiatore belga in particolare

7. **Origine.** — Come tutte le razze dei colombi domestici, il colombo viaggiatore belga ha avuto la sua origine primitiva dalla Colomba Livia, della quale anzi conserve ancora molto i caratteri. Intorno poi alla sua ultima origine, dalla quale cioè, i colombi-cultori belgi hanno ottenuta la vera razza del viaggiatore, dotata di tutte quelle qualità istintive proprie al suo nome, i pareri dei diversi scrittori che hanno cercato d'indagare le vera provenienza di questi rari volatili, sono assai diversi.

Crede Villughby che il colombo viaggiatore citato, sia il colombo Carrier (Messaggiere) inglese.

Il Dottor Chapuis, distinto colombofllo di Verviers, asserisce che il colombo viaggiatore belga discende dal *colombo cravatta* francese incrociato con una varietà conosciuta in quei paesi sotto il nome di colombo camuso, che attualmente si è perduta in causa dei molteplici incrociamenti fatti con attività febbrile dai colombicultori belgi.

Il Comm. La Perre de Roo, distintissimo colombofllo che ebbi il piacere di conoscere a Parigi, autore di uno dei migliori trattati sul viaggiatore belga, e dal quale ho largamente attinto, dice di non potersi accennare con esattezza la sua origine, perchè proveniente da un'infinità d'incrociamenti assai difficile a definire.

Tale razza quindi non è propria, ma è stata creata nel Belgio a scopo di Sport, mediante incrociamenti di diverse razze, nello stesso modo che gli inglesi hanno creato il rinomato cavallo da corsa. Venne poi progressivamente migliorata mediante selezioni e progressiva educazione da generazione in generazione, ed elevata al punto in cui oggi si trova, la migliore che si conosca. Le razze di colombi che hanno concorso a formare questi distinti viaggiatori, sono indubbiamente la colomba Livia ed il Cravatta francese; quella ha messo la rustichezza, il coraggio, la forza, questi l'eleganza delle forme e le fattezze adatte al volo.

È pur certo che a formare la varietà anversese, specialmente, hanno concorso altre razze di colombi, ma non si può stabilire con precisione quali siano state. Riassumendo però le opinioni degli scrittori in materia e dei colombicultori da me consultati sul luogo, non che dall'esame dei caratteri posseduti dalla varietà anversese, scorgesi che colombi a grosse caruncole hanno preso parte a tale formazione; e questi credesi siano stati il Carrier inglese ed il Camuso. Il primo pare sia stato scelto per il suo elevato senso della direzione già ad esso un po' sviluppato, ed entrambi per la loro robustezza; il tipo ed il carattere, molto visibile nelle varietà anversese, delle grosse caruncole nasali dànno di ciò ragione, perchè pure entrambe le citate due razze hanno tali parti del corpo assai sviluppate, sebbene un po' compresse nel Camuso, razza questa ultima cui venne data una tale denominazione appunto per la compressione delle caruncole medesime.

8. Le tre varietà. — I colombi viaggiatori belgi si dividono in tre varietà: *liegese, anversese* e *mista* (figure 8, 9 e 10). Le due ultime varietà però tendono a confondersi o meglio a identificarsi, ed a formarne una sola.

« Il colombo *liegese,* dice *La Perre de Roo,* si distingue dagli altri tipi, per le sue forme vezzose, per le penne ripiegate, che a guisa di merletto ornano il suo petto e gli danno un'impronta elegante e distinta. Egli ha il becco piccolo e cortissimo, ornato alla sua base da caruncole bianche poco sviluppate. I suoi occhi vivaci e sporgenti sono incorniciati da un piccolo filetto carnoso e brillano come rubini. La testa è convessa come in tutti gli altri colombi viaggiatori belgi, e raramente hanno la testa come i colombi messaggeri inglesi. »

« Egli ha il collo corto ed ampiamente guarnito di piccole penne lunghe e strette a riflesso metallico. Le sue ali sono molto larghe e riposano colla loro estremità sopra una coda stretta, composta di 12 timoniere, e rinchiusa in maniera da non lasciare alla coda che la larghezza di una sola penna. »

« Il Colombo liegese gode nel Belgio una riputazione giustamente meritata, e sotto il rapporto dell'eleganza e delle qualità istintive non ha assolutamente nulla da invidiare alle altre varietà (1). »

(1) A Liegi questa varietà, dà, nei viaggi, risultati eccellenti, ed ha una velocità superiore a quella anversese. Trasportato invece per queste sue qualità ad Anversa si è constatato che perde delle sue qualità al punto di rendersi inferiore all'anversese.

« *Il Colombo viaggiatore anversese* differisce dal colombo liegese, principalmente per la sua grande taglia e statura, per il suo becco che è più forte e più lungo, le spugnole del becco sono più sviluppate e più tubercolose, così pure il filetto che circonda gli occhi. Il suo largo petto ed il grande incrocicchiamento delle ali, di cui le remiganti primarie si stendono quasi fino all'estremità della coda, sono indizio di un volo potente e sostenuto, poichè più la carena dello sterno del colombo viaggiatore è sviluppata, più egli vola facilmente. »

« Questo colombo si distingue particolarmente per la sua resistenza alla fatica durante i viaggi di lungo corso. »

« La sua testa convessa, larga fra gli occhi, sorretta da un collo vigoroso ampiamente guernito di penne a splendore di seta, e la sua coda stretta, gli dà l'impronta del vero colombo volante degli antichi. »

« *La varietà mista* forma un gruppo di cui ogni soggetto esigerebbe una descrizione speciale, poichè sarebbe alquanto difficile trovarne sei su cento, che abbiano parità di forme. Tuttavia essi si rassomigliano tutti più o meno, e non differiscono fra loro che nel becco più lungo e più forte in un soggetto che nell'altro, dalle caruncole nasali un po' più un po' meno tubercolose o sviluppate, dalla struttura e dal color degli occhi e dal mantello. »

Tutti hanno i medesimi caratteri distintivi del colombo viaggiatore: forme arrotondite ed eleganti, penne liscie e serrate, becco ornato alla sua base da carun-

cole più o meno sviluppate, occhi vivaci e circondati da un filetto di carne bianca che ne aumenta lo splendore, testa convessa, tarsi corti, grande estensione delle ali e coda stretta.

Il colombo viaggiatore belga inoltre è piuttosto snello e lungo; ampio ha lo sterno ed i polmoni da cui inietta l'aria a 40 gradi di temperatura. Piccole sono le ossa, vuote e sottili, poca carne, tendini robusti, ali con estensione relativamente grandissima e non ha bisogno che di un leggiero movimento per sostenersi, sollevarsi con poca fatica. La forza dei muscoli, la distensione dalle ali, la disposizione delle penne, la leggerezza delle ossa, sono le cause fisiche dell'effetto del volo, che sembra stanchi poco il petto del colombo, il quale quando è abituato al volo percorre 700 e più Km. in un sol giorno.

9. **Mantelli.** — Abbastanza variato è il mantello nei colombi viaggiatori belgi, ma non quanto però in alcune altre razze, per esempio quella triganina che si coltiva a Modena. In questa vi sono cento e più specie di mantelli, a ciascuno dei quali i colombicultori modenesi hanno dato un nome speciale.

Nei colombi viaggiatori belgi predomina sopratutti il mantello bigio con picchiettature nere sulle ali, ed il bigio con striscia nera pure sulle ali. Ve ne sono inoltre di color sangue rappreso colla coda di color cenere tendente al bianco sporco. Altri sono di color cenere chiaro latteo o di color tortora con striscie gialle o rosse sulle ali. Alcuni hanno il mantello tutto nero, specialmente nella varietà mista, rari sono i

bianchi, e rarissimi i bianchi perfetti; e finalmente ve ne sono alcuni con tutte le remiganti primarie bianche ed il rimanente del corpo di altro colore.

Lo specchio qui appresso tracciato serve per denominare in modo abbreviato i diversi mantelli, a seconda delle denominazioni date ai medesimi dai colombicultori modenesi (1) nel loro vernacolo, italianizzate nel modo più conveniente.

. Dieci soltanto sono le denominazioni che abbiamo dato a questi mantelli per facilitarne la denominazione medesima.

(1) A questa schiera, che a Modena chiamano « triganieri », perchè coltivano con molta passione ed intelligenza una razza bellissima di colombi chiamata « triganina », ho appartenuto fin da giovinetto e fintantochè intrapresi la carriera militare.

Specchio A.

Num. d'ordine progressivo 1	COLORE caratteristico fondamentale del mantello 2	DESCRIZIONE dei COLORI di ciascun mantello 3	DENOMINAZIONE loro data dai Colombicultori modenesi 4	ANNOTAZIONI 5
1	Cenere	Testa color bigio scuro, collo a riflesso metallico, petto cenerino un po' scuro, groppone bianco perlino, ali cenerine con due striscie nere trasversali e remiganti primarie e secondarie di color nero maggiormente sbiadito all'estremità, coda cenerognola con striscia nera pure all'estremità.	*Bigio verghe nere*	Fra i colombi viaggiatori belgi di questo mantello, ve ne sono alcuni, rarissimi però, nei quali le verghe tendono al rossiccio, ma tanto insensibilmente da non poterne variare la denominazione, e se eccezionalmente se ne riscontra qualcuno col color delle verghe di un rosso marcato si chiamerà allora *Bigio verghe rosse.*
2	Misto cenere e nero	Testa, collo, petto groppone e coda come il numero uno d'ordine, ali cenerine con picchiettature e punteggiature nere, e con striscie trasversali del medesimo colore che spessissimo si confondono nelle picchiettature stesse; remiganti primarie e secondarie nere all'estremità.	Trigono (1) di bigio.	Così denominasi questo mantello quando le picchiettature nere miste al cenerino coprono la metà circa delle penne. Dicesi poi trigono di bigio chiaro quando nelle ali predomina il cenerino, e trigono di bigio scuro quando predominano le picchiettature nere.
3	Cenere scuro	Testa, collo, petto e coda come i numeri uno e due, groppone cenerino, ali cenerino scure con picchiettature di color cenerino più scuro ancora e colle striscie di un nero sbiadito molto meno marcate che nel bigio con verghe nere, remiganti primarie e secondarie nere verso l'estremità.	Bissone.	Questo mantello si può anche denominare *Bigio scuro.*

(1) La voce di trigono (*Trenghen* in dialetto modenese) che in Italiano significa figura triangolare, è usata dai colombicultori modenesi per indicare che il colombo ha delle punteggiature o picchiettature sulle ali di colore differente del fondo.

Num. d'ordine progressivo	Colore caratteristico fondamentale del mantello	DESCRIZIONE dei COLORI di ciascun mantello	Denominazione loro data dai colombicultori modenesi	Annotazioni
1	2	3	4	5
4	Cenere latteo chiaro	Testa color cenere chiaro, tendente qualche volta al rossiccio, collo a splendore di seta, petto plumbeo chiaro cangiante; ali di color cenere latteo chiaro con striscie rosse che si estendono anche nelle remiganti, e rare volte gialle; estremità delle remiganti primarie e secondarie, coda e groppone un po' più chiaro delle spalle (1).	*Mugnaio verghe rosse* o *Mugnaio verghe gialle* a seconda del colore delle verghe stesse.	
5	Tortora	Testa cenerino, collo e petto come il numero quattro, ali di color tortora, qualche volta tendente al giallognolo con striscie rosse o nero sbiadito e qualche volta gialle, groppone un po' più chiaro delle ali, la coda è pure del colore delle ali, ma verso l'estremità è alquanto più scura.	*Pietra chiara* verghe rosse, o *Pietra chiara* verghe gialle ecc. a seconda del colore delle verghe.	Dicesi « Trigono di pietra chiara » quando sulla spalla vi sono picchiettature di color un po' più carico del fondo della spalla stessa.
6	Terra d'ombra	Testa e collo a riflesso metallico, e tutto il rimanente del corpo di color terra d'ombra tendente al giallognolo, estremità delle remiganti primarie un po' più chiare, ed estremità delle timoniere assai più scure del colore fondamentale del mantello.	*Pietra scura.*	Dicesi « Trigono di pietra scura » quando sulla spalla vi sono picchiettature di colore più carico del fondo della spalla stessa.
7	Sangue rappreso	Testa di color castagno, collo a splendore di seta, petto plumbeo cangiante, ali color sangue rappreso con fondo cenerino tendenti al rossiccio, remiganti primarie e secondarie color bianco per-	Mugnaio sanguigno.	Quando l'assieme di questo mantello è molto rosso, e le remiganti e timoniere sono rossicce, puossi chiamare « Sauro. »

(1) I colombicultori modenesi chiamano spalla tutta la parte dell'ala coperta dalle penne copritrici dello stesso membro.

Num. d'ordine progressivo	Colore caratteristico fondamentale del mantello	DESCRIZIONE dei COLORI di ciascun mantello	Denominazione loro data dai colombicultori modenesi	Annotazioni
1	2	3	4	5
		lino all' estremità e tendenti al rosso il rimanente, timoniere e groppone color bianco perlino.		
8	Nero	Collo ed un po' la testa a splendore metallico e tutto il rimanente del corpo nero.	Nero.	
9	Bianco	Il colombo bianco chiamasi colla sua vera denominazione.	Bianco.	
10	Vario	Il colombo di qualunque mantello, meno il bianco, che abbia le remiganti primarie bianche, e le rimanenti penne di altro colore, viene dai colombicultori modenesi chiamato *farfalla*. Aggiungendo a questa denominazione quella del mantello fondamentale di ciascun colombo, si avrà la denominazione di cui alla colonna seguente:	*Farfalla di bigio.* *Farfalla di Trigono di bigio.* *Farfalla di munaro sanguigno.* *Farfalla di munaro verghe rosse*, ecc.	Questo non forma un mantello propriamente detto, ma soltanto una speciale denominazione.

Molti dei mantelli citati presentano alcune penne sparse di tinte differenti dal colore fondamentale del mantello, che i colombicultori modenesi con vocaboli speciali chiamano difetti, perchè nella razza triganina si coltiva la bellezza e la perfezione del mantello più di ogni altra cosa.

Questi difetti, essendo che nei viaggiatori non si tien calcolo della perfezione del mantello, si denomi-

neranno contrassegni, e, tenendone conto sul ruolo, ser-
viranno per meglio constatare la individualità dei colombi che ne sono colpiti, ed inoltre a facilmente distin-
guerli a colpi d'occhio. Detti contrassegni li chiameremo
secondo la loro specie e si dirà per esempio: *una o più
remiganti primarie o secondarie; una o più timoniere, alcune o molte copritrici sparse della testa,
del collo, del petto ecc., bianche* o di quell' altro colore
che per caso il colombo avesse differente dal fondo
del mantello. Diremo inoltre *con pezza bianca di munaro o di bigio*, a secondo del colore, quando il numero delle penne copritrici copra un assieme del corpo
di tre o più centimetri di diametro. Infine dicesi *cal-
zato* il colombo che avesse la sommità dei tarsi coperta di piccole penne, e dicesi con coda *di munaro
o di bigio* ecc. quando queste specie di code trovansi
ne' colombi di mantello diverso, come qualche rara
volta avviene.

Variando poi tutti i mantelli in colori più o meno
carichi si dirà, come contrassegno: *carico di bigio,
carico di nero ecc.*, secondo il caso.

Non è il caso di parlare più oltre della colorazione
delle penne, perchè, come si è detto, nei colombi viaggiatori è di un' importanza affatto secondaria. Osserviamo
però che sono da preferirsi i mantelli di tinta scura, compreso il bigio, perchè si corrodono e si sciupano meno
di quelli di color chiaro, ed è bene a sapersi che sono
impropri al volo i colombi di qualsiasi mantello che
sia sericeo o cotonoso, ciò che assai difficilmente si riscontra nei viaggiatori belgi.

10. **Colorazione degli occhi.** — La colorazione degli occhi nei colombi viaggiatori belgi presenta pure molte varietà, specialmente nei liegesi.

I colori predominanti sono il rosso naturale, il rosso ardente e vivace, ed il giallo aranciato; ve ne sono di color perlino spruzzati di giallo arancio, altri sono di un giallo pallido, alcuni sono grigi o bianchi spruzzati di rosso, e pochi ve ne sono dei neri. Nel Belgio più questi colori sono puri, vivaci e scintillanti, e più il filetto carnoso che contorna l'occhio è stretto, maggiormente vuolsi sia indizio di elevatezza del senso della direzione; ma dico semplicemente indizio non potendosi scorgere la vera elevatezza per questi segni.

11. **Resistenza al digiuno.** — Il colombo viaggiatore belga resiste circa cinque giorni senza mangiare, semprechè abbia da bere. Questa resistenza varia a seconda della robustezza, della grassezza e dell'abitudine al digiuno di ciascun individuo, perchè si sa che i colombi di mano in mano che manca loro il cibo consumano il loro adipe e poscia la carne e non cessano di vivere sinchè questa non è consumata quasi tutta. Dopo due giorni però di questa astinenza il colombo non è più in grado d'intraprendere un viaggio. Se oltre al mangiare gli mancasse il bere non resisterebbe che circa due giorni. I colombi vecchi resistono di più, perchè meno attive sono in essi le funzioni digestive.

La resistenza al digiuno nelle altre razze è pressochè uguale a quella dai viaggiatori belgi, e maggiore la si trova nei colombi triganini, perchè abituati da secoli al rigoroso digiuno, al quale i triganieri li sottomettono per ottenere da essi l'ammaestramento dei giuochi che colà si usa fare nell'inverno.

12. Rapidità e resistenza al volo. — La rapidità relativa del volo sta in intimo rapporto colla robustezza e colle forme del colombo, colla struttura delle penne, colla distensione delle ali e colla forza e velocità colla quale si succedono i colpi d'ala. Il colombo non pesante, snello, lungo, e rubusto, e colle ali lunghe e strette e composte di penne ben dure, serrate e di breve barba è atto al volo rapidissimo.

« Secondo Gobin la forza muscolare relativa del colombo non sembra superiore a quella degli altri animali. Borelli dice che la forza da essi impiegata nel volare è uguale a diecimila volte il suo peso. M. Marey trovò nella « buse » che l'effetto totale prodotto dal grande muscolo pettorale essere di Kg. 12,600 corrispondenti alla trazione di Kg. 1,298 per ciascun centimetro quadrato del taglio trasversale del muscolo. Un colombo dà come sforzo totale Kg. 4,860, e per centimetro quadrato della sezione del petto, circa Kg. 1,400 ». Questi valori essendo più deboli di quelli che si ottengono nei mammiferi nelle stesse condizioni, provano che il colombo per volare non deve fare un grande sforzo come a prima vista si può supporre. Ciò che contribuisce ancora ad affermare questo asserto si è che avendo io più volte pesato dei colombi ritornati a Bologna da Ancona per la via aerea in un sol tratto e senza mangiare, osservai che non diminuivano di peso che di qualche gramma, non ostante le evacuazioni che probabilmente facevano durante il tragitto (1).

Il colombo viaggiatore belga, portato a distanze non grandi, dalle quali sappia percorrere con franchezza la via che lo conduce al suo colombaio, può raggiungere la velocità di due chilometri al minuto. Mi sono giunte infatti più volte notizie da Corleto di Modena, a Bologna, distanza in linea retta Km. 40, portate da colombi in 20 e 22 minuti.

Nei viaggi in genere volendo considerare la *velocità propria* dei viaggiatori, del tempo cioè che impiegherebbe un messaggero a recapitare un dispaccio, che chiameremo *dispaccio-colombo*, a sua destinazione, si ha che il colombo compie la sua gita in ragione di 50 a 60 Km. all'ora. Questa percorrenza diminuisce quando la distanza da percorrersi oltrepassa i 300 Km.

La resistenza del volo varia secondo la robustezza e secondo l'attitudine al volo di ciascun colombo. Un colombo robusto e ben esercitato può percorrere 700 e più Km. in un sol giorno. La concavità delle ali esige che il vento sia piuttosto in senso contrario al volo, poichè la corrente contraria riempiendo la con-

---

(1) Il distintissimo professore Angelo Mosso direttore del gabinetto fisiologico della R. Università di Torino, sta ora facendo degli interessantissimi esperimenti fisiologici di ogni specie sui colombi. Egli anzi ha ricevuto forte appoggio dal Ministero della Guerra e fui incaricato io stesso d'impiantare un colombaio presso la R. Università di Torino, ove ora funziona.

asseriamo, oltre ai tanti dello stesso genere che di frequente accadono è il seguente:

Il Conte Marco Bentivoglio di Modena, distintissimo dilettante di colombi viaggiatori e triganini, narrava di aver mandato alla distanza di circa 40 Km. da Modena due colombi viaggiatori dei quali uno aveva altre volte viaggiato, e l'altro non solamente non aveva mai fatto viaggi, ma era sempre stato tenuto rinchiuso nel colombaio. Lanciati contemporaneamente da quel dato punto, il secondo giunse davanti alla finestra ancora chiusa del suo colombaio qualche po' di tempo prima di quello, il quale era sempre stato tenuto in istato libero e che aveva altre volte viaggiato.

Chi avrà dunque insegnato la strada a quell'intelligente bestiuola per raggiungere la sua dimora? Come può adunque aver egli fatto per riconoscere, e prima dell'altro, la sua città, la sua dimora, mentre che non aveva veduto che le pareti della camera dove era rinchiuso?

La scienza fisiologica, la quale finora aveva ammirato più che studiato il mirabile fenomeno dei colombi viaggiatori, e che da qualche tempo si è gettata con grande avidità sul medesimo, distrugge ora ad un tratto tutte le ipotesi, compresa quella testè citata del La Perre de Roo, che cioè egli faccia ritorno servendosi delle correnti atmosferiche, che fra le tante potevasi forse ritenere la più attendibile, stante la

poca conoscenza che la scienza fisica conserva sopra
il fluido elemento, che il colombo viaggiatore certamente assai meglio di noi conosce e scorre con tutta
facilità.

La scienza fisiologica dunque, ai cinque sensi di
aristotelica classificazione, pei quali abbiamo conoscenza del mondo esteriore, definiti perciò le cinque
finestre dell' animo, coll' aiuto crudele, ma necessario
della funzionale, ha provato come per certe sensazioni
esistono negli animali in genere, altri sensi, fra cui
quello dello spazio, o dell' orientazione, o direzione che
dir si voglia.

Questo senso della direzione del colombo viaggiatore, verrebbe esercitato da uno speciale organo, mobile, fluttuante e sensibilissimo che secondo il professore
G. I. Pederzolli « funziona unito all' organo. dell'udito al
di dietro del padiglione delle mucose dell' orecchio.
Questo complicatissimo apparato, che esiste con alcune
varianti, anche in altri vertebrati, si compone essen-
zialmente di tre condotti ricurvati in semicerchio, e
le cui estremità sboccano in una cavità o cavernosità
comune. Nell' interno di questi canali ossei e curvi,
sta un altro canale membranoso che segue le curve
dei primi ed è fornito di appendici nervose, terminali
sensibilissime. Il tubo-condotto membranoso è riempito
di un liquido vitreo nel quale fluttuano delle numero-
sissime molecole calcaree, che cambiano di posto a
secondo dei movimenti del collo e della testa dell' a-
nimale. Le esperienze di Flourens accennate dal Pederzolli, dimostrano fino all' evidenza, che, mutando la

posizione delle molecole calcaree artificialmente, e ferendo uno dei condotti semicircolari, si determina immediatamente nell'animale una forza irresistibile e cieca, che lo spinge piuttosto a destra che a sinistra, piuttosto avanti che indietro. Risulta quindi che le eccitazioni dei canali producono i medesimi movimenti di locomozione che quelli realizzati dall'animale, quando spontaneamente si muove in distinte direzioni. »

L'esistenza di quest'organo della direzione negli animali, non è ormai da mettersi in dubbio, poichè la troviamo confermata da autorevoli scienziati quali il Cyon, il Sequard, il Vulpian, il Viguier, il Fabre e molti altri autorevolissimi scienziati tedeschi ed inglesi citati dal Pederzolli e dal sig. Ernesto Mancini nella sua scientifica ed interessante pubblicazione nella nuova Antologia.

Nell'uomo incivilito, ed istruito specialmente, questo organo non è molto sviluppato. Egli infatti, per le sue speciali condizioni della vita che lo rendono quasi inutile, e potendo supplire ad esso coi mezzi più sicuri dati dalla scienza, non lo ha tenuto esercitato ed il suo funzionamento è rimasto perciò attutito. Ciò non pertanto vi sono individui, dice il Mancini, che posseggono la facoltà di mantenere costantemente una direzione loro indicata attraverso le vie sconosciute di una città. Quest'individui raggiungono con una sorprendente sicurezza date località, mentre altri per recarsi soltanto a piccole distanze, s'imbrogliano attraverso le strade che magari avranno già percorse più di una volta.

Nell' uomo selvaggio ed in molti altri animali e nei volatili in ispecie, quest' organo della direzione è certamente assai più sviluppato ed il suo funzionamento è perciò più perfetto.

Innumerevoli fatti avvenuti in ogni tempo e luogo danno ragione di ciò.

Alderman narra che nel 1816 venne imbarcato a bordo della fregata *Ister* un asino di proprietà del Capitano Dundas della marina reale inglese. Siccome il vascello venne ad urtare in secco al Capo di Gates a qualche distanza dalla spiaggia, così l' asino venne gettato in mare onde potesse, nuotando, mettersi in salvo arrivando alla vicina spiaggia. Pochi giorni dopo, aprendosi di buon mattino le porte di Gibilterra, presentossi l' asino e andò diritto alla stalla del negoziante Veuks, che aveva già prima di allora occupata. Il detto negoziante rimase sorpreso della comparsa dell' animale. Rientrato a Gibilterra il vascello per ripararsi, fu chiarito che l' animale non solo aveva nuotato francamente alla riva, ma ancora aveva trovato senza guida, senza bussola e senza carta geografica, la via da Gates a Gibilterra (distanza circa di 300 chilometri) e questa attraverso a paese montuoso intersecato da fiumi da lui non mai trascorsa, ed in tempo così breve, da aversi per incredibile come l' animale non abbia mai errato il cammino. Il non esser stato trattenuto per via, fu attribuito alla circostanza che quell' animale soleva esser dapprima adoperato a portare i malfattori che sopra di lui si frustavano, il che scorgevasi dai fori che aveva nelle orecchie, e che servivano a legarvi il paziente.

A questo proposito, dice il Mancini, può riportarsi l' esempio citato dal Darwin, del navigatore Wragel, il quale trovandosi fra gli indigeni della Siberia del nord, rimase stupito pel loro infallibile istinto per mezzo di cui essi percorrevano con meravigliosa sicurezza e senza punti di riferimento nel cielo o sul mare congelato, un labirinto inestricabile di montagne di ghiaccio fra le quali il Wragel stesso a stento si raccapezzava colla bussola alla mano. I missionari descrivono gli Indiani dell' America del nord come dotati di una facoltà simile, sia che percorrano regioni coperte da fitte foreste, sia che attraversino le solitarie ed uniformi praterie che occupano esterminate estensioni. Anche nel Kausas le guide ed i cacciatori descritti dal Merril, ritornano ai loro accampamenti in linea diretta a qualunque distanza se ne trovino, e dopo di aver compiuto un percorso tortuosissimo; essi stessi non sanno dare una spiegazione del modo nel quale effettuano il loro ritorno, se non ammettendo che inconsciamente serbano memoria delle tortuosità seguite nel cammino.

Aggiungeremo a questi esempi, continua il Mancini, come anche il Capitano Cecchi nei suoi viaggi in Africa, sia rimasto sorpreso nel vedere con quanta sicurezza il Cammelliere che guidava la carovana andava innanzi duranti notti perfettamente buie, su di un terreno privo di tracce e senza che in cielo potesse trovar segno alcuno su cui regolare la propria direzione.

Nel Belgio anche attualmente si fanno gare con gatti. Questi vengono trasportati a parecchi Km. di distanza dalla città rinchiusi entro a dei sacchi o cesti. Giunti nel luogo stabilito danno loro la libertà tutti assieme dopo di averli maltrattati e spaventati affinchè si decidano a partire subito dal luogo ove vengono trasportati. Salvo qualcuno che si arrampica sugli alberi, tutti prendono subito la giusta direzione; ai primi giunti alla propria casa viene conferito il premio stabilito.

Anche nel cervo, nel cane, nel cavallo, questo senso della direzione è assai sviluppato. Potrebbesi raccontare un' infinità di aneddoti di questi animali ritornati da distanze considerevoli percorrendo vie non mai conosciute; ma per narrare sul cavallo un fatto da me toccato con mano, basta dire che passeggiando a cavallo ho provato, come del resto avviene a tutti, a fargli fare moltissimi giri anche in colline e su tutte le direzioni per vie tortuosissime e non mai percorse ed in ogni momento lasciandolo libero di prendere la via che più gli piacea, egli prendeva sempre, e senza sbagliarsi, quella che lo conduceva per la via più breve alla propria scuderia.

Venendo a parlare degli uccelli in generale e del colombo in particolare di cui ci occupiamo in questo lavoro, vediamo come le specie migratrici percorrano enormi distanze per recarsi in lontane regioni, e la sicurezza con la quale dopo un lungo tragitto sanno ritrovare il loro antico nido: la rondine, la quaglia, il colombaccio e moltissimi altri ne danno un visibile esempio.

Indipendentemente dall'istinto dei migratori su cui si potrebbe, a torto però, dubitare che percorressero una via stata loro insegnata dagli antenati, o si recassero da un punto fisso ad un altro dell'orizzonte dal nord al sud e viceversa, abbiamo, e son ben noti, i mirabili esempi dei colombi viaggiatori, di cui alcuni abbiamo avuto occasione di accennare in questa ed in altre parti del volume.

Sappiamo dunque che il colombo viaggiatore di razza belga, nel quale mediante progressivi e continui esercizi è stato sviluppato il senso della direzione in modo prodigioso, trasportato anche di notte in vagoni chiusi a considerevoli distanze, ritorna costantemente alla sua dimora, anche cambiando ad un tratto la direzione sulla quale è stato *intrenato* e percorrendo lunghi tratti di mare. Potrei citare in proposito molti fatti riportatimi, ma accennerò soltanto alcuni di quelli che ho potuto toccare con mano, dietro esperimenti espressamente da me fatti.

Dalla colombaia militare di Bologna ho fatto più volte lanciare ad Ancona dei colombi che erano stati intrenati soltanto sulla linea di Alessandria e son ritornati tosto alla loro colombaia a Bologna. I medesimi colombi li ho mandati a Venezia e son pure ritornati a Bologna.

Due colombi della colombaia militare di Ancona venduti per esuberanza e che erano stati inviati dal compratore al tiro del piccione a Milano, sfuggiti dai

colpi di fucile giunsero ad Ancona, sebbene non fossero mai stati addestrati a viaggiare se non che una
volta o due nei dintorni di Ancona a tre o quattro
Km. di distanza.

È accennato al § 165 in nota come di nove colombi
che erano stati addestrati a ritornare a Roma dal-
l' Isola Maddalena, lanciati a Falconara ne ritornassero
sette a Roma.

Al precedente § 164 ho pure accennato alla traversata fatta in nove ore sul mare da Napoli a Cagliari, da colombi appartenenti alla Colombaia militare
di quest' ultima città.

Ho poi osservato che lanciando i colombi anche
da grandi distanze e in mare o nel continente, da o
pel continente e le isole, e pure in direzione opposta
a quella che son soliti a percorrere, non sbagliano mai
nel partire dal luogo della lanciata di prendere la
giusta direzione, la quale, dopo che hanno fatto quattro
o cinque tappe di addestramento viene da essi presa
immediatamente, senza cioè descrivere quei giri di
esplorazione che sono soliti di fare nelle prime esercitazioni. Ma ciò che fa maggiormente meravigliare e
che conferma l' esistenza ed il funzionamento dell' organo della direzione, si è che nel lanciarli (veggasi
la figura 17) aprendo la gabbia verso la parte opposta alla direzione che devono prendere, i viaggiatori
esercitati non descrivono nell' uscire un circolo in
grande per portarsi verso la giusta direzione, ma vi
si portano rasentando quasi il coperchio della gabbia
innalzato in senso verticale. Questo fatto l' ho potuto

verificare anche coi colombi della colombaia militare
di Bologna che portavo con me alle grandi manovre
fatte nel Folignate del 1882, sebbene si trovassero
assenti dalla loro dimora da oltre un mese e venissero
quasi ogni giorno trasportati da un luogo all'altro
per varie direzioni onde seguire il Comando della Divisione di manovra, da cui questo servizio dipendeva.
Da ciò rileviamo che il viaggiatore è orientato prima
di uscire dalla gabbia ed in ogni momento ed in
qualunque luogo e direzione esso si trovi.

Però altre osservazioni da me fatte e che ora
citerò, dimostrano come, perchè quest'organo funzioni
regolarmente, debba esser tenuto esercitato mediante
viaggi non lungamente interrotti.

Avviene infatti che se ad esempio, dei colombi del
colombaio di Roma che abbiano già fatto e ripetuto
il viaggio per la via aerea da Ancona a Roma li teniamo inoperosi nel loro colombaio quaranta o cinquanta giorni, avviene dico che lanciati di nuovo ad
Ancona ben pochi faran ritorno a Roma, abbenchè
abbiano altre volte fatto quel viaggio. Si deve quindi
in tal caso per evitare gravi perdite far loro eseguire
due o tre tappe intermedie o ricominciare totalmente
da capo colla progressione delle tappe indicate al
§ 131, se l'intervallo è durato qualche mese. In
quest'ultimo caso poi avviene che gli stessi colombi
già stati esercitati da Ancona a Roma, non soltanto
non saprebbero ritornare da Roma ad Ancona, ma
moltissimi non saprebbero raggiungere la loro dimora lanciandoli a quaranta o cinquanta Km. da Roma

anche sulla linea altre volte da essi percorsa (1). Ciò
dunque prova che l'organo della direzione per ben
funzionare deve esser tenuto in esercizio. Però l'attu-
timento o l'inerzia che dir si voglia di quest'organo
della direzione, avviene in grado assai meno sensibile
quando non vi concorre la volontà del colombo, ciò
che sempre si verifica quand'egli rimane inoperoso
nel proprio colombaio, dove naturalmente non pensa
che a soddisfare a' suoi bisogni e ad accudire alla
sua famigliuola. Ma se al contrario lasciamo inoperosi,
naturalmente, i colombi viaggiatori fuori del proprio
colombaio, il desiderio e l'ansia di farvi ritorno fa sì
che per propria volontà tengono esercitato quest'organo per un tempo assai maggiore di quello sopra
indicato pei colombi che rimangono inoperosi nel proprio colombaio, tempo che varia dai quattro o cinque
mesi a degli anni, a seconda dell'età e del grado di
affezione dei vari individui per la loro dimora, e del
modo con cui sono tenuti mentre trovansi fuori in
attesa di esser lanciati (2). Asserisco ciò per esperienze
da me fatte appositamente e per altri furtivi casi av-
venutimi od osservati, fra cui cito quelli di cui ai §§
60 e 130, e taccio gli altri per brevità.

(1) L'addestramento dunque cui sottoponiamo i nostri viaggiatori,
non soltanto si fa allo scopo di *alenarli,* ma specialmente per destare
in essi il senso della direzione, giacchè non si può supporre che i colombi
che si perdono a quaranta o cinquanta Km. di distanza, come sopra è detto,
non siano nel caso di reggersi al volo per quaranta o cinquanta minuti.

(2) Veggasi al § 167 come si devono tenere i viaggiatori onde, mentre
sono fuori dal proprio colombaio, rimangano a questo affezionati.

Da quanto abbiamo esposto in questo paragrafo risulta, e credo senza dubbio, che il colombo viaggiatore sia munito dell' organo della direzione, e sia per esso che fa prodigiosamente ritorno alla sua dimora. Rimane però ora di osservare come quest' organo funzioni, giacchè la scienza non ha ancora potuto stabilirlo in modo positivo.

« Secondo il Viguier, dice il Mancini, i canali semi-circolari di cui è formato quest' organo sarebbero percorsi da correnti indotte di varia intensità, provocate dal magnetismo terrestre (1). In tal modo l' animale verrebbe avvertito degli spostamenti eseguiti dalla sua testa, e dell' intensità dell' agente magnetico. Inoltre per le successive inversioni che subiscono queste correnti durante una rapida rotazione del corpo, si spiegherebbero le sensazioni di vertigini cui questa rotazione dà luogo. In certi casi di rapidità con brusco arresto di movimento, possono essere causa delle vertigini anche le pressioni che il cervello subisce alla sua superficie. Ma la vertigine producevasi ancora quando il Viguier sottoponeva un animale bendato, collocato su di un disco girante, ad una rotazione che andava gradatamente scemando, e sembrava che questi fenomeni di vertigini diminuissero allorquando

_____

(1) Questo fatto potrebbesi collegare con quanto è esposto al § 132 relativamente all' influenza delle correnti atmosferiche sul senso della direzione, per le relazioni di elettricità che diconsi esistere colla terra.

sui due lati della testa dell' animale facevasi passare una corrente elettrica. La difficoltà di costruire apparati delicati e adatti, e di avere animali nei quali esistesse spiccato questo senso di direzione, non permise al Viguier di continuare i suoi esperimenti di cui alcuni avrebbero consistito nel fissare sulla testa di colombi delle piccole sbarre calamitate, e nel lanciarli da un bastimento posto a grande distanza dalla terra ferma. Ripetendo più volte l' esperimento, lanciando dalla nave colombi muniti e senza l' apparecchio magnetico, si avrebbe avuto una prova decisiva che quest'organo della direzione funzionasse per mezzo dell' azione magnetica; se i colombi muniti di sbarrette calamitate non fossero tornati al nido, segno che la presenza delle calamite perturbava in essi il senso della direzione '».

Anche Darwin aveva suggerito di tentare simili esperienze ed il Faber infatti cercò di fissare nell' addome di alcune api un ago calamitato; ma le difficoltà incontrate lo dissuasero dal proseguire queste esperienze.

Nella pratica però si vede che i colombi viaggiatori percepiscono, o meglio quest' organo dà loro la facoltà di percepire su quale direzione rispettivamente ai punti cardinali ed al loro domicilio vengono trasportati e conseguentemente qual sia la direzione che devono prendere per ritornare al punto donde sono partiti. È naturale poi che anche la loro potenza visiva e la loro grande memoria locale concorrono ad aiutarli nel far ritorno alla dimora, specialmente da vie altre volte percorse, giacchè, pure nella pratica, sappiamo che nell'addestramento facendo percorrere ai colombi sempre la stessa direzione, s'incontrano perdite assai minori di quando si lanciano da direzioni opposte da quella altre volte percorsa.

Sarebbe pertanto interessante che le citate esperienze venissero continuate o tentate con altri mezzi. L'animale che, secondo il mio avviso, meglio si presta è il colombo viaggiatore, tanto per la facilità colla quale egli può adattarvisi, quanto perchè può sostenere qualche grammo di peso, e sopratutto pel suo sviluppato senso della direzione. Sarebbe però necessario che lo scienziato fosse assistito da un pratico ed intelligente cultore del colombo viaggiatore, allo scopo principale di poter esigere da esso quel tanto che può dare, e perciò di non metterlo nelle condizioni di non saper ritornare alla sua dimora per motivi indipendenti dall'applicazione di apparati magnetici od altro.

Ad ogni modo, perchè l'esperimento ad esempio, con l'applicazione delle sbarrette calamitate possa effettuarsi con probabilità di condurlo a termine con buon esito, qualunque sia poi il risultato che si otterrà, si dovrebbe prima addestrare un buon numero di colombi a far ritorno da circa 50 o 100 Km. su di una data direzione. Ciò fatto, quando cioè si è certi che i colombi san far ritorno con franchezza da quella data direzione e distanza, si applicano ad una parte o metà di essi le sbarrette calamitate e si lancian nello stesso luogo assieme agli altri senza le sbarrette in una giornata propizia pel ritorno dei viaggiatori

alla propria dimora. Secondo poi del primo risultato
ottenuto si potrà ripetere la stessa tappa, o cambiare
direzione per meglio accertarsi dello esperimento.

III.

Cenni sull'organizzazione e funzioni fisiologiche del colombo e sul piumaggio.

15. **Classificazione e conformazione.** — Il colombo
appartiene alla classe degli uccelli vertebrati, ovipari
a circolazione ed a respirazione doppia.

Egli è bipide, ed i suoi piedi formati di quattro
dita, per la loro distensione intorno alla zampa e per
la parziale e robusta comunicazione dei nervi di ciascun dito coll'osso metatarsico, gli danno una base
sufficiente per tenersi equilibrato mentre abbassa la
testa per mangiare o per bere, ed anche per sostenersi
su di una sola zampa colla massima facilità e per
lungo tempo.

La conformazione del colombo è simile a quella di
parecchi altri uccelli ed ha molta attinenza con quelli
dei gallinacei.

La figura 20 rappresenta lo scheletro di un colombo
e serve per dimostrare le parti principali della sua
struttura ossea interna.

16. **Le ossa** sono in proporzione più grosse e robu-
ste nei colombi che nei quadrupedi, eppure sono più
leggiere, perchè vuote, le grosse almeno, internamente.
Le false costole, dette sternali, che nell'uomo sono

formate di semplici tendini, nel colombo sono vere ossa per dar forza maggiore al petto. Lo sterno da cui nel petto partono le costole, è nei colombi proporzionatamente largo e grosso. La forchetta che rassomiglia alla chiglia di un bastimento, oltre di rinforzare l'unione delle altre ossa, permette al colombo di fendere più facilmente l'aria.

17. **La testa** è formata dal cranio che racchiude e protegge il cervello, ed è fissata al collo per mezzo di un *condilo* sul quale essa gira come su di un perno. È fatta a forma di pera ed è terminata da un becco piuttosto acuto di sostanza cornea, del quale si serve per fendere l'aria più facilmente. In essa abbiamo, il becco, come si è detto, e si divide in mandibola inferiore e mandibola superiore, la lingua, gli occhi; le cavità occipitali, le cavità timpaniche ed il cervello. Le prominenze carnose che si trovano sull'origine del becco si denominano caruncole nasali.

18. **Organi della respirazione.** — La *trachea* è l'organo pel quale si effettua la respirazione. È dessa un canale cartilaginoso formato ad anelli completi, che camminando parallelamente all'esofago termina con una cartilagine ingrandita chiamata laringe inferiore, nella quale si forma la voce del colombo. La laringe superiore non presenta nulla di notevole.

Dalla laringe inferiore l'aria passa nelle cellule aeree dei polmoni, i quali non divisi e fissati contro le coste vertebrali, sono traversati in tutti i sensi da canali denominati intra-polmonari, ed allorchè sono iniettati dall'aspirazione prendono un aspetto vermicolare.

Sono i medesimi inviluppati in una membrana in certi punti traforata che lascia passare l'aria in tutte le parti del corpo e persino, come si è detto, nelle cavità delle ossa, non avendo il colombo quella parete, *il diaframma*, che divide il nostro corpo in due, separando i polmoni ed il cuore dagli altri visceri. In questo modo si ottiene il duplice risultato: di areare più completamente il sangue, il che rende il colombo assai più vigoroso e capace del lavoro muscolare necessitato dal volo, e di dare al suo corpo una più grande leggerezza. Il grande volume d'aria contenuto nei sacchi aerei contribuisce ancora a dar forza alla voce relativamente sproporzionata alla piccolezza dell'animale.

19. **Organi della digestione.** — Il colombo a somiglianza di tutti gli uccelli granivori, come ognuno sa, inghiottisce i bocconi interi. Perchè possano digerire gli alimenti, il loro stomaco deve adunque esser fatto un po' diversamente dal nostro.

Il cibo dopo essere stato in certo modo assaggiato dall'organo del gusto, la lingua, passa nell'*esofago*. È questo un tubo cartilaginoso che cammina parallelamente alla trachea. A metà strada dell'esofago trovasi una specie di sacco detto *ingluvie* o *gozzo*, nel quale gli alimenti si fermano un certo tempo per ricevervi una prima macerazione. Dal *gozzo* il cibo passa nello stomaco che è diviso in due parti: una più piccola chiamata *stomaco*, dove gli alimenti vengono impregnati dal succo gastrico destinato a scioglierli, l'altra parte più grande chiamata *ventriglio succentoriato* dove

vengono triturati e macinati per le vigorose contrazioni
dei grossi e muscolosi strati che formano la parete
delle cavità del ventriglio. Per aiutare quest'operazione i colombi mangiano delle pietruzze, della rena
e cose simili.

Uscito dallo stomaco, il cibo, allo stato di chilo,
passa negl'intestini, dove le parti nutrienti vengono
assorbite dai vasi *chiliferi* e portate prima nel sangue
poi nelle varie parti del corpo; poscia questo impasto alimentare dopo d'aver percorso tutto il tubo
digestivo passa nella cloaca, da dove misto all'orina
esce allo stato di materia fecale e di orina.

20. **Organi della generazione**. — La congiunzione
nei colombi avviene per sovrapposizione.

Nella femmina, come si è detto, la vulva che sbocca
sopra all'ano non presenta tracce visibili, e nei maschi non si scopre verga propriamente detta, ma esce
dall'ano una linguetta che alcuni pretendono esser
doppia ed altri biforcuta, e sembrerebbe destinata a
condurre il seme generatore nel seno della femmina.

Internamente il maschio ha i testicoli attaccati alla
colonna vertebrale da ambedue i lati nel punto ove
finiscono i polmoni. Agli endidimi sono attaccati due
canali che conducono il seme elaborato dai testicoli
nel coito, nella stessa cavità o cloaca ove hanno passaggio gli escrementi, dalla quale cloaca tutto passa
all'esterno.

Le femmine hanno l'*ovaia* pure situata immediatamente dietro ai polmoni. La *tromba faloppiana* ac-
coglie le uova che si distaccano dall'ovaia per farli

uscire passando pur queste per la cloaca. Questa tromba a due terzi dalla sua origine prende nome di *ovidutto*.

Nei colombi, dice Chuveau, l'ovaio costituisce un grappolo più o meno voluminoso, composto di un numero variabile di ovuli in via di sviluppo: alcuni giovanissimi piccoli e biancastri; altri più avanzati in età di maggior volume e di color giallo. Questi ovuli sono circondati da una membrana cellulosa, molto vascolare, la quale nel momento in cui la femmina viene fecondata dal maschio, si fende circolarmente e lascia uscire il suo contenuto, parte essenziale dell'uovo, designata col nome di *tuorlo, giallo* o *vitellus*.

21. **Uova.** — L'uovo al momento della sua evacuazione si compone del *giallo* o *tuorlo*, dell'*albumina* o *bianco* e del *guscio*. Il tuorlo serve di nutrimento al futuro piccioncino mentre è in formazione ed è contornato da una membrana gelatinosa, chiamata *membrana vitellina*, che lo divide dall'albumina. Questa è pure contornata da una pellicola che rimane aderente al guscio, meno un piccolo spazio nella grossa estremità che da esso si distacca e vi si lascia un vuoto chiamato *camera aerea*.

Nel distaccarsi dall'ovaia l'uovo non è composto che del solo giallo; s'imbeve dell'albumina o bianco dell'uovo nel percorrere la parte superiore dell'ovidutto, e si guarnisce del guscio percorrendo la parte inferiore dello stesso canale. L'uovo percorre l'ovidutto in dodici a diciotto ore.

La dimensione delle uova dei colombi varia a seconda della taglia della coppia che li produce. Nei colombi viaggiatori belgi varia da 28 a 35^{mm} di diametro, e da 37^{mm} a 45 di lunghezza. Il suo peso varia dai 16 ai 24 grammi.

22. Organi dei sensi. (1). — L'*occhio* dei colombi possiede varie particolarità di struttura interna, che rendono la vista più acuta e più delicata di quella dell'uomo. Oltre alle due palpebre, superiore ed inferiore, l'uccello ne possiede una terza verticale e trasparente, detta *membrana nittitante*, destinata a coprir l'occhio per temprare l'eccesso della luce ed in conseguenza a risparmiare la sua grande sensibilità; e serve ancora per pulire e nettare la cornea. Ed è questa grande sensibilità che rende la vista del colombo assai più perfetta e più estesa che negli animali di altra specie.

Vi è inoltre nell'interno dell'occhio un congegno particolare detto il *pettine*, il cui ufficio sembra dover essere di permettere al colombo di vedere da lontano o da vicino, come meglio gli convenga, facendo per mezzo di quello avanzare o retrocedere il cristallino.

L'*orecchio* del colombo non presenta prominenze esterne, ma si scorge un'apertura piccola e poco profonda nella regione dell'udito (fig.ª 11, n. 6) che rimane coperta da leggerissime piume. Internamente l'orecchio è formato da un ossetto a forma di ramo aderente al timpano, e di un altro a forma di piastretta che si appoggia sulla finestra ovale.

_____

(1) Veggasi al § 14, l'esistenza di un nuovo organo, quello cioè della direzione.

Le *narici* si trovano verso la base del becco, e le aperture che si presentano conducono alle fosse nasali, le quali si congiungono immediatamente col canale respiratorio per mezzo dell'apertura che trovasi nell'interno della mandibula superiore. Le fosse nasali sono tappezzate delle ramificazioni del nervo olfatorio che comunica col cervello.

La *pelle* del colombo non ha la stessa grossezza in tutta la sua estensione; ove sóno inserte molte penne e più grandi, la pelle è meno sottile che nelle parti ove non vi sono piume od almeno poche. La natura ha adunque provvisto alla sicurezza delle penne a seconda della forza che devono fare e per l'uso cui debbono servire.

23. **Piumaggio.** — Le *penne*, la cui nomenclatura scorgesi alla fig. 12, si possono dividere in *penne principali*, e sono quelle delle ali e della coda, quelle cioè destinate a sostenere e dirigere il volo del colombo; ed in *penne copritrici* tutte le altre. Le prime hanno un numero quasi fisso che varia da razza a razza, innumerevoli sono invece le diverse penne copritrici.

Si denominano *remiganti primarie* le penne delle ali fissate nelle falangi (fig.ª 11 e 19 n. 16) e *remiganti secondarie* quelle fissate nell'avambraccio (figura 11 n. 15 e fig.ª 19 n. 12 e 13). Il nome di remiganti è stato dato alle penne delle ali per la funzione alla quale sono destinate, di vogare cioè per portarsi avanti e per dirigere in certo modo l'aereo cammino del colombo.

Le penne principali della coda diconsi *timoniere*; di mezzo, intermedie ed esterne a seconda del posto che occupano. Esse sono più propriamente destinate ad aiutare l'ascensione e la direzione del volo del colombo, ed è per questa funzione che venne loro applicata la denominazione che portano.

Tutte le altre penne si denominano copritrici e si dividono in copritrici superiori e copritrici inferiori; piccole, mezzane e grandi, a seconda della grandezza e del posto che occupano attorno al corpo. Le copritrici piccole si possono più propriamente chiamare piume. Penna matta chiamasi la prima piuma che indossano i piccioncini appena nati, che generalmente è gialla, penne del nido le penne formanti il primo mantello che eglino indossano.

Le copritrici superiori coprono la parte superiore del corpo del colombo, e prendono il nome di copritrici della fronte, della sommità della testa, della nuca, del collo, del dorso, della scapola (che diconsi anche semplicemente scapolari) e delle ali e della spalla.

Le copritrici inferiori coprono la parte inferiore del corpo e si denominano dei fianchi, del petto, del ventre, della tibia, del posteriore e del sottocoda a seconda della parte del corpo che sono destinate a coprire.

Quando nascono le penne il tubo corneo è la prima parte che si scorge, e serve di passaggio ai succhi che devono formare lo stelo e le barbe. Allorchè la penna è cresciuta, il tubo rimane vuoto, per darle maggiore leggerezza.

Lo stelo consiste di una sostanza bianca e leggierissima rinchiusa in una fodera cornea molto dura.

Le barbe sono piccole striscie di sostanza cornea che vanno assottigliandosi dalla base alla punta, e sono serrate l'una contro l'altra come i fogli di un libro. Le striscie son poi fornite all'estremità di certi uncini che uniscono sempre più fortemente le une alle altre.

Ora che si conosce la costruzione della penna si osserverà come sia mirabilmente adattata all'ufficio cui deve servire, di sostenere cioè il colombo nello spazio. Essa unisce due qualità che sembrerebbero doversi escludere a vicenda: una grande leggerezza ed una grande solidità. Ed infatti che cosa v'ha di più leggero di una penna? Eppure le nostre forze non bastano a romperne il tubo o lo stelo; bisogna perciò ricorrere ad un coltello. E le barbe pure ad onta della poca sostanza sono dure e resistenti.

Il colombo viaggiatore di razza belga ha n. 10 remiganti primarie, da 12 a 14 secondarie e 12 timoniere. Le prime hanno l'estremità fatte a punte di coltello volgente in fuori, e tutte le altre hanno l'estremità quasi rotonda. Meno il colombo pavone che ha la coda formata di circa 36 penne, quasi tutte le altre razze si scostano di poco dal numero delle penne principali possedute dai viaggiatori belgi.

Le remiganti primarie prendono il numero d'ordine dall'uno al dieci cominciando a contare da quella fissata nell'estremità interna della terza falange, vale a dire dalla più piccola, ed invece le remiganti secon-

darie cominciando dalla più vicina alla decima remigante primaria.

Le dodici timoniere formanti la coda si dividono
in sei per parte e sono simmetriche le une colle altre.
Esse prendono il numero d'ordine a due a due dal-
l'uno al sei cominciando a contare dall'esterno all'interno sino al mezzo della coda stessa.

Merita egualmente d'esser notata una simmetrica
disposizione delle penne su molte parti del corpo. Come
senz'ordine son poste nella testa, nella parte superiore
del collo, sul groppone ecc.; si vedono invece formare
sul corpo delle fasce più o meno larghe che qui si
allontanano le une dalle altre, e là si ravvicinano e si
confondono. Nell'intervallo delle due fasce sternali la
pelle è liscia e mancante di penne.

Le penne lucenti e ben serrate sono l'effetto, secondo tutte le apparenze, di una florida salute.

Se si esamina sopra un colombo sano com'è fissata
ogni penna nella cavità bislunga della pelle che la riceve si osserva: 1.º che alcune sono formate semplicemente dal collaretto di questa cavità che comprime
più o meno il tubo della penna; 2.º altre pènne sono
ritenute dall'adesione di una sottile membrana che ricopre il tubo con le pareti della cavità dermide; 3.º
tutte le altre penne sono attaccate per il contorno del
cilindro del loro tubo ad una superficie della cavità
dermide.

IV.

Muta delle penne.

24. Cenni vari. — Tutti i colombi perdono le penne una volta all'anno per rivestirne delle altre più brillanti e consistenti delle altre già logore e dall'uso e dal tempo; ciò chiamasi la *muta*. La provvida natura ha voluto così dare nuovi mezzi a questi interessanti volatili onde si muovano con più facilità nell'elemento in cui essi abitano, ed affinchè percorrano gli spazi con più resistenza, ed anche per meglio ripararsi dal freddo di ciascun inverno.

Diversi autori annoverano la muta del colombo fra le malattie. La muta altro non è che una funzione periodica che nei casi normali ha luogo ogni anno senza alcun inconveniente, e non si crede perciò di annoverarla fra le malattie, tanto più perchè non esige una cura propriamente detta.

Occorre però che il colombicultore eserciti una certa sorveglianza per osservare come procede e per accertarsi che ciascun individuo la compia regolarmente, aiutando nei modi che verranno indicati, o suggeriti dall'esperienza, gl'individui in cui tale funzione riesce difettosa.

Vi sono due specie di mute: quella cioè dei *colombi* che avviene ogni anno e comincia in primavera e termina in autunno, e quella dei *piccioni* i quali cominciano a mutare il mantello del nido, cinquanta giorni circa dopo la loro nascita.

La muta comincia sempre dalla prima remigante primaria, e nei casi normali si effettua nell'ordine e nelle epoche approssimativamente qui appresso descritte.

25. Muta delle penne primarie. — Le remiganti principali sono dieci e si numerano dall'interno all'esterno. Verso la fine di aprile si distacca la prima e viene rimpiazzata immediatamente dopo la caduta. La seconda si distacca circa 25 giorni dopo. La terza, la quarta, la quinta e la sesta, si distaccano successivamente con un intervallo che varia dai dieci ai venti giorni da una remigante all'altra. Allorchè si distacca la terza, la prima ha preso tutta la sua lunghezza e la seconda la metà, e collo stesso ordine vengono rimpiazzate tutte le altre remiganti primarie, in modo che le ali sono sempre servibili all'uso pel quale sono destinate.

Quasi contemporaneamente alla caduta della sesta remigante primaria, il colombo entra in piena muta. Da questo punto la muta accelera il suo corso, e sembra che il volatile si affretti a coprirsi del nuovo manto coll'avvicinarsi della stagione fredda.

La settima e ottava si distaccano con un intervallo di otto a quindici giorni, la nona e la decima, con un intervallo di circa venticinque giorni le une dalle altre.

Le *remiganti secondarie* cominciano a cadere quasi contemporaneamente alla terza remigante primaria, e si distaccano nell'intervallo di venticinque giorni circa cominciando dalle prime e dalle ultime. Le remiganti secondarie sono, come le prime timoniere, le ultime penne che il colombo termina di cambiare. Una parte di queste penne di anno in anno sfugge all'azione della muta e cambiano molto irregolarmente; ciò non ostante si può approssimativamente affermare che il colombo nel 1.° anno di età ne cambia due; a due anni altre quattro, e talvolta soltanto due; a tre anni di età, epoca in cui il colombo si trova nel suo massimo vigore, cambia le rimanenti. Ricomincia poi da capo continuando a cambiarle, ma con meno attività, la quale diminuisce coll'avanzarsi degli anni.

La muta delle *timoniere* succede generalmente in modo regolare, ma non è costante l'epoca e gl'intervalli della caduta delle timoniere; si sa però che comincia in settembre e finisce col cessare della muta.

Le prime timoniere che si distaccano sono le quinte, quelle cioè poste accanto alle due di mezzo. Successivamente poi si distaccano coll'intervallo di pochi giorni le seste penne, le due cioè di mezzo, poscia le quarte, le seconde, le terze e per ultimo le prime. Le timoniere, come tutte le altre penne, vengono rimpiazzate immediatamente dopo la caduta, e nello stesso modo con cui si rimpiazzano le remiganti primarie, colla differenza però che la caduta delle timoniere avvenendo a due per volta e con intervalli brevi, avviene che in certi momenti la coda è guarnita di soltanto sei penne intere e di altre incomplete.

26. **Muta delle penne secondarie. Piena muta.** — Le copritrici prime a cadere sono quelle del petto,

del ventre, del dorso del gozzo; poscia quando il colombo è entrato in piena muta, si distaccano quelle della testa, del collo e delle spalle. A questo punto la muta si fa generale, il colombo prende l'aspetto di un uccello cencioso. La testa ed il collo sono pressochè spogliati delle penne, e rimangono ricoperti del solo tubo corneo delle nuove penne, nel quale sta sbocciando la barba.

Ciascun colombo rimane in piena muta circa trenta giorni. Durante questo periodo di tempo il colombo è in istato di leggera sofferenza e languore; perde il suo ardore, ama l'isolamento ed il riposo, diviene inquieto ed irascibile e viene perciò più facilmente a battaglia coi compagni che lo avvicinano. Oltre a ciò ad alcuni di essi tace, per tutto il tempo che sono in piena muta, il bisogno degli avvicinamenti amorosi, e la procreazione rimane quindi parzialmente sospesa.

Il colombo più è giovane più muta con facilità e sollecitudine il suo abito.

27. Muta del piccione. — Il *piccione* muta le prime penne, dette del nido, collo stesso ordine dei colombi, ma con più sollecitudine ed in epoche differenti secondo la data di nascita.

Così i piccioni che nascono in febbraio ed in marzo, compiono la muta qualche tempo prima dei colombi; i piccioni che nascono in aprile terminano di mutare quasi contemporaneamente ai colombi stessi; quei che nascono in maggio, giugno e luglio, finiscono, naturalmente, di mutare dopo i colombi.

Non tutti i piccioni però fanno la muta completa.

Specialmente quei che nascono in agosto e dopo, ed alcuni di quei nati in luglio, fanno una muta parziale; essa cioè si arresta col freddo e molte volte accade che non completano la muta delle remiganti primarie che nel mese di settembre dell'anno seguente; oppure continuando in primavera la muta delle remiganti primarie, interrotta nell'anno precedente, avviene che prima di finire comincia la nuova muta, in modo che le ali trovansi travagliate da una muta doppia. Ciò avviene anche nei colombi che per cause accidentali non hanno ultimata la muta dell'anno precedente.

28. **Dopo la muta.** — In novembre tutti i colombi hanno indossato il nuovo abito, il quale si presenta di una tinta più bella, ed è più serrato e liscio. Il colombo esce dallo stato di apatia causato dal travaglio della muta, prende un aspetto più bello, più elegante, diventa gaio e vivace, ha quindi maggior volontà di volare e si dà più volentieri agli amorosi piaceri.

Egli è sempre completamente abile al volo, salvo nel momento in cui perde la decima remigante primaria. A questo punto la nona remigante primaria non avendo raggiunta tutta la sua lunghezza, manca al colombo l'appoggio il più forte, ed è perciò, sebbene per pochi giorni, inabile a fare lunghi viaggi. Anche per una parte del tempo in cui si trova in piena muta, quando cioè cambia le copritríci della testa e del collo, per lo stato di languore in cui si trova, viaggia con più fatica e sono perciò da evitarsi anche in questo caso i viaggi di lungo percorso.

La muta non cambia generalmente il colore del

mantello. Si riscontra però qualche colombo belga di mantello *munaro sanguigno* che mutando le penne diventa anno per anno sempre più picchiettato di bianco e finisce talvolta per diventare bianco quasi totalmente. All' opposto, nei colombi di sesso maschio di mantello *trigono di bigio* e *bissone* di mano in mano che invecchiano si caricano sempre più di nero.

29. **Irregolarità nel procedimento della muta. Cura da aversi.** — Non tutti i colombi fanno la muta in modo regolare. Parecchie anzi sono le cause che possono rendere difettosa, od interrompere questa periodica funzione, producendo talvolta funesti effetti. In questi casi spetta al colombicultore di aiutare questi volatili col far prendere alla muta il suo corso normale usando i mezzi in appresso indicati.

Un buon nutrimento fatto con cibo leggero e variato, contribuisce molto ad aiutare la muta ed a mantenere l'animale in buone condizioni. I colombi invece mal nutriti non fanno che una muta difettosa.

Il colombo tenuto libero compie generalmente la sua muta con facilità e senza andare soggetto a malori gravi. Quelli invece tenuti in captività, per la loro inazione, fanno la muta con meno regolarità e più stento, e talvolta vanno soggetti a gravi crisi. Difficilmente ne muoiono per questo, ma il colombo che non compie bene la muta rimane affievolito, sinchè non ha compiuto una muta regolare, e perciò durante l'anno non darà che prodotti poco buoni.

Ve ne sono di quelli che stentano a cambiare le tre o quattro ultime remiganti, e non è difficile incontrarne alcuno con qualche penna dell'ala e della coda spostata la quale non si distacca che tardivamente, quantunque dimostri di essere vicina a cadere.

La condizione anormale delle penne si cura col distaccare con intervallo, di un paio di giorni o più l'una dall'altra, quelle che si mantengono aderenti al loro tessuto, quantunque accennino di doversi più tardi distaccare. Il distacco di queste penne va fatto con molta cautela, e si ritarda se la cavità dermide che contiene l'estremità del tubo trovasi in istato di alterazione infiammatoria.

Non converrebbe lasciar riprodurre i colombi allorchè sono in piena muta, perchè ai genitori che devono imboccare i loro figli può arrestarsi ad un tratto, per non riprendere il suo corso che dopo allevati i piccioncini. Quest'interruzione oltre d'essere ad essi nociva, presenta l'inconveniente che riattivandosi la muta nel mese di ottobre, spesso il freddo ne interrompe di nuovo il corso, ed allora ultimerà la muta nella primavera susseguente in cattive condizioni, ed il volatile rimane malamente per tutto l'anno.

Gioverà altresì usare la precauzione di tenere rinchiusi i colombi quando sono in piena muta e chiudere qualche finestra in quelle notti di freddo eccezionale e di pioggia, che sogliono talvolta avvenir in autunno, ond'evitare un'interruzione nociva al buon andamento della muta.

Generalmente i colombi condannati al celibatario non mutano tutte le penne, e si sono osservati di quei che hanno cambiato soltanto una o due remiganti primarie. Sembra però che per questo non soffrono molto.

Allorchè nell'epoca in cui la muta è generale qualche colombo vola con istento, si accoccola in un canto del colombaio colle penne arruffate che becca con impazienza, e la sua lingua è giallognola e vischiosa, allora bisogna anche in questo caso cercare la causa nella muta. Se questi sintomi sono accompagnati dall'arrossamento della base della mandibola superiore o di ambe le mandibole, e dalla lagrimazione e dal marciume giallastro e vischioso che tappezza le nari, allora il colombo è in preda di quel forte travaglio della muta che i colombicultori chiamano *riscaldo,* il quale quasi sempre si manifesta con fenomeni d'iperemia intestinale. Si cura col tener pulite le aperture delle fosse nasali con acqua acidulata con aceto ed un po' di allume e coll'aiutarli per quanto è possibile nel compiere regolarmente la muta col metterli nelle migliori condizioni igieniche e favorevoli a detta funzione.

30. **Modo per farla anticipare o riprendere in caso d'interruzione.** — Gli uccellatori più esperti allo scopo di far maggiormente cantare i loro uccelli di richiamo nella caccia colle reti che fanno nell'autunno, nell'epoca cioè del passaggio degli uccelli migratori, provocano la piena muta servendosi del modo artificiale seguente:

Nel mese di luglio rinchiudono quei disgraziati uccelletti in una cantina umida e fresca, ed essi a capo di pochi giorni cessano di cantare e poscia cominciano a spogliarsi del loro abito per vestirne uno nuovo. Nel mese di agosto o sul principio di settembre la muta è pressochè terminata e gli uccelli rimettendosi nel loro primiero stato, essendo la stagione ancor calda, riprendono il loro primitivo vigore e ricominciano a cantare.

Il dottor Chapuis insegna un metodo egualmente facile e semplice: « Si rinchiude, egli dice, il colombo in una cesta il cui fondo sarà coperto di rimasugli di fieno leggermente umidi; a capo di qualche giorno si è certi che la muta comincia ed il colombo può essere rimesso nel colombaio. »

Nel Belgio vi sono alcuni che a scopo di lucro usano ancora il barbaro modo di strappare alcune penne della coda ai giovani piccioni, destinati a prender parte alle gare dell'anno, per far loro anticipare la muta del mantello del nido. Fan questo allo scopo di avere i medesimi in buone condizioni di muta all'epoca dei viaggi e concorrere così con vantaggio sugli altri.

Però i suddetti mezzi artificiali di far cominciare anticipatamente la muta, non conviene usarli che in caso di bisogno come sarebbe appunto in caso d'interruzione repentina di tale funzione ond'evitare malattie, perchè il viaggiatore sottoposto a tale operazione soffre assai.

31. **Modo per farla tardare.** — Nel Belgio vi son pure degli amatori che per prender parte con vantaggio sugli altri concorrenti, alle corse di gara, che colà si fanno in estate, usano ancora di far tardare la muta ai colombi adulti che devono prender

parte alle corse di gara, con mezzi artificiali. Il punto essenziale per ottenere questo scopo, dice il Dottor Chapuis « è d'impedire al colombo di risentire troppo presto l'influenza della primavera, di far tardare cioè l'accoppiamento il più possibile, e potendo, sin verso la metà di marzo. Per ottenere ciò conviene temprare il loro ardore naturale somministrando una razione di cibo non eccitante ridotta allo stretto necessario, e dividendo i maschi dalle femmine. Ciò naturalmente non si otterrà nel primo anno, bisogna ripetere l'operazione per tre o quattro anni; i colombi prenderanno l'abitudine di non procreare nei mesi del freddo e sino all'epoca voluta per conseguire lo scopo prefisso, e se non si riuscirà nella prima generazione si riuscirà certamente nelle altre ».

Con questo metodo si ottiene che il colombo comincia a mutare un mese dopo gli altri, in modo che all'epoca delle gare che si fanno sul finire della state, ha ancora circa cinque remiganti primarie da cambiare, mentre gli altri non sottoposti a tale mezzo artificiale ne avranno circa due soltanto, e staranno quindi per entrare in piena muta. Da ciò avviene il vantaggio dei primi sui secondi. Questo ritardo non toglie che il colombo compia egualmente e regolarmente la sua muta annuale.

V.

Nutrimento.

32. Convenienza di una buona alimentazione. — Il colombo viaggiatore potendo da un momento all'altro esser chiamato a percorrere centinaia di Km., è come il cavallo che lavora; ha bisogno di alimenti nutrienti e tonici distribuiti abbondantemente, in relazione cioè al servizio che deve prestare. Un' alimentazione buona e ben regolata è indispensabile per avere dei volatili robusti, in istato di rendere buoni servizi, e dare prodotti abbondanti e buoni.

33. Specie di becchime. Requisiti e proprietà di ciascuna. — La specie di becchime più conveniente da somministrarsi al colombo di colombaio, nelle proporzioni a loro luogo indicate sono le seguenti:

Veccia da semina

Favino francese piccolo

Frumento, mezzo frumento o vagliatura dello
   stesso grano

Frumentone piccolo detto cinquantino

Risetta

Giavone (1).

In commercio esistono due specie di veccia; veccia da semina viene chiamata l'una perchè seminata ap-

(1) È così comunemente chiamato in commercio il panico che si ricava dalla mondatura del riso.

positamente per essere somministrata ai colombi e ad altri animali; ed un'altra veccia che nasce frammezzo al frumento senza seminarla viene chiamata in commercio veccione. Quest'ultimo dev'essere escluso dal nutrimento dei colombi perchè è ad essi nocivo.

La veccia da semina per esser tale e di buona qualità deve esser pesante, nera, opaca, irregolarmente sferica, meglio piccola che grossa, secca, inodora, non tarlata, priva di materie eterogenee, e per quanto è possibile i semi devono essere della medesima grossezza. Si preferirà la veccia che abbia un anno, e si dovrà escludere totalmente quella raccolta da pochi mesi, o che abbia dell'umidità, o che siasi maturata col tempo piovoso, e che in quest'ultimo caso non sia stata ben disseccata.

Allorchè la veccia ha sofferto una delle due ultime citate avarie, presenta un colore verde appannato, si lascia intaccare dall'unghia ed i suoi grani presentano delle ineguaglianze, e quando ha preso dell'umidità esala un odore di muffa più o meno piccante. Si distingue la veccia dal veccione principalmente dal sapore; la veccia ha un sapore non disgustoso e che assomiglia alla fava secca. Il veccione invece è più amaro e disgustoso, ed inoltre è più regolarmente sferico e più lucido perchè crivellato in mezzo al frumento. La presenza del frumento nella veccia è pure indizio che è stata ricavata dal frumento stesso e perciò è veccione.

Tutti gli altri grani devono relativamente possedere i requisiti indicati per la veccia, colla differenza che saranno preferibilmente dell' annata in corso. La fava cavallina inoltre dev' essere piccola in modo che cento acini non oltrepassino il peso di trentacinque grammi. Il frumentone deve pure esser piccolo.

La veccia distribuita in buone condizioni è pei colombi, come il favino, l' alimento più nutriente e salubre e nel contempo di facile declutizione. Distribuita invece avariata e specialmente se umida o di raccolto recente produce la diarrea e indebolisce i colombi.

Il *frumento* per le sue qualità sostanziose e ad un tempo leggere è da preferirsi dopo la veccia e il favino.

Il *frumentone* piace molto ai colombi, ma li rende poco vigorosi, l' ingrassa e rende perciò i volatili pesanti, inconveniente questo abbastanza rilevante nei colombi viaggiatori, mentre è da preferirsi da chi alleva colombi da carne. Vuolsi ancora che dato in quantità, faccia fare le uova non fecondate.

Il *riso* o *risetta* è per essi il cibo più leggiero ed è anche rinfrescativo, ma è poco nutriente. Se ne può distribuire in piccola parte per variare la qualità dei cibi, ed è da preferirsi pei colombi ammalati.

Il *miglio*, il *panico*, il *giavone* e i *semi di canapa di navone* e simili sono i cibi più desiderati dai colombi (quando però hanno molto appetito preferiscono il cibo più grosso come il frumento, la fava, la veccia) ma sono piuttosto riscaldanti e poco nutrienti. Questi semi dati loro in quantità li rende vivaci ed inquieti, l'inebria, li fa volare con più rapidità, e li rende vigorosi pel momento, ma tutto ciò svanisce presto, ed il vigore

Facendo cuocere il frumentone si ottiene un risultato ancor migliore, e non si corre rischio di uccidere il volatile, con un'indigestione. Anche senza ricorrere ad un apposito ingrasso si può dare buon gusto alla carne dei piccioncini (1), somministrando loro bacche di ginepro nel modo indicato, senza toglierli dalle cure dei genitori.

(1) Conosco alcuni amatori, ed io fra questi, che per l'amore che portano ai colombi cui dedicano le loro cure non hanno mai mangiato piccioncini da essi allevati.

CAPO SECONDO

ALLEVAMENTO.

I.

Nozioni diverse. Caratteri del colombo
relativi all'allevamento.

36. Cura del colombicultore per l'allevamento. —
In massima parte, il buon andamento di una colombaia in tutte le sue parti è basato sull' allevamento, dipendendo da questo l'ottenere buoni soggetti e maggiori prodotti. Allevando colombi di belle fattezze, robusti, arditi e di buona discendenza per ciò che riguarda la facoltà di orientarsi, si avranno maggior prodotti, meno malattie; in conseguenza le mortalità saranno minori, e sopratutto si otterranno migliori risultati nei viaggi.

Scopo principale del colombicultore dev'essere di migliorare sempre la popolazione della colombaia, perchè in questo caso più che in altri, è applicabile il noto proverbio: *chi non progredisce, regredisce.*
Gioverà quindi che il colombicultore, non rinunciando ad altri la cura dei propri volatili, vi si dedichi con passione e buon discernimento. Su questo proposito il dottor Chapuis, coscienzioso scrittore in materia scrive:

« Non solamente bisogna possedere una buona ca-
« pacità di osservatore, ma bisogna ancora possedere
« del tatto e del discernimento per ben condurre una
« colombaia; i veri colombicultoŕi capaci sono rari,
« come rari sono i colombi viaggiatori veramente
« buoni (1). Il vero colombicultore cura da sè i suoi
« colombi, li accoppia, li sorveglia continuamente, e
« dev' essere al corrente di tutto ciò che avviene nella
« sua colombaia. Allorchè i colombi ritornano dai
« viaggi è bene ch' egli sappia quali sono quei che
« arrivano per primi ecc. ».

Insisto su questo argomento perchè vorrei si con-
vincessero quei colombicultori che credono di aver
acudito bene alla loro colombaia, allorchè hanno dato
da mangiare a sazietà ai colombi, ed hanno speso
alcune centinaia di lire per provvedersi dal Belgio
di poche coppie di viaggiatori. Conosco invece colombicultori di Modena che per la capacità e passione
nell' accudire ai loro volatili, hanno superato di molto
nelle gare ed esposizioni, gli amatori più esperti ed
in grande, con poche paia di colombi da essi medesimi avuti in dono, od acquistati per poche lire.

Nel Belgio infatti la massima parte degli amatori,
anche agiati, cura da se i propri volatili.

Il Comm. Pecher, per citare un esempio, distintissimo ed appassionato amatore che conobbi ad Anversa, personaggio politico dei più eminenti del Belgio
e dal quale acquistai 40 eccellenti colombi per conto

(1) Nel Belgio dicono che un colombo è buono quando ha vinto più
premi in gare di circa 700 o più Km. di distanza.

dello Stato, non disdegnavasi di accudire a tutte le faccende della sua colombaia. Egli mi narrava di non aver mai permesso che i suoi servi od altre persone, salvo circostanze di forza maggiore, facessero la pulizia dei nidi della sua non piccola colombaia, o tanto meno s'incaricassero di operazioni più importanti. Da ciò pertanto, e per le sue speciali e profonde cognizioni in materia era riuscito ad avere, si può dire, i migliori colombi di Anversa e rivaleggiava col celebre naturalista Cav. Jacques Vekemans direttore del giardino zoologico di quella città, uno dei più grandiosi di Europa.

Non occorre soggiungere che per ben sorvegliare l'andamento dell'allevamento, è indispensabile che il colombicultore conosca individualmente i suoi amministrati ed a coppia per coppia, non che la posta occupata da ciascuna di esse. Senza di ciò nascono confusione; i più forti e prepotenti disturbano e cacciano dalla propria posta i più deboli; nel battagliare fra loro rompono le uova, o uccidono i piccioncini ed avvengano tanti altri inconvenienti.

È pure necessario rendere mansueti e confidenti i covatori, affinchè non escano dal nido ogni qualvolta l'uomo ad essi si avvicina, a detrimento dell'incubazione delle uova o dell'allevamento dei piccioncini. Per ottener ciò occorre trattenersi molto nella colombaia, accarezzarli dando loro qualche po' di miglio, o di altro cibo da essi preferito e di molestarli il meno possibile quando covano.

37. Scelta dei riproduttori. Inerzia. — La scelta dei riproduttori è il mezzo capitale che il colombicultore deve usare per farsi dei buoni viaggiatori.

Non si ammetteranno quindi a riprodurre pel rifornimento della colombaia che viaggiatori di qualità distinte.

Inoltre nessun colombo deve rimanere inattivo in alcuna delle sue naturali funzioni sia di riproduttore che di volatore, perchè l'inerzia farebbe degenerare la razza e sarebbe causa di malattie. Darwin nella sua opera le *Variazioni degli animali e delle piante*, attribuisce al non uso ed alla mancanza di esercizio l'accorciamento dell'avambraccio, dello sterno, dell'omoplata e della forchetta, da esso rinvenuto in alcuni colombi tenuti rinchiusi per molto tempo.

38. Fecondità. — I colombi in generale sono molto fecondi e fra questi i viaggiatori belga, per la loro robustezza si distinguono dalle altre razze per la maggior fecondità, nonchè, per la grande affezione per la prole. Essi, come gli altri colombi, sono disposti tutto l'anno alla procreazione, (1) semprechè, ben inteso, si tengano in condizioni a ciò favorevoli, che siano cioè sempre ben nutriti, tenuti in locali riparati dal troppo freddo dell'inverno, lasciati liberi di uscire all'aperto, tranquilli, e coltivando, all'occorrenza questa abitudine da generazione in generazione.

(1) Le coppie procreando regolarmente possono fare otto o nove covate all'anno. Abbiamo inoltre osservato delle coppie che han fatto dieci covate all'anno per più anni di seguito.

39. Istinto o sentimenti del colombo per la sua famiglia. — Il colombo dopo di aver costruito il suo nido e deposte le uova che normalmente sono due, cessa di farne e tutto si occupa della loro conservazione ed incubazione e dell'allevamento dei piccioncini. E, finchè questi non si sono sufficientemente coperti del loro abito, per non aver bisogno di essere assiduamente riscaldati dai genitori (il qual bisogno a seconda della stagione varia dai 10 ai 15 giorni) il colombo non si dà a nuovi amori.

Ma se per caso le uova si rompono, o gli sono in qualsiasi altro modo tolte, egli si prepara un altro nido e ne fa ancora altre due; e se questa seconda opera gli viene nuovamente distrutta, fa ancora altre due uova, e così di seguito, senz'aspettare che scadano i 40 giorni circa che occorrono per ogni covata, quando queste procedano regolarmente. Da ciò si potrebbe dedurre che la interruzione degli amorosi piaceri che si riscontra nel tempo dell'incubazione delle uova e successivo primo riscaldamento dei piccioncini, dipende dalla volontà del colombo perchè compreso del sentimento dell'amore per la sua prole e della cura della famiglia, piuttostochè da un istinto naturale, come alcuni asseriscono.

40. Da chi covate le uova. — Il maschio cova le uova dalle 10 ant. alle 4 pom. circa, e la femmina nel rimanente della giornata e per tutta la notte.

Il colombo però che abbia le uova e rimanga nel frattempo privo del compagno, in caso di perdita, morte od altro, difficilmente continua a covare da solo.

Coverà un paio di giorni e poi abbandona le uova ad intervalli, e poscia, dopo qualche giorno, le abbandona totalmente. La femmina è più costante nel covare da sola, ma anch' essa, salvo qualche eccezione che però non si riscontra nei maschi, dopo tre o quattro giorni cessa di covare. Una sola volta mi è avvenuto di osservare una femmina che non avendole potuto dare uno sposo, e datasi non pertanto ad una vita allegra, depose le uova, e non ostante che fosse senza compagno le covò, ed allevò completamente da sola i suoi figli. Nonostante le maggiori cure però che si ebbero per lei mentre covava, quell' affettuosissima bestiuola dimagrò in un modo straordinario, le caruncole nasali erano divenute molli, l' occhio avea perduto della sua vivacità, le membra si erano un po' irrigidite; l' ansia febbrile di raggiungere la sua meta l' aveva ridotta in uno stato di deperimento gravissimo. La tenni in disparte dagli altri circa un mese con trattamento speciale, e, dopo che si fu rimessa in salute, le diedi un compagno e continuò così regolarmente accoppiata a procreare, producendo sempre due vigorosi allievi per ogni covata. È da notarsi poi che appena i suoi piccioncini avevano circa otto giorni di età, si faceva fecondare dal maschio pur continuando a riscaldare i figli medesimi in modo che, a differenza delle altre coppie, compiva le covate in soli trentadue giorni circa nei mesi del gran caldo, e poco più negli altri mesi, tanto era forte in essa l' ardore pel suo compagno e l' ansia di compiere la grande missione dalla natura assegnatole.

II.

Sesso ed età.

41. Il sesso nell' uovo. — Vi sono colombicultori che credono poter conoscere dalla sola grossezza e dalla differente posizione del germe che si trova nell' uovo, a qual sesso appartenga il futuro piccioncino ivi rinchiuso, ed ecco come spiegano la loro opinione: Se il germe è grosso e si scorge vicino alla piccola estremità dell' uovo, l' uccello sarà maschio, al contrario se il germe è piccolo e più lontano alla detta estremità, allora è femmina.

Altri poco usi alle osservazioni, dicono che per conoscere il sesso del colombo si prende per i tarsi con una mano e per la testa coll' altra; se per mantenersi in equilibrio abbassa la coda è maschio, e se l' alza è femmina. Dicono ancora che osservando quell' escrescenza di carne che si trova sopra le vertebri codali che alcuni chiamano *furia*, il maschio ne ha una sola e intera, e quella della femmina è divisa in due o fortemente solcata nel mezzo.

42. Dati sicuri. — Secondo noi, il sesso dei colombi si distingue per altri segni, e con certezza soltanto quando hanno circa quattro mesi di età, o più, dal modo di corteggiare o di farsi corteggiare, e da qualche altro dato.

Il *maschio* nel corteggiare la femmina, tuba a grossa voce, girando attorno a se e strisciando la coda verso terra. Quando la femmina sta per deporre le uova, la perseguita a colpi di becco per spingerla nel nido; nei baci amorosi che precedono gli abbracciamenti, è il maschio che riceve nel suo becco quello della femmina, e dopo gli abbracciamenti è pure il maschio che si accoccola per ricevere teneri baci dalla femmina. Anche mentre una coppia vola e specialmente nel periodo di tempo in cui sta elaborando le uova (1), si distingue il maschio dal rumore che fa battendo fortemente le ali assieme e dal portamento delle medesime rivolte in alto e ferme per qualche momento quasi in senso verticale.

La *femmina* invece non tuba e nel corrispondere alle dimostrazioni amorose del maschio, abbassa la coda, tiene le ali cadenti e, quando è molto in calore, striscia anch'essa la coda a terra, senza però tubare. Qualche volta fa un legger grido che sembra un gemito, e ve ne sono alcune che hanno un piccolo e debole tubare, ma non girano intorno.

Questo tubare però delle femmine non ha sempre il significato che ha pel maschio quando corteggia, ma l'usano piuttosto nelle risse. Questi sono i dati visibili da cui si può distinguere con certezza un sesso dall'altro.

45. **Altri indizi.** — Altri segni per mezzo dei quali si può distinguere il sesso, ma in modo però non sicuro, per chi non è esperto colombicultore, sono

---

(1) Mentre la coppia trovasi in questo stadio, i colombicultori modenesi dicono che « è nelle *scacciate* ».

i seguenti: *Il maschio* generalmente ha la testa più grossa e la sommità di essa piana o quasi concava, il becco è pure più grosso, e così l'assieme del volatile, ed ha un incedere più ardito. Le sue remiganti primarie hanno le punte non tante acute e la loro barba è più larga che nella femmina. Nei maschi alcuni mantelli e specialmente quelli di *trigono bigio* e *di bissone* sono più carichi che nelle femmine, e maggiormente si caricano nell'invecchiare. Nei *munari* il maschio ha sempre spruzzature di nero più o meno numerose nelle timoniere e remiganti, mentre la femmina ne è quasi sempre priva.

Fra due fratelli delle stessa covata il primo nato generalmente è il maschio.

La *femmina* ha la testa piccola e la sommità di essa un po' convessa, le remiganti primarie hanno la punta acuminata e la barba è un po' stretta, il colore del mantello è generalmente un po' più sbiadito che nel maschio, e nei mantelli in cui la picchiettatura è simile ad una spruzzatura, la femmina ne è quasi priva.

Nelle femmine che hanno deposte uova, si scorge un maggior distacco delle due estremità della pelvi, e finalmente osservata da un occhio pratico si troverà la testa e l'assieme del volatile più piccolo, più gentile, più timido e più sommesso del maschio.

44. Conoscenza dell'età. — Anche per distinguere l'età del colombo non vi sono dati apparenti sicuri, ma colla pratica si distingue a colpo d'occhio il piccione dal colombo e fra questi il giovane da quello in età molto avanzata.

Nei primi anni si può distinguere l'età del colombo con una certa approssimazione, osservando l'escrescenza carnosa bianca che si trova nella connessione del becco, proveniente dall'aver più o meno imbeccati i propri figli.

Nel colombo che ha imbeccato i propri figli per un anno soltanto, e che per conseguenza ne avrà quasi due di età, detta escrescenza è rappresentata da un semplice filetto carnoso bianco e poco rilevato. S'ingrossa e s'allarga poi col crescere degli anni, ammettendo sempre, com'è naturale, che il colombo abbia allevato dei piccioncini di anno in anno. Questa prominenza carnosa si troverà sempre più sviluppata nel maschio siccome quello che maggiormente prende parte all'allevamento della prole.

Nel piccione invece la connessione del becco è liscia. In esso poi si distingue l'età in modo molto approssimativo giudicando dall'aspetto e dallo stadio in cui trovasi la muta delle penne.

Al colombo, inoltre, nell'invecchiare s'ingrossano e s'induriscono le caruncole nasali ed il contorno degli occhi, il becco si assottiglia e si curva, le penne prendono un colore appannato, i tarsi si coprono di una squama biancastra, le unghie si fanno lunghe, dure e adunche, l'occhio perde della sua vivacità e così pure l'assieme dell'animale. Nella primavera, epoca in cui comincia a procreare, al colombo vecchio tarda il risveglio dei sensi della riproduzione, e durante questa, diminuisce di fecondità e di ardore. Dal modo con cui i segni citati si mostrano più o meno apparenti, il colombo avrà probabilmente dagli otto ai quindici anni di età; e sarà indizio di aver oltrepassato i quindici anni se la palpebra inferiore dell'occhio comincia a rovesciarsi.

III.

Deposizione ed incubazione delle uova. Piccioncini. Piccioni.

45. **Deposizione.** — Il colombo depone le prime ova circa dieci giorni dopo accoppiato. Tra la deposizione di un uovo all'altro corrono due giorni, ma il primo deposto nasce un sol giorno prima del secondo, inquantochè le uova vengono covate con assiduità soltanto dopo deposte ambedue.

46. **Incubazione.** — Le uova vengono deposte quasi sempre al calar del sole, e la loro incubazione dura normalmente 18 giorni, ma essendo che l'uscita del pulcino dal guscio ha generalmente luogo al levar dello stesso astro, così avviene che l'incubazione è più precisamente di 17 giorni e 12 ore.

La nascita del piccioncino si potrebbe ottenere anche per mezzo delle covatrici artificiali, come si usa per le ova di gallina, ma nei colombi non sarebbe possibile di poter allevare i piccioncini, perchè occorre il soccorso dei genitori per nutrirli nei primi giorni.

Onde il germe contenuto nell'ovo si formi e si sviluppi, occorre un calore da 37 a 40 gradi centigradi.

Le uova che vengono covate e riscaldate sino al grado di calore suaccennato, anche per poche ore soltanto, in modo che cominci a formarsi il germe, e che poi siano abbandonate dai covatori tanto che basti perchè si raffreddino, non sono più buone; il germe non è più suscettibile a continuare il suo sviluppo. Abbiamo pure osservato che durante alcune esperienze di tiro con cannoni di grosso calibro, andavano in putrefazione le uova, anche in via d'incubazione, di alcune coppie dì colombi che si trovavano alloggiati alla distanza di circa 50 metri dalla batteria ove si sparava. Ciò si attribuì al rombo ed alle scosse prodotti dagli spari, perchè terminate le esperienze di tiro, cessarono pure le lamentate perdite di uova.

47. **Uova fecondate e infecondate.** — Per conoscere se le uova sono fecondate, si tengono in mano nello stesso modo che si usa per assicurarsi se un ovo di gallina è fresco e pieno, osservando bene contro la luce di un lume o del sole. Se l'ovo è fecondato osservando minuziosamente si scoprirà una piccola macchia bianchiccia nella membrana del tuorlo chiamata *cicatricola*. Ciò basta per accertarsi della fecondità delle uova; ma volendo meglio assicurarsi in seguito, si osserva che dopo tre o quattro giorni d'incubazione, questa macchia si è ingrandita ed è divenuta il centro di parecchie vene fine e sanguigne che si scorgono aderenti alle pareti interne. Nello stesso tempo l'ovo incomincia a diminuire nella sua trasparenza e la perde totalmente dopo quattro o cinque giorni, ed in tal caso anche senza osservarla contro la luce si conosce dal guscio che è divenuto di un colore grigiastro-plumbeo.

Le uova infecondate al contrario, conservano in gran parte la loro trasparenza, che sebbene ineguale dopo qualche giorno d'incubazione, in causa che il liquido diviene scuro perchè comincia a putrefarsi (1) non lascia però alcun dubbio sulla sua infecondità. Per osservare poi se le uova fecondate avranno buon fine si dovrà esaminarle con precauzione; se verso il termine dell'incubazione i piccioni sono formati e viventi, il guscio. dell'ovo deve presentare leggerissime fenditure.

48. Formazione del piccioncino nell'ovo. — Dopo dieci o dodici ore di assidua incubazione la cicatricola si è allungata, gli anelli bianchicci che la circondano s'ingrandiscono ed aumentano di numero. Nel secondo giorno si osserva una piccola protuberanza. Nel terzo si vedono le prime tracce del sangue sotto forma di punti, di venature rossiccie, che nel quarto giorno vanno confondendosi e formano una rete. Questa rete, principio dei vasi sanguigni, diventa più chiara alla fine dello stesso giorno, si riunisce dapprima in rami, poi finisce col formare un punto centrale con alcune dilatazioni; e questo è il cuore. Appena è compiuto incomincia a dilatarsi, ed a contrarsi, la vita è divenuta visibile. Nel quinto giorno i vasi sanguigni si sono maggiormente dilatati, s'incominciano a formare le arterie e le vene; l'embrione si è formato e tocca colla testa, sproporzionatamente grossa, l'estremità

(1) Anche in questo caso l'ovo perde della trasparenza, ma osservandolo contro la luce si vede che non è pieno, e scuotendolo vi si scorge del liquido

caudale. Nel settimo giorno l'embrione comincia a muoversi e successivamente tutte le singole parti del corpo si svolgono e si distinguono più chiaramente.

Nel dodicesimo o tredicesimo giorno d'incubazione erompono dalla pelle piume gialli simili a lanugine. Qualche giorno dopo prende più vitalità, le membra sono formate, la testa si fa più proporzionata e giace fra i piedi ed è quasi coperta dalle ali; nel sedicesimo giorno si trova generalmente sotto l'ala destra appoggiata sui lati del petto. A diciasette giorni la testa è libera, il becco è fornito di una punta di tessuto corneo che se ne serve per fendere il guscio ed uscirne.

49. **Conservazione delle uova.** — Le uova fecondate, ma che non siano ancora state covate, si possono conservare per essere covate con buon esito per un certo numero di giorni dopo che sono state deposte. Le esperienze da me fatte si protrassero fino a otto giorni e con buon esito. Delle uova adoprate per questo esperimento, parte le conservai col metodo indicato da Boitard, il quale consiste nel tenerle nella cenere passata al setaccio, contenuta in una scatola ben chiusa, ed un altra parte la conservai in una scatola con segatura di legno dolce egualmente ben chiusa, tenendo le scatole in una camera al pian terreno fresca ed asciutta; i risultati furono egualmente buoni, tanto per le uova conservate in un modo come nell'altro.

50. **Anomalie.** — Nella deposizione delle uova succedono inconvenienti ed anomalie. Avviene talvolta che alcune femmine depongono uova non fecondate, altre

abortiscono (1) ossia fanno le uova prima della formazione del guscio, altre sono sterili; alcune di esse che fanno per la prima volta, ne depongono uno solo, e molte di queste fanno le uova della prima covata assai piccole.

Avviene pure che l'apertura delle uova non ha luogo, e ciò probabilmente perchè il piccioncino non raggiunge il grado di forza necessario per rompere il guscio. Questo inconveniente può anche provenire dal gran caldo. Narra il Dott. Chapuis che a Verviers nell'anno 1857 si attribuiva al gran caldo ed alla grande siccità di quell'anno, l'avvenuta morte di molti piccioncini entro il guscio, in causa della forte resistenza della membrana che contorna l'albumina dell'ovo; questa membrana, disseccata oltre misura, presentava una resistenza tale da impedire l'uscita dei piccioncini. Lo stesso fatto venne dal medesimo osservato nelle galline.

Nei suddetti casi è d'uopo aiutare il piccioncino col fendere il guscio e la membrana, se occorre, con uno spillo nella dovuta posizione e nel momento opportuno, ma usando molta precauzione per non ferirlo. Bisogna altresì guardarsi, dopo rotto l'ovo, dall'aprirlo totalmente, e meno ancora di prenderlo in mano per esaminarlo, perchè il piccioncino potrebbe aver bisogno di rimanere entro il guscio per qualche ora ancora.

Il deporre *le uova infecondate* può provenire dalla

_____

(1) Per la cura, veggasi la malattia « aborto ».

troppa giovane età, da indebolimento, dalla vecchiaia, o da difetti organici.

L'indebolimento si può correggere col far sospendere ai difettosi la procreazione per un determinato tempo e col nutrirli bene; la vecchiaia ed i difetti fisici non si correggono che scartandoli dalla colombaia.

Allorchè una coppia produce uova infecondate non converrebbe toglierle subito dall'incubazione perchè la coppia si disporrebbe a farne subito altre due in uno stato ancor debole, e per conseguenza con maggior probabilità di ripetere lo stesso inconveniente. Ma gioverà assai mettere sotto alla coppia difettosa due, od anche un solo ovo fecondato (1) di un'altra coppia, che siano stati deposti con una differenza non maggiore ai due giorni. Potendo ripiegare in tal modo, si ottiene di affezionare maggiormente i riproduttori alla procreazione e di far percorrere alle coppie difettose il corso regolare della covata, lasciando così alla femmina il tempo necessario per rimettersi dalle fatiche del parto ed a prendere entrambi il vigore necessario per condurre con maggior probabilità a buon termine le covate successive.

Se non si trovano uova fecondate da poter ripiegare nel modo ora indicato, si lasciano covare per 10 o 12 giorni soltanto le uova *chiare*, sempre allo scopo suaccennato, di lasciare cioè un po' di riposo tra una covata e l'altra. E gioverà pure di non farli covare più di detto termine di tempo, affinchè non completano

(1) Le uova da covarsi saranno però sempre due.

nel gozzo la secrezione del deposito latteo-sieroso di cui, non nascendo i piccioncini, non si potrebbero sgravare nutrendoli nei primi giorni di vita, e andrebbero perciò soggetti all'inflammazione dei visceri e talvolta alla cosidetta *metastasi del latte* (Vedi malattia omonima).

Il fare le uova infecondate avviene più frequentemente per difetto del maschio, ma volendosi assicurare chi dei componenti la coppia difettosa è imperfetto, si separano e si accoppiano ciascuno con individui di altro sesso che si conoscono per buoni riproduttori. Alla nuova coppia quindi che continua l'inconveniente di far le uova infecondate apparterrà il riproduttore difettoso; il quale se ripete l'inconveniente per più volte conviene escluderlo dalla colombaia per non mantenere inutilmente un essere improduttivo, salvo che per la sua abilità nel viaggiare, si credesse conveniente di conservarlo per tentare una seconda prova dopo qualche mese di riposo.

La sterilità può essere acquisita per aver sofferto digiuni troppo rigorosi e ripetuti, e può provenire da difetti fisici naturali. La sterilità acquisita per la suddetta causa si può guarire con una buona nutrizione, ma occorrono circa due anni. Quella proveniente da difetti fisici non si guarisce e perciò conviene scartare i colombi in tal guisa difettosi.

51. Uscita dall'uovo e primo sviluppo dei piccioncini. — I piccioncini battono i primi colpi di becco ad un quarto verso la grossa estremità dell'ovo per cominciare a respirare dall'apertura che ne avviene.

Mediante la respirazione i polmoni si dilatano ed i piccioncini acquistano vitalità e forza per spaccare il guscio in senso circolare. Dopo spaccato l'ovo, la metà del guscio dalla parte della piccola estremità rimane aderente alla parte posteriore del nuovo nato, per poche ore, poscia il covatore prendendo in bocca il becco del piccioncino lo toglie fuori da questa seconda metà del guscio.

Appena sono usciti dal guscio i genitori vegliano con molto amore alla loro conservazione e con una premura tutta particolare li riscaldano, li nutriscono, ed hanno cura di essi fintanto che ne hanno bisogno.

I piccioncini escono dal guscio cogli occhi chiusi e non li aprono che dopo circa sei giorni. Essi sono coperti di una lanuggine più o meno gialla, somigliante a quella dei pulcini delle galline, che perdono dopo dieci o dodici giorni di età, quando cioè cominciano a mettere le penne del nido. Si è osservato nei piccioncini che, se quando sono adulti diventano bianchi o di un colore puramente chiaro, nascono quasi privi della suddetta lanuggine, mentre ne sono più forniti quelli che adulti diventano di mantello scuro. Anche il colore del becco ha sempre una certa analogia con quello del mantello da indossarsi dal piccioncino.

Nei primi cinque o sei giorni di età i piccioncini vengono rimpinzati dai genitori con una secrezione lattea-sierosa avente una certa analogia col latte dei mammiferi, da essi preventivamente preparata covata per covata, e completata negli ultimi giorni d'incubazione delle uova. In seguito il primo cibo che i genitori loro somministrano, lo trattengono nel gozzo alcun tempo per rammollirlo, onde riesca più facile ai piccioncini il digerirlo. Continuano poi ad imbeccarli con abbondante cibo, anche appena inghiottito, finchè siano capaci di mangiare da soli.

Dopo qualche giorno che i piccioncini non hanno più bisogno dei genitori per mangiare, si disconoscono a vicenda. Rimane invece sovente duratura l'affezione fra i fratelli di nido e non sempre perciò si separano volontariamente.

Dicesi che ha compiuto il suo primo sviluppo, il piccioncino che ha cessato di aver bisogno dei suoi genitori per essere imboccato, che sa cioè mangiare da solo con franchezza, sviluppo che raggiunge a circa trenta giorni di età, prendendo da questo momento il nome di *piccione*.

I piccioncini in genere e specialmente quei che nascono verso l'autunno, vanno soggetti a differenti malattie. Le più comuni in questi giovani volatili sono la diarrea, la manifestazione dei porri nel becco, sulle caruncole nasali e nel contorno degli occhi, ed anche il mughetto giallo, malattie tutte a loro luogo trattate. Quelli poi che nascono mentre i genitori si trovano nella gran muta delle penne, riescono male, crescono lentamente e non raggiungono mai la taglia della loro razza. Sovente riescono pure male i piccioncini nati nella prima covata da colombi troppo giovani e che fanno per la prima volta. Quelli che nascono nell'agosto o settembre in poi non giungono, specialmente nei clima freddi, a compiere la muta delle penne già cominciata, perchè il freddo l'arresta, e riprendendola nella primavera successiva avviene che le ali sono travagliate da due mute.

52. Fenomeni di natura. — Nei piccioncini, come negli altri animali, nascono dei deformi, dei difettosi ed anche fenomeni di natura curiosissimi. Nel giornale l'*Epervier* di Bruxelles del 19 ottobre 1879 veniva annunziata l'esposizione, a pagamento, di un piccione con quattro zampe e due code. Pochi anni or sono nella colombaia militare di Ancona nacque un piccione con tre ali, la terza delle quali incompleta e deforme trovavasi sul groppone e vicino all'ala destra. La deformità ed i difetti avvengono con più frequenza nelle zampe ed anche nello sterno. Qualche volta ne nascono dei ciechi o con un occhio solo, e non si è potuto fare delle osservazioni sullo strabismo nei colombi, che alcuni scrittori dicono esistere.

53. Richiamo in vita dei piccioncini abbandonati. — Avviene qualche volta, dice M. Bois, che si trovano nei nidi dei piccioncini stati abbandonati dai genitori e non danno alcun segno di vita, malgrado che non siano realmente morti. Per richiamarli alla vita si tolgono dal nido con precauzione e si mettono nella cenere calda, cambiandola di mano in mano che si raffredda. Si possono ancora involgere nella lana o nel cotone ed esporli al sole, cercando di riparare loro la testa dai raggi solari che li ucciderebbero. Se i piccioncini non sono ancora morti, dice il Bois, si vedono poco dopo ad aprire il becco come se facessero lunghi sbadigli ed a poco a poco riprendono i sensi.

54. Nutrimento dei piccioncini rimasti senza genitori. — Mancando il mezzo di servirsi di altre coppie per allevare i piccioncini rimasti privi di genitori possono essere allevati dall'uomo purchè abbiano almeno dieci o dodici giorni di età. Per imbeccare i piccioncini da soli, alcuni usano di prendere il grano con un po' d'acqua in bocca ed aprendo colle dita il becco del piccioncino introducono il cibo colla lingua a poco per volta accompagnandolo con un tantino d'acqua. A chi schifa di fare in tal modo può introdurre il cibo colle dita della mano che rimane libera.

Si può anche usare un imbuto di latta piccolo avente il tubetto del diametro di otto o nove millimetri, ma in questo modo non tutte le qualità di becchìme sono adatte perchè scorrano sino al gozzo; il miglio p. e. impastato con acqua a guisa di poltiglia scorrevole, s'introduce completamente colla massima facilità. Questo però è un alimento che può servire soltanto qualche volta, perchè poco nutritivo e riscaldante.

I cibi da preferirsi per tale allevamento sono la fava cavallina piccola, la veccia, il frumento ed il frumentone, quest'ultimo dato in piccola proporzione.

È necessario che questo cibo sia rammollito in acqua un po' salata acciocchè là digeriscano con più facilità. Il grano lasciato in fusione cinque ore circa, serve per darlo ad un piccioncino che abbia circa sedici giorni di età. Partendo da questa media il colombicultore si regola nell'imbeccare piccioncini più o meno fatti, avvertendo però che la fava cavallina essendo più grossa, esige un rammollimeuto maggiore. Quando i piccioncini sono prossimi a diventar piccioni, invece del cibo rammollito conviene somministrar loro cibo appena bagnato, perchè li rende più forti e più presto imparano a mangiare da soli il becchime asciutto.

55. Metodi per allevare piccioncini eccezionalmente robusti. — I piccioncini durante il loro primo sviluppo vanno soggetti a due crisi aventi una certa analogia collo slattamento dei mammiferi. La prima crisi, che chiameremo primo slattamento, avviene nel passaggio che fanno dal nutrimento per mezzo della secrezione lattea a quello con granaglie. Il secondo slattamento, più sensibile del primo, avviene allorquando cessano di essere imbeccati dai genitori.

Tali crisi vengono però facilmente superate senza il soccorso dell'uomo, ma volendo allevare piccioni eccezionalmente robusti e vigorosi si può venire in aiuto ad essi in tali crisi facendo ritardare i due slattamenti nel modo seguente:

Il primo slattamento si fa ritardare ponendo una coppia di piccioncini di cinque o sei giorni di età sotto una coppia di allevatori i cui piccioncini siano nati da soli due o tre giorni. In tal guisa la secrezione lattea verrà loro fornita per un maggior numero di giorni, e gli organi della digestione sviluppandosi di più, i piccioncini potranno con maggior facilità digerire il primo cibo che viene loro dato dai genitori (1).

(1) Questo metodo mi venne indicato nel 1884 a Bruxelles da un vecchio colombicultore in via di speciale favore, ed a condizione di non comunicarlo ai colombicultori del suo paese. Mi affrettai però a comunicarlo a quelli del mio ed a farlo adottare dalle colombaie militari, presso cui ha dato ottimi risultati.

Il secondo slattamento vien protratto in modo analogo al primo, ponendo cioè una coppia di piccioncini dell'età di circa 18 giorni sotto una coppia che allevi piccioncini nati circa cinque giorni prima. Viene in tal guisa aumentata la nutrizione per parte dei genitori ai piccioncini, i quali apprendono a mangiare con franchezza prima di essere abbandonati a sè stessi.

Entrambi i metodi accennati si possono applicare agli stessi piccioncini, ma volendo applicarne uno solo è da preferirsi l'ultimo accennato, essendo nel secondo slattamento che i piccioncini vanno soggetti ad una crisi più forte.

Un terzo metodo, di più facile applicazione, per allevare piccioncini robusti, consiste nel fare allevare alle coppie un solo piccioncino invece di due, togliendone uno per coppia un giorno o due dopo nati. Questo metodo può usarsi indipendentemente od in sussidio agli altri due. Lasciando un sol piccioncino da imbeccare a ciascuna coppia avviene che lo nutriscono molto di più e riescono perciò più vigorosi. Lo scarto del piccioncino si fa cadere su quello che dimostra meno vigore, meno robustezza e meno disposizione a crescere tenendo però conto che anche a parità di vigore il primo che nasce è sempre più grosso dell'altro. Si terrà altresì conto del sesso, basandosi sul principio già accennato, che cioè dal primo ovo deposto nasca il più delle volte il maschio, allo scopo di ottenere un adeguato numero di maschi e femmine.

A chi alleva colombi viaggiatori, non conviene abusare dei metodi ora accennati, perchè, quantunque per mezzo di essi si ottenga un notevole miglioramento nella robustezza, vi ha l'inconveniente che ripetendoli su più generazioni, il viaggiatore diviene troppo pesante e perciò meno atto al volo. Conviene invece servirsene ripetutamente a chi volesse crearsi una razza speciale di colombi da carne di eccezionale grossezza.

56. **Dei piccioni.** — A trenta giorni circa di età, i piccioncini vengono abbandonati a se stessi, prendendo da questo momento, come si è detto, la denominazione di *piccioni*. Questi a quaranta giorni cominciano a volare. Nello stato libero i genitori insegnano a volare ai figli affinchè imparino presto a procacciarsi il vitto; nello stato domestico invece i piccioni imparano a volare senz'aiuto alcuno, cominciando con piccoli voli nell'interno della colombaia.

A tre mesi di età cominciano a manifestare il loro sesso ed a quattro comincerebbero a procreare, ma trattandosi di colombi viaggiatori specialmente o di qualsiasi altri colombi dai quali si esigono grandi fatiche di volo, conviene far in modo di farli tardare il maggior tempo possibile ad accoppiarsi, tenendoli all'occorrenza divisi per sesso, perchè un tal sistema, che pur troppo è usato da molti, non farebbe che indebolire la razza ed in pochi anni la colombaia rimarrebbe popolata da individui deboli ed incapaci d'intraprendere viaggi di lungo corso.

Vi sono anzi alcuni autori in materia che vorrebbero non venissero sottoposti i piccioni alle fatiche della cova che nel secondo anno di età.

IV.

Principio e andamento dell' allevamento. Accoppiamenti. Incrociamenti.

57. Principio durata e interruzione dell' allevamento. — Abbenchè, come è a suo luogo accennato, i colombi possono, o tendano anzi a procreare tutto l' anno, converrà impedire ai medesimi di soddisfare a tale tendenza, affinchè i riproduttori non s' indeboliscano a detrimento loro e dei prodotti. Nei colombi viaggiatori poi è indispensabile una non breve annuale interruzione di tale funzione, poichè essend' essi chiamati a sostenere gravi fatiche, non vi potrebbero resistere se venissero affievoliti dalle gravi cure e fatiche di una lunga riproduzione. Converrà pertanto cominciare l' allevamento nei primi di febbraio ed anche dopo, dove il clima è molto freddo, ed interromperlo verso la fine dell' autunno, in modo che l' interruzione venga a risultare superiore alla durata di tre mesi. Per cominciare l' allevamento si addiviene all' accoppiamento nel modo più sotto indicato.

Per interrompere l'allevamento si tolgono i nidi dalla colombaia e si dividono i maschi dalle femmine. Tale divisione per sesso non conviene mantenerla per tutto il tempo in cui l' allevamento è sospeso, poichè tenendoli divisi vi ha l' inconveniente di non poter dare la libera uscita che ad un sesso per volta, affinchè non si confondano (1). Converrà quindi qualche settimana dopo l'avvenuta separazione rimettere assieme i due sessi, salvo poi a separarli di nuovo qualora tendessero a riaccoppiarsi.

Ripetendo però di anno in anno l'interruzione dell'allevamento e coltivando nel colombo quest'abitudine da generazione in generazione, nonchè coll'aiuto della stagione poco propizia a tale funzione, facilmente egli si abitua a non procreare nei mesi freddi di guisa che, dopo l'accennata prima divisione dei sessi, ed una seconda da farsi all'avvicinarsi della primavera, quasi sempre necessaria, si ottiene il desiderato intento, senza che occorra tenerli divisi per tutto il tempo dell'interruzione dell'allevamento medesimo.

58. Sviluppo e vita del colombo. Sesso dei prodotti per ogni coppia. — I colombi completano il loro sviluppo fisico a tre anni di età, epoca in cui si trovano nel massimo vigore, e vivono sino a 20 o 25 anni (2). Essi procreano fino a 12 ed anche fino a 15

---

(1) Allorchè son divisi, si dà la libertà una mezza giornata ogni sesso, alternando pure per sesso l'uscita del mattino.

(2) Pochi però sono i colombi che raggiungono l'età di 25 anni. Si è osservato che le femmine vivono meno dei maschi. Probabilmente ciò avviene per i parti, e le maggiori fatiche a cui la femmina è soggetta nell'incubazione delle uova. Non ho potuto fare osservazioni al riguardo sui colombi viaggiatori belga perchè è soltanto dal 1877 che mi occupo di questa razza. Il più vecchio colombo di questa medesima razza l'ho veduto presso M.r Dubois distinto colombicultore di Bruxelles; aveva 17 anni. Erano molti anni che il suo proprietario lo aveva giubilato. Egli fu uno dei più valorosi campioni de' tornei aerei de' suoi tempi, avendo vinto quindici primi premi.

anni, ma è parere di molti che a otto o nove anni producano figli poco vigorosi.

Riguardo al sesso dei prodotti di ogni covata, il prof. Bonizzi narra di aver esperimentato che su 44 covate in cui nacquero dalle uova i piccioni che vissero fino a trenta o quaranta giorni, in 27 covate era nato un maschio ed una femmina, per 9 si erano ottenuti due maschi, e per 8 due femmine. Il signor Calipson che è stato un allevatore tanto in grande, ha pure avuto dei risultati che poco differiscono dai suddetti. Consimili risultati ho io pure ottenuti in cotali esperimenti sul complesso delle coppie, ma ho pure osservato che le coppie composte d'individui di età o robustezza molto disparata, sul totale dei prodotti di ciascuna di esse in un'annata di allevamento, nasce un maggior numero di figli appartenenti al sesso del genitore che per età o robustezza è più vigoroso.

59. **Bontà dei prodotti relativa alla covata di nascita.** — Quanto alla bontà dei prodotti che si ottengono riguardo alle covate ed all'età dei genitori, aggiungendo alle osservazioni da me fatte, il parere dei migliori autori in materia, si ha che nei riproduttori di due anni o più di età i migliori allievi si ottengono dalle due prime covate perchè vengono concepite con più vigoria e mandati a fine con maggior cura per parte dei genitori; anche nella terza covata si ottengono buoni allievi perchè nati ed allevati in stagione più calda. Nei colombi giovani invece che procreano per la prima volta, i migliori allievi si ottengono nella 2.ª e 3.ª covata; i figli che nascono da questi

colombi nella prima covata non sempre prendono uno sviluppo sufficiente. Quando però le coppie sono miste, cioè uno solo dei riproduttori procrea per la prima volta allora gli allievi saranno migliori, specialmente se fra i componenti la coppia il più vecchio è la femmina.

Nel complesso quindi avremo che i migliori sono quei che nascono nella 1.ª e 2.ª covata da riproduttori di due o più anni di età; vengono poscia quelli della 2.ª covata delle coppie miste, composte cioè di un colombo giovane che fa per la prima volta e di un altro di qualche anno di età; quelli della 3.ª covata dai riproduttori in questo inciso primi citati; quelli della 2.ª covata dei colombi che procreano per la 1.ª volta; e finalmente quelli della 3.ª covata delle coppie di età miste, e di colombi che per la prima volta procreano.

Nella scelta dei piccioni da conservarsi come viaggiatori, a parità di condizioni fisiche e di discendenza, conviene preferire quei che nascono nelle prime covate. Ciò nella considerazione che essendo nati presto possono vantaggiosamente prender parte alle gare dell'annata e raggiungere uno sviluppo maggiore per essere ammessi a tempo opportuno come riproduttori.

60. Accoppiamento e caratteri del colombo ad esso relativi. Nozioni diverse. — Per *accoppiamento* s'intende l'appaiamento od il maritaggio che si fa fra colombi della stessa razza, ed in questa della stessa varietà. Gli accoppiamenti invece che si fanno fra colombi di razza diversa od anche di diversa varietà, li chiameremo incrociamenti di razza o di varietà secondo il caso.

Per accoppiare i colombi si rinchiudono le coppie destinate entro la posta o cassetta per la cova mediante cancellino, (V. le figuré 4.ᵃ e 25.ᵃ-26.ᵃ) e vi si lasciano fintantochè si siano accoppiate e che abbiano preso possesso della posta stessa.

Poco dopo rinchiusa la coppia nella posta il maschio comincia ad esternare i suoi desideri col salutare la femmina tubando, girando attorno di se e strisciando la coda per terra. La femmina qualche volta lo respinge a colpi di becco, specialmente se poco prima era accoppiata con altro maschio, e talvolta viene a battaglia col nuovo compagno impostole. Questo però conscio della *sua superiorità,* non cede, ed insistendo a tubare senza curarsi dei colpi d'ala e di becco che riceve dalla femmina finisce col vincere. Allora la femmina corrisponde alle pretese del maschio, facendosi conoscere coll'abbassare la coda, col descrivere circoli incompleti, e col fargli qualche leggero inchino come in modo cerimonioso e finalmente il matrimonio viene conchiuso per comune accordo e per tutta la vita, a meno che la volontà capricciosa dell'uomo venga ad interporsi nella loro felice unione.

D'ordinario però quest'unione succede nel primo giorno e talvolta poco dopo rinchiusi nella posta. In questo caso conviene tenere la coppia egualmente rinchiusa nella posta medesima un paio di giorni o tre, affinchè ne prenda possesso, specialmente se era prima occupata da altra coppia. E nel caso che ne venga cacciata, si rinchiudono ancora tanto i perturbatori che gli scacciati fintantochè si ottenga che ogni coppia stia nella posta assegnatale, cosa questa molto utile, anzi indispensabile, per poter bene sorvegliare le singole coppie e trarne profitto.

La posta per una coppia di colombi è il suo tutto: è per essi l'abitazione ove passano una buona parte della giornata e tutta la notte, è il luogo di ritrovo per gli avvicinamenti amorosi, è l'altare ove si son giurati eterno amore, è l'abitazione della loro famigliuola, è insomma una piccola fortezza ove il maschio, specialmente, si sente assoluto padrone e difende a tutta oltranza dagli assalti nemici.

Il colombo per innata tendenza ama molto di mantenere le sue abitudini, di trovarsi e di covare sempre nello stesso luogo, e persino di veder sempre gli stessi oggetti e nello stesso modo disposti. È specialmente per l'affezione che prende alla sua colombaia che percorre immense distanze per farvi ritorno, ed è appunto per non disgustarlo che bisogna cercare di non fare di tali cambiamenti, di non contrariarlo e di coltivare anzi in lui queste abitudini in modo di tenerlo affezionato il più possibile alla sua dimora. Maggiormente poi bisogna astenersi dal fare frequenti cambiamenti nelle coppie durante l'allevamento, perchè un colombo che si contraria sovente, finisce col disgustarsi. Quest'uccello, più di qualunque altro, ci tiene a conservare le sue abitudini. É un istinto che noi in certo modo gli abbiamo sviluppato, e se noi stessi senza motivo sufficiente lo contrariamo in questo suo istinto, sia forzandolo ad occupare un'altra posta, sia impónendoli un nuovo compagno, si comprende facilmente che si agisce contro le sue facoltà in modo assai svantaggioso.

È tanta l'affezione, nei colombi viaggiatori belgi specialmente per la loro prima dimora, che trasportati in una nuova colombaia dopo di aver vissuto e viaggiato in quello natio, cessano in quello di riprodurre e si ammalano persino dal desiderio di ritornarvi. E infatti, nel dicembre 1879 giunsero da Parigi alla colombaia Militare di Bologna, dodici colombi viaggiatori dell'età di quattro a sette anni circa. Erano bellissimi, robusti, arditi, ben fatti, e da questi caratteri e dai timbri che portavano nelle ali, indicanti i viaggi da essi fatti, a grandi distanze, si potè giudicare che fossero, come dicono i francesi, *Vieux Routiers*, viaggiatori insomma vecchi del mestiere.

Messi in uno scompartimento a parte, tenendoli rinchiusi onde non ritornassero ove erano stati tolti contro la loro volontà, era tanto in essi il disgusto di trovarsi in una nuova colombaia, che il primo giorno non mangiarono affatto, il secondo mangiarono poco, e soltanto dopo qualche giorno cominciarono a mangiare regolarmente, e mai però mangiavano quando eravi qualcuno nello scompartimento.

Erano sei maschi e sei femmine, come si è detto, vigorosissimi, ma era tanto in essi il desiderio e la speranza di poter prendere il volo per la loro colombaia, che stavano tutto il giorno sulle finestre come in attesa di partenza, e senza procreare. Si usarono tutti i mezzi per poterli invogliare ad accoppiarsi, ma tutto

fu invano. Si misero con essi degli altri maschi arden-
tissimi e poscia delle altre femmine assai desiderose
di accoppiarsi, ma nessuno si lasciò sedurre dalle dimostrazioni di questi *mezzani* appositamente mandati.
Si provò a chiuderli con questi nelle poste per la
cova, peggio ancora, rimanevano silenziosi e maggiormente mortificati; si [divisero i maschi dalle femmine
e si rimisero di nuovo assieme aumentando la dose
dei cibi eccitanti, ma nulla. Si provò persino a tenerli
a pasto molto scarso per alcuni giorni, e poi si diede
loro da mangiare a volontà per provare se il cambiamento dallo stento all'abbondanza avesse loro fatti
risvegliare i sensi della procreazione, ma anche con
questo ripiego non se ne fece nulla. Continuarono a
rimanere indifferenti, e soltanto nel mese di agosto
del 1880 se ne accoppiarono due coppie e delle altre
quattro non si accoppiarono che tre nell'aprile ed
una in giugno dell'anno 1881 vale a dire due anni
dopo giunti da Parigi. In questo lasso di tempo poi,
or l'uno or l'altro ammalò dimagrando in modo con-
siderevole, ma non ne morirono.

Questi ed altri casi congeneri, che continuamente
avvengono a chi coltiva colombi viaggiatori, prova con
evidenza quanta sia la convenienza di coltivare nei
nostri alati messaggeri queste loro preziose qualità,
per poter ottenere i risultati che da loro si richiedono.

Con ciò non s'intende che per non contrariare i
colombi nelle loro abitudini, non si debbano assolutamente far cambiamenti nell'accoppiamento, ma con-

viene effettuare soltanto quei che presentano reali vantaggi, evitando però i superflui e di farli cadere più volte su di uno stesso individuo.

Non conviene far cambiamenti nelle coppie e cambiar loro la posta nell'epoca dei viaggi, perchè il disgusto che questi provano non faccia loro diminuire l'ansia di far ritorno alla colombaia.

Durante la riproduzione il momento più propizio per fare questi cambiamenti è quando i piccioncini hanno circa quindici giorni di età, quando cioè la coppia sta per darsi a nuovi amori.

Dovendo cambiare qualche coppia converrà di tener per regola di non cambiare la posta al maschio, perchè essendo questo il vero padrone della posta e più battagliero della femmina, non cederebbe il posto al nuovo inquilino che dopo molte liti e successive sconfitte. Dovendola assolutamente cambiare, gioverà sceglierne una alla stessa altezza perchè più facilmente si adatti a rimanervi. Così dicasi nel riprendere la riproduzione da un anno all'altro, perchè i colombi si rammentano la posta che prima occupavano nella colombaia, ancorchè fossero stati assenti per molto tempo.

Avvenendo di dover cambiare il maschio ad una femmina si dovrà, prima di rinchiuderla col novello fidanzato, separarla dal suo sposo in modo che non possano vedersi, ed aspettare che la femmina abbia il tempo di obliarlo; altrimenti si ribella sì fortemente al suo pretendente da far succedere un'inimicizia alquanto durevole. Così dicasi anche pel maschio del quale debbasi cambiare la femmina, ma in grado molto minore essendochè il maschio, più facilmente si adatta ai cambiamenti.

Le coppie, per quanto è possibile, conviene siano sempre al completo, perchè avendo nella colombaia qualche maschio in più, recherebbe gravi disturbi alle coppie, talvolta anche nei nidi. Le femmine non accoppiate invece, siccome di carattere più mite, raramente vengono a battaglia colla loro rivale, ma si lascierebbero fecondare dai maschi già accoppiati, e, o si disperderebbero le uova, o si prenderebbero la cura di covarle da sole a detrimento della loro salute, e quasi sempre senza venirne al fine.

61. **Principio dell'accoppiamento.** — Se nell'andamento di una colombaia, l'allevamento ne è la parte più importante, nell'allevamento la parte che più si deve eseguire con accuratezza e buon discernimento, è l'accoppiamento.

Per accoppiare i colombi viaggiatori con intelligenza, dice La Perre de Roo, bisogna possedere del tatto ed una profonda conoscenza delle qualità fisiche ed istintive che costituiscono il buon messaggiero alato.

L'accoppiamento comincia contemporaneamente all'allevamento e si fa durante il tempo del medesimo.

La prima operazione da farsi in una colombaia in grande, avvicinandosi l'epoca nella quale si vuol cominciare l'accoppiamento, è di dividere i maschi dalle femmine, se pure non sono già divisi. Si potrà all'occorrenza distribuire cibi eccitanti come sarebbero il seme di canepa, il miglio, panico e simili allo scopo di eccitare i sensi della riproduzione e facilitare in tal guisa l'accoppiamento. I primi ad accoppiarsi saranno quelli che dimostrano più ardore.

62. Regole relative all'accoppiamento. — I colombi difettosi non si ammettono a procreare. Se però un colombo manca di perfezioni fisiche, ma si è distinto nei viaggi di lungo corso, dimostrando buone qualità sensitive, non si esiterà a conservarlo come riproduttore e si porrà maggior cura nell'accoppiarlo col dargli un compagno distinto per qualità fisiche.

« La regola generale, dice La Perre de Roo, vuole che le qualità dell'uno corregga i difetti dell'altro. Per esempio: un maschio manca di ampiezza di petto, conviene accoppiarlo con una femmina che abbia il petto ben sviluppato ed il volo possente. Se egli pecca per troppa lunghezza di becco, bisogna accoppiarlo con una femmina che abbia il becco molto corto. »

« Per agire con certezza di ottenere dei risultati positivi e buoni bisogna conoscere la genealogia dei propri colombi, altrimenti la legge dell'atavismo distruggerà i colombi meglio combinati. Così per esempio: un maschio che abbia il becco corto, ma che discenda da un padre e da una madre che abbiano il becco lungo, non dovrà essere accoppiato con una femmina avente il becco lungo, in vista di correggere l'imperfezione del becco per mezzo della sua compagna, perchè da questa alleanza si potrebbe incontrare dei risultati assolutamente negativi o capricciosi. »

É buona regola il tener conto ancora dell'età degl'individui da accoppiarsi. Si è già detto che il colombo a tre anni si trova nel massimo della sua vigoria, ma non potendo avere naturalmente colombi riproduttori tutti in questa età che è la più conveniente, converrà compensare l'età, accoppiando p. es. un maschio giovane con una femmina vecchia e viceversa.

Si può dir vecchio un riproduttore che abbia raggiunto il settimo anno. Da questa età, o meglio prima, converrà dargli un compagno più giovane, per poterlo conservare ancora un anno o due come riproduttore di allievi che debbono viaggiare, dopo di che converrà escludere dai viaggiatori medesimi i suoi figli, perchè i colombi vecchi, abbenchè possano dare figli ben conformati, producono individui di carattere linfatico e mancanti di vigore.

Un'idea approssimativa della graduazione dell'età in cui i colombi sono maggiormente vigorosi si può rilevare dalla scala regressiva seguente, riassunta dall'esperienze fatte e più ancora dalle opinioni di diversi autori;

Anni di età: 3 . 2 . 4 . 5 . 1 . 6 . 7 . 8 ......

Però i colombi di un anno di età per rimanere nel posto loro assegnato nella scala or descritta, occorre che siano accoppiati con un compagno più vecchio di un anno almeno. L'età più conveniente del compagno da darsi ad un piccione ammesso a riprodurre per la prima volta, sarebbe di tre anni, ma in ogni modo conviene che non abbia oltrepassato i sei anni per evitare disparità di età e di ardore troppo sensibili, regola questa da osservarsi anche nell'accoppiare colombi di altre età.

Volendo perpetuare, per modo di dire, le qualità di un buon riproduttore bisogna in massima accoppiarlo con un compagno più giovane, e che non sia più di lui robusto onde i figli partecipino più delle qualità del genitore del quale si desiderano i prodotti ad esso somiglianti, perchè sappiamo che il colombo che si trova in condizioni di età e di fisico più favorevoli, prende parte più attiva nell'elaborazione del parto. A parità di forze e di età dei genitori i figli partecipano più dei caratteri esterni del maschio.

Quanto poi alle taglie, non si accoppierà mai un maschio di grossa taglia con una femmina piccola, perchè il germe del maschio relativamente grande, non può avere il suo naturale sviluppo nel seno di una femmina che depone le uova relativamente piccole. Converrà piuttosto, a preferenza, accoppiare una femmina grande con un maschio piccolo. In altri termini per ottenere dei buoni allievi bisogna che la conformazione dell'uno abbia una certa omogeneità con quella dell'altro, tenendo però conto, riguardo alla taglia, che nei colombi, anche della stessa varietà, la femmina è generalmente più piccola del maschio.

Gioverà infine aver cura di conservare i riproduttori che si distinguono nei viaggi e che danno buoni prodotti, di non esporli nei viaggi ove vi sia probabilità di perderli. Nel Belgio anzi, come in Inghilterra pel loro cavallo da corsa, usano, allorchè un viaggiatore ha dato buone prove, di non farlo più viaggiare per tenerlo a solo uso di riproduttore. Egli è ottimo provvedimento cotesto dal quale si potranno ottenere buoni risultati. Questi risultati però, a parer nostro, si potranno ottenere nei primi anni, poichè essendo scientificamente provato che l'inerzia degenera e trasforma persino le specie, così è a credersi che anche l'inerzia delle membra preposte al volo, e le facoltà d'orientarsi non venendo esercitate per più anni influisca dannosamente sul riproduttore tenuto molto tempo inerte, e conseguentemente sulla sua prole. Crederei quindi preferibile di tenerli esercitati col far loro prender parte ai viaggi non rischiosi, allo scopo di mantenerli sempre in forza e di tener in essi svegliata quella preziosa facoltà d'orientarsi nello spazio, di cui la natura li ha dotati, acciocchè la trasmettano ai loro discendenti.

63. **Accoppiamenti consanguinei.** — Gli antichi ritenevano ed usavano come sistema vantaggioso l'accoppiamento fra genitori e figli e tra fratelli e sorelle, sia dei colombi che di altri animali. Ora il maggior numero degli scrittori in colombicoltura non approvano in generale siffatti accoppiamenti.

Il signor Brunin, distinto colombicultore di Bruxelles, dice che l'accoppiamento consanguineo nei colombi conduce rapidamente alla degenerazione della razza e consiglia in tal caso l'introduzione di un nuovo sangue nella colombaia.

Altro distinto colombicultore M.r Georges Gits, grande industriale, che ebbi il piacere di conoscere ad *Anvers*, nell'affermare quanto asserisce il Brunin, dice che l'accoppiamento consanguineo nei colombi conduce infallibilmente all'abbassamento di livello della facoltà di orientamento.

Il professore Bonizzi nella sua pregiata opera « I
Colombi di Modena » fa un' estesa e dotta descrizione
della consanguineità nei colombi, ed afferma che siffatti accoppiamenti apportano le più tristi conseguenze
nella costituzione della prole se prolungati, e specialmente se fatti tra fratelli.

« È pur noto da gran tempo appo noi, dice il Bonizzi, quanto scrive Sir I. Sebrigt, giudice competente
come lo chiama Darwin, che l'unione fra fratelli e sorelle è un grado più stretto di consanguineità che tra
quelle tra i genitori ed i loro figli. Nell'unione del padre colla figlia non vi è che incrociamento colla metà
del sangue del padre. »

« Darvin, dice Bonizzi, dopo di aver discusso l'argomento della consanguineità con tutta quella copia di
dottrina e di vedute nuove che tanto lo distinguono
fra gli autori originali, ne deduce come conclusione
l'esistenza di una grande legge naturale formulata
nel seguente modo: Gl'incrociamenti degli animali e
delle piante che non sono in relazione di parentela
troppo ristretta, *sono vantaggiosi ed anzi necessari;*
per lo contrario la riproduzione consanguinea prolungata per un gran numero di generazioni, *può avere
le conseguenze più dannose.* »

Si è osservato, ed è cosa del resto nota ad ognuno,
che la prolungata consanguineità negli animali è dan-
nosissima, e che nei colombi produce i seguenti dannosi effetti:

a) Debolezza, malattie e perfino la cecità. Ciò
si è osservato, oltre a tanti altri casi, nei colombi di

mantello, dai modenesi chiamato *gaz* ed *negher ar-ruspè* detti *del prete,* perchè, fu un sacerdote dilettante, che mediante prolungata consanguineità, primo ottenne i colombi di questo mantello di bellezza e rarità straordinarie. La consanguineità prolungata, apportò nei suddetti colombi perdita di vigore, predisposizione alla oftalmia e persino alla perdita della vista ed a molte altre malattie.

b) Sterilità. Comincia a manifestarsi sin dai primi accoppiamenti consanguinei, e prolungandoli si giunge perfino a spegnere l'intera famiglia come avvenne anche a M.ᵣ Sir S. Sebrigt sopra nominato, in un esperimento da lui fatto con piccioni Hiboux, ed a M. Brent con colombi tamburo.

c) Aumento di peso senza il correlativo aumento di forza. È questa una conseguenza utile nei colombi da carne, mentre è assai dannosa nel viaggiatore. Si è inoltre osservato che il piumaggio colla prolungata consanguineità si fa più bello, fino, lucido e cotonoso e perde della sua resistenza. Mentre è ciò un pregio nei colombi da uccelliera e per chi, come i colombicultori di Modena, coltiva la bellezza del mantello, egli è un inconveniente non lieve nei colombi viaggiatori.

Vi sono però altri autori in materia, quali La Perre de Roo, Husard, Bourgios, ed altri ancora, che non disapprovano la consanguineità, e la dicono vantaggiosa o non dannosa.

Gli effetti vantaggiosi che i propugnatori della consanguineità nei colombi presentano in loro appoggio, e che, come i dannosi di cui sopra si toccano con mano,

si riducono, per quanto mi consti, ad uno solo, ed è
che la consanguineità aumenta la stabilità dei caratteri e fa penetrare più profondamente ed in più breve
tempo nell'organismo, le qualità ricercate.

Trattandosi di una quistione cotanto importante e
tanto discussa dai naturalisti e colombofili più eminenti,
io mi guardo bene dal parlare in favore dell'una che
piuttosto dell'altra opinione, ma trattando la questione
dal lato pratico, e poichè abbiamo toccato con mano
i funestissimi effetti che la consanguineità prolungata
produce nei prodotti; consiglierei i colombicultori della
razza belga specialmente, e particolarmente quei che
non hanno molto tempo per fare osservazioni al riguardo,
di evitare in massima la consanguineità. Potendosi però
per mezzo della medesima trasmettere e migliorare
certe buone qualità, senza che sensibili ed apparenti
danni ne avvengano, e sempre quando però non venga
protratta oltre la seconda generazione, non escluderei
di accoppiare qualche volta p. e. un colombo assai
robusto e di elevato senso della direzione con un suo
discendente, (non fratello però) allo scopo di perpetuare, per modo di dire, le buone qualità sensitive
d'orientamento, senza che perda sensibilmente della
sua robustezza.

64. **Incrociamenti di varietà.** — Il fare incrociamenti tra le varietà formanti la razza belga dipende
nell'apprezzamento o nel gusto del colombicultore più
che nel vantaggio che se ne possa ricavare nel fare
o no questi incrociamenti.

Secondo il nostro gusto, e poichè attualmente sono

più pregiati nei volatili in generale e nel colombo belga in particolare i tipi puri della stessa razza o varietà, consigliamo di accoppiare assieme soltanto i colombi di ciascuna delle due varietà aventi la rispettiva impronta ben marcata; prefiggendosi di ottenere o stabilire i tipi veramente puri nelle varietà in parola. Con tutti gli altri colombi della colombaia che non posseggono caratteri ben distinti di queste due varietà, si potranno fare incroci da cui si avrà la varietà mista, la quale è appunto composta d'individui i cui caratteri partecipano dell'una e dell'altra delle due varietà, anversere e liegese. Nella considerazione però che la varietà mista esistente in Italia tende a confondersi con quella anversese, ed allo scopo di far scomparire una varietà che realmente non è propria, e che quantunque buona come le altre non è apprezzata da noi (1), consiglierei di farla scomparire mediante selezioni ed incroci colla varietà anversese, o mediante scarti (2).

65. **Incrociamenti di razze diverse.** — Secondo l'opinione di Dwarin, l'incrociamento determina una orte tendenza alla variazione, scostandosi spesse volte fdai caratteri ereditati dall'uno o dall'altro antenato.

_____

(1) Nell'esposizione generale di Torino del 1884 vennero esclusi dai premi gruppi di volatili fra cui alcuni di colombi belga, anche bellissimi, perchè non presentavano caratteri puri della razza o varietà.

(2) Nel Belgio ciascuno amatore, si può dire, si è creato un tipo proprio che è conosciuto dagli altri ed apprezzato secondo il credito che ciascuna colombaia gode. Questi tipi tendono al liegese nella provincia di Liegi, ed all'anversese più o meno spiccato nelle altre provincie.

8 ·

Intorno agl'incrociamenti di razza, nei colombi, abbiamo che a parità di forza e di età dei genitori, i figli partecipano più del maschio che della femmina, ma più specialmente per ciò che riguarda i distintivi della sua razza, nella forma del corpo e colore delle delle penne; ciò che per altro si riscontra, come si è detto, sebbene in grado meno sensibile, anche negl'incrociamenti di varietà e negli accoppiamenti d'individui della medesima varietà.

Se invece la costituzione della femmina è migliorata e più forte e vigorosa del maschio, comunicherà alla sua famigliuola in pari grado del maschio, i costumi, i distintivi della razza e le qualità istintive, continuando pur sempre i figli a partecipare del mantello e della statura del maschio.

Volendo infatti allevare dei colombi pavone, avendo soltanto il maschio, questo si accoppia con una femmina di altra razza più giovane di lui e di taglia e robustezza non a lui superiori, e si otterrà un numero maggiore di ibridismi somiglianti al maschio. Ora fra questi scegliete la femmina che più avrà partecipato del maschio ed accoppiatela con suo padre, genereranno figli che sempre più partecipano del colombo pavone, cioè del maschio. Prendete ancora la femmina che in quest'ultima unione avrà maggiormente ereditati i caratteri del colombo pavone, accoppiatela ancora col suo avolo e ripetete lo stesso accoppiamento per due o tre volte ancora, otterrete dei figli identici al colombo pavone, ciò che meno facilmente si otterrebbe se in caso consimile il colombo pavone fosse femmina. La coda però del pavone non viene trasmessa in tutta la sua bellezza ed erezione, le timoniere riescono un po' più lunghe.

Lo stesso risultato ho ottenuto da un incrociamento fatto con un maschio di razza detta di Stettino, avuto in dono dal prof. Bonizzi, con mantello misto di penne bianche e nere che i colombicultori chiamano « *magnan ed negher* » (Magnano di nero) con una femmina di razza triganina di mantello « *gaz ed bisson* » (Gazzo di bissone) vale a dire col tronco bianco, la testa e la coda scura e le ali di color bigio scuro con piccolissime macchiette rosso-cupo e colle verghe pure di questo colore.

Sin da questo primo incrociamento si ottennero due figli un po' somiglianti al maschio sia nelle forme che nei caratteri distintivi della razza, il mantello poi era quasi eguale al maschio, variava soltanto per essere un po' più scuro, la femmina non vi aveva messo che un po' della sua tinta scura delle ali. Per osservare poi il risultato finale continuai ad incrociare il padre coi figli nel modo indicato più sopra, ed in tre soli di questi accoppiamenti consanguinei si ottennero prodotti quasi identici al padre, vale a dire colombi di Stettino, almeno per ciò che riguardava i caratteri esterni.

Mediante poi incrociamenti di colombi di diversa razza o di diverso colore si possono ottenere tipi di altre razze già conosciute o di altro colore. Alcune di queste combinazioni sono già stabilite. Infatti Felice Lullin, autore di un buon libro sui colombi di colombaia o voliera, ha esperimentato e stabilito 26 incrociamenti diversi che danno·piccioni di altra razza. Boitard e Corbié hanno pure osservato otto mescolanze di colori che producono piccioni il più delle volte di colore differente al mantello dei genitori. I modenesi, che la sanno lunga riguardo alla coltivazione dei colori dei colombi, conoscono si può dire da secoli, il modo di ottenere i colori che desiderano, mediante opportuni e stabiliti accoppiamenti.

Ho esposto quanto sopra per dare un'idea su qualcuno dei risultati che si possono ottenere mediante incrociamenti di razze, allo scopo di mettere sulla via gli amatori che desiderassero creare nuove razze o varietà; ma vorrei invece richiamare l'attenzione dei dilettanti in materia sull'abuso che si fa di questi incrociamenti, o per dir meglio della non curanza con cui i principianti, specialmente, attendono alla coltivazione dei loro colombi. Si vedono infatti nelle varie colombaie colombi romani o d'altra razza di grossa taglia accoppiati con maurini o triganini, pavoni con viaggiatori belgi, bagadesi con cappuccini e via di seguito con stravaganze di ogni specie. I figli poi provenienti da questi incrociamenti li lasciano accoppiare con colombi magari di razze molto di più disparate e differenti di quelle da cui provengono, in modo che nasce una confusione di tipi, di caratteri, di colori, di forme, di colombi, di cui non soltanto non si conosce a che razza appartengono, ma quasi non si sa precisare la famiglia da cui provengono.

Non dico che non si debbano fare incrociamenti

di razze, che anzi fatti con criteri esatti e condotti con discernimento, l'amatore esperto potrà ricavarne risultati dilettevoli e utili, tanto più che il colombo pel poco tempo che impiega a riprodursi, e la facilità colla quale si presta nell'accoppiarsi ora con un'individuo, ora con un altro, anche di diverse razze, l'esser sempre disposto all'accoppiamento, non che per la fedeltà che per lo più conservano le coppie fra loro, è l'animale che maggiormente si presta per far esperimenti di questo genere (1). Ma sarebbe a preferisi che gli amatori, si dedicassero a coltivare le razze pure: o migliorandone le forme, o le bellezze del piumaggio, o la potenza di volo, e l'istinto d'orientamento, o rendendo più feconde quelle che mancano di fecondità, o ingrossando la specie da carne, e via via di seguito secondo il gusto degli amatori medesimi.

Un altro errore commettono, secondo il mio parere, i colombicultori che credendo di migliorare la razza del viaggiatore belga, incrociano colombi di questa razza col Carrier inglese e peggio con colombi di altre razze, che tutte indubbiamente sono inferiori alla belga, sia per facoltà d'orientamento che per qualità fisiche.

Un distinto amatore, mio amico, incrociava colombi belga con Carriers inglesi, dicendo di voler dare maggior robustezza ai primi. I risultati, com'io gli predissi, non furono felici; ciò che del resto ritengo

---

(1) Darwin stesso, una parte delle sue teorie le esperimentò sui colombi dei quali giunse ad aver nella sua colombaia sino a 150 razze diverse.

naturale, anzitutto perchè sappiamo che il Carrier inglese è di certo alquanto inferiore al belga per ciò che riguarda l'elevatezza del senso della direzione, mentre non sappiamo se il Carrier medesimo sia superiore al belga per robustezza, giacchè esser di taglia più grossa non vuol dire possedere relativamente più robustezza o maggior forza muscolare. Ammettendo anche che il Carrier sia più forte del belga e dia perciò a questi una maggior robustezza, ma qual vantaggio avremo da questo incrocio che toglierebbe certamente al belga delle sue qualità sensitive? A che varrebbe nel viaggiatore la robustezza per sostenere lunghi voli, se non sapesse trovare la direzione verso cui spiegare questa sua forza per raggiungere la sua dimora? Sappiamo che il colombo viaggiatore belga ritorna alla sua dimora sin dalla distanza, non ancor raggiunta nè meno in sesta ò settima parte da altre razze, di 1300 Km. in linea retta; che vuolsi adunque desiderare oltre questo meraviglioso risultato? Non tutti però gli amatori da noi ed anche della medesima patria loro posseggono viaggiatori capaci di raggiungere tali grandi distanze; non esito quindi a consigliare i singoli colombicultori a migliorare i propri viaggiatori senza ricorrere ad incroci con altre razze, mettendo in pratica i migliori metodi di allevamento, di accoppiamento e di educazione in parte da noi indicati, e portare previo miglioramenti la razza belga da noi esistente all'altezza di quella del Belgio e delle altre nazioni, reintegrando così agli italiani la fama che anche in simile ramo di coltura in tempi remoti godevano, superiore agli altri paesi.

CAPO TERZO

IGIENE E MALATTIE.

I.

Igiene.

66. Cenni diversi. — I colombi, malgrado la loro rustichezza e le cure che per essi si hanno, come tutti gli altri esseri viventi, cadono qualche volta ammalati e le loro malattie sono poco conosciute e di difficile cura.

Ciò nonostante si è provato che molte malattie si possono guarire ed in alcune poi è indispensabile l'aiuto dell'uomo per salvare da certa morte i colombi che ne vengono colpiti.

In questo capo abbiamo descritte le principali e più conosciute malattie e si sono pure indicati i modi di prevenirle e curarle praticamente, allo scopo di dare un'idea all'amatore che desiderasse dedicarsi a tali studi.

Meritano i colombi ammalati di esser curati, non soltanto per la convenienza economica che si possa rilevare nel guarire i pochi colombi che nei casi normali si ammalano; ma perchè mediante le volute cure si può salvare da immatura morte, con gran vantaggio della colombaia, qualche bello o buon soggetto, o buon riproduttore, e, nei viaggiatori, qualche veterano delle aeree battaglie, ai quali il vero amatore maggiormente si affeziona.

Si prevengono le malattie coll'avere un'assidua e vigilante cura dei propri amministrati. In una colombaia ben ventilata, e tenuta costantemente secondo le volute regole, difficilmente avvengono malattie.

Come regola generale converrà mettere in disparte i colombi che cadono ammalati, ed allontanare dalla colombaia tutti i sospetti di malattie contagiose, allo scopo di evitarne la propagazione. Si farà eccezione a questa regola per i riproduttori affetti da malattie palesamente non infettanti, come sarebbero ferite ed altre consimili.

67. Come si distingue il colombo ammalato ed il sano. — Si distingue se un colombo è ammalato, allorché non mangia o mangia poco e con isvogliatezza ed irregolarmente, le penne dell'ammalato si arruffano e divengono appannate, l'occhio perde della sua vivacità e così l'assieme del volatile. Tiene la coda abbassata e talvolta anche le ali; quando la malattia è grave smette di covare, abbandona il compagno, non vola e si ritira in un canto della colombaia per non essere molestato.

Volendo invece accertarsi se un colombo è sano, si prende in mano e si osserva se possiede i seguenti requisiti: ·

L'occhio del colombo sano dev'essere vivace, non cisposo nè lacrimoso, l'interno delle mandibole deve essere pulito e di color rosa pallido e flutando non si deve sentire odore disgustoso, sotto le ali non devesi sentire troppo calore; il troppo calore in questa parte del corpo accompagnato da forti pulsazioni sono indizio di febbre. L'ano e le parti aderenti devono essere puliti e non infiammati, deve lasciarsi distendere le ali e le zampe senza dimostrare di sentirne dolore, le zampe devono esser fresche, non congelate e non gonfie; facendo scorrere il pollice e l'indice della mano libera, lungo la costa dello sterno ed anche dal peso dell'animale, si assicura che il colombo sia ben in carne e non sia sofferente per qualche malattia; distendendo le ali ed osservando il rimanente piumaggio si osserva se la muta procede regolarmente; prendendo infine il colombo in mano deve fare ripetuti sforzi per fuggire e l'assieme del volatile sano, dev'essere vivace, ardito e battagliero all'occorrenza.

68. **Pulizia.** — Il colombo, più di ogni altro animale, ama molto la pulizia di se e di tutto ciò che lo circonda, ed inoltre la pulizia è una delle prime necessità per conservarlo in salute. La mancanza di nettezza facilita l'invasione degli insetti rende l'aria viziata e malsana, e l'odore fetido degli escrementi produce malattie.

È quindi necessario di pulire sovente l'intera colombaia e le suppellettili, e tutti i giorni le poste ed i nidi dei piccioncini, meno però nei primi giorni di età di essi. Converrà inoltre tener sempre imbiancate e intonacate le pareti ed il soffitto.

Per facilitare la pulizia del suolo della colombaia si può mettere a terra uno strato di sabbia asciutta, e raccogliere col rastrello di cui alla figura 39 lo sterco che ivi si trova. Lo strumento più usato e adatto per la pulizia delle poste o cassette per la nidificazione ed anche pel suolo, consiste in una cazzuola da muratore fatta a guisa di triangolo isoscele, figura 37.

Onde il colombo possa lavarsi occorre tenere, possibilmente all'esterno della colombaia per evitare umidità nell'interno, un recipiente adatto pieno d'acqua, il quale dev'essere profondo circa 12 centimetri, o meglio si usa più alto, ma si mette nell'interno un basso fondo forato, di guisa che lo sterco, di cui le zampe sono sempre sporche, passa al fondo e l'acqua rimane superiormente più pulita. Si può anche usare un grande catino mettendovi dentro un grosso ciottolo, o dei mattoni, come punto di appoggio pei colombi che vogliono lavarsi.

69. **Disinfezioni e fumigazioni.** — Le disinfezioni e fumigazioni che occorresse praticare nella colombaia per prevenire o combattere le malattie epizootiche o parassitarie, a loro luogo descritte, o che si volessero fare anche senza che se ne presentasse un'apparente necessità, si possono eseguire nel modo seguente:

Nelle disinfezioni si lava prima il suolo con acqua contenente circa il 10 % d'acido fenico, od, all'occorrenza, l'1 % di sublimato corrosivo, e poscia misurata la capacità del locale da disinfettarsi, per ogni 100 metri cubi, si prendono 3 Kil. di cloruro di calce, 1 Kg. di acido solforico ed 1 litro e mezzo d'acqua. Si pone in un piatto il cloruro di calce, vi si versa sopra prima l'acqua facendone un impasto, e poscia si aggiunge al miscuglio l'acido solforico, avvertendo di rimescolar bene con un lungo bastone, acciocchè non si formi sulla superficie una solida crosta di zolfato di calce, che impedirebbe lo sviluppo di molto gaz-cloro. Si lasci così ben chiusa la colombaia per circa un giorno. Si riaprono poscia le porte e le finestre, e compiuto che sia il rinnovamento dell'aria vi si ripongono i colombi.

Fra gli agenti antisettici od antivirulenti, esclusi quelli che richiedono un trattamento per immersione o per aspersione, perchè di meno facile applicazione, fu riconosciuto che l'acido solforoso ottenuto per combustione dello zolfo nell'aria, risponde meglio di qualunque altro fra quelli destinati ad agire per fumigazione, perchè è di facile e poco costosa produzione e perchè quantunque antisettico potentissimo, pure non reca alcun nocumento agli oggetti sui quali deve esercitare la sua azione. Dovendosi quindi distruggere insetti si faranno fumigazioni abbruciando zolfo in una o più padelle di fuoco, o, per maggior efficacia, si agisce nel modo seguente:

A ciascun angolo del locale si collocano dei fornelletti di terra sui quali saranno disposti dei piattini di ferro o ghisa, destinati a contenere dello zolfo in pezzi. È noto che l'efficacia antisettica del gaz-acido solforico, aumenta notevolmente quando esso sia impregnato d'umidità. Si aggiungerà pertanto nei piattini una quantità di acqua di peso non superiore a quello di metà dello zolfo.

Per una perfetta disinfezione occorrono da 20 a 25 grammi di zolfo per ogni metro cubo d'ambiente, ossia da Kg. 2 a 2,50 di zolfo per una camera della capacità di 100 metri cubi.

I fornelletti saranno alimentati con carbone. Si avrà cura di attivare nello stesso tempo la combustione di tutti quattro i fornelletti, in modo che avvenga pure contemporaneamente la fusione dello zolfo nei quattro piattini.

Conviene avvertire che le combustione non abbia a compiersi troppo lentamente, perchè allora il gaz-solforoso, il quale è più pesante dell'aria, si genererebbe a poco a poco e non si formerebbe in colonna vorticosa per poter salire sino agli strati superiori della camera, e conseguentemente la combustione si arresterebbe per mancanza di ossigeno atmosferico.

Appena si è certi che lo zolfo è entrato in fusione e che i fornellini sono bastantemente alimentati, si chiude ermeticamente la porta, affine di impedire la sfuggita del gaz-acido-solforoso che si va sviluppando. Si otterrà una completa chiusura del locale, incollando alle fessure, delle liste di carta o conficcandovi della stoppa. A capo di sei o sette ore si potrà ritenere ultimato il processo disinfettante.

La colonna di vapore acquoso e gaz solforoso che durante la combustione sale fino agli strati superiori, precipita sotto forma di rugiada su tutti gli oggetti contenuti nella camera, e l'azione disinfettante del gaz è coadiuvata non solo dall'umidità, ma ancora dalla temperatura. Quest'ultima non supera nella maggior parte dei casi i 40 centigradi (1).

(1) Desunta dal Giornale Militare dell'anno 1884.

70. Bevanda. — Non occorre dire quanto sia importante di mantenere l'acqua degli abbeveratoi sempre pulita e fresca. Essendo poi probabile che qualche colombo beva nei lavatoi, invece che negli abbeveratoi, ancorchè l'acqua contenuta nei primi sia sporca, conviene che anche l'acqua dei lavatoi medesimi sia sempre pulita, specialmente nella stagione del gran caldo, in cui i colombi sogliono lavarsi di frequente.

Per abbeverare i colombi non tutte le acque sono egualmente buone. Quella dei pozzi, per esempio, non è per essi la migliore, specialmente quando contiene solfato di calce o sostanze gessose. L'acqua limpida dei fiumi e quella degli acquedotti è da preferirsi. In ogni caso poi dev'essere senza odore e senza sapore e non troppo fredda nell'estate, l'acqua che cuoce bene i legumi è sempre buona ed è questo un carattere infallibile. Avvertasi che l'acqua proveniente da tetti ove stanno i colombi mentre son fuori della colombaia non è buona, perche l'acqua che piove venendo a contatto cogli escrementi che i colombi lasciano sui tetti rendono cattiva e sporca quella della cisterna che raccoglie l'acqua piovana.

Di tanto in tanto poi, specialmente nell'estate e nell'epoca in cui i colombi trovansi in piena muta, si somministreranno loro bevande rinforzanti o rinfrescative. Le bevande più indicate sono l'acqua ferrata e quella preparata colla corteccia di frassino.

L'acqua ferrata si prepara mettendo della limatura di ferro pulita in un recipiente di vetro. Dopo un giorno o due si versa nell'abbeveratoio la quantità d'acqua occorrente, rimpiazzando l'acqua ferrata tolta dal recipiente con altrettanta acqua pura. Colla stessa limatura, seguendo il metodo indicato, si ottiene l'acqua ferruginosa per alcuni mesi senza cambiare la limatura.

Per preparare la bevanda rinfrescativa con corteccia di rami di frassino si mettono nell'acqua poche di queste cortecce, in modo che dopo alcuni minuti d'infusione l'acqua prenda un color turchino, nè troppo carico nè troppo leggero e colle stesse corteccie si mette acqua una volta o due ancora senza cambiarle. Si tolgono quindi le cortecce e si ripulisce l'abbeveratoio continuando a distribuire acqua pura.

Per costringere tutti i colombi a bere l'acqua come sopra preparata, si ritirano provvisoriamente i lavatoi, oppure si mette nei medesimi acqua preparata come quella degli abbeveratoi.

Le suddette distribuzioni si fanno anche senza che ne risulti un apparente bisogno.

71. **Impasto igienico.** — È comunissimo nei colombicultori di tutti i paesi l'uso d'impasti diversi distribuiti come supplemento al vitto, per ragioni igieniche o per ingrasso dei colombi. All'estero specialmente, ogni nazione, provincia, villa e quasi ogni colombicultore possiede una ricetta propria, per impasto speciale composto di calcinaccio, terra, sabbia, argilla, aromi e di tante altre svariate sostanze e persino di brodo di capra, ricette che in gran parte concorrono ad ingrassare il volatile e dare buon gusto alla carne piuttosto che a mantenerlo sano e robusto.

Trattandosi di allevare colombi di alto volo e viaggiatori specialmente dai quali occorre allevare piccioni sani e robusti e nòn troppo grassi, si consiglia l'impasto igienico di cui in appresso, quasi consimile a quello che si usa dai colombicultori di Modena da tempo immemorabile e con ottimo profitto:

Mattone pestato (ma non polverizzato) Gr. 400

Sabbia granellosa e preferibilmente di

    acqua salsa. . . . . » 400

Calcinaccio di pura calcina (escluso as-

    solutamente il gesso). . . . . . » 200

Sale da cucina sciolto nell'acqua (1) . » 150

Tritello di farina di frumento (2) . . » 100

Miglio. . . . . » 100

Comino (3) polverizzato. . . . . . » 25

S'impastano diligentemente tutte le suaccennate sostanze abbondando coll'acqua, nella quale sarà stato sciolto il sale, e si fanno tanti pani da distribuirsi entro le cassette apposite, dopo che saranno stati asciugati al sole.

L'impasto così composto facilita la digestione, aiutando nel ventriglio la triturazione degli alimenti, e

---

(1) Nell'epoca della procreazione la dose del sale sarà ridotta di metà; ciò allo scopo di evitare che gli allevatori somministrino ai figli troppa acqua, bevuta in causa dello stimolo provocato dall'impasto, quando fosse molto salato.

(2) Parte della farina abburattata colla quale si fa il pane scuro pei cani.

(3) Genere di pianta che ha il frutto ovale, prismatico rigonfiato con sette striscie. Dicesi volgarmente *comino da piccioni*. Le specie più buone e più comuni sono il nostrale ed il tedesco.

giova ai genitori per formare il deposito latteo-sieroso col quale nutriscono i piccioncini nei primi giorni di vita. Aiuta inoltre la femmina a fare le uova col guscio consistente, supplisce con vantaggio al puro sale che alcuni sogliono somministrare, il fosfato di calce contenuto nel calcinaccio dà forza al sistema osseo, e finalmente vuolsi, per antica tradizione, che il comino abbia la facoltà di affezionare maggiormente i colombi alla loro dimora e di eccitare nei medesimi i sensi amorosi. È quindi indispensabile di tenere nella colombaia a disposizione dei colombi una certa quantità di questo impasto, anche per evitare che si rechino altrove per trovarvi le sostanze terrose e saline (tanto ad essi necessarie) che non trovassero nella loro colombaia, con pericolo di farsi prendere od uccidere.

II.

Malattie degli organi della digestione.

72. Indigestione. — I colombi, specialmente dopo un rigoroso digiuno, obbedendo alla loro voracità non rare volte ammalano d'indigestione, e mancando l'aiuto dell'uomo, questa infermità può risvegliare una malattia gastrica mortale. Due sono le cause che possono produrre l'indigestione: la qualità indigesta delle robe mangiate e la troppa quantità di cibo inghiottito, che loro causa una forte tensione del gozzo. In ambo i casi si conoscono i colombi sofferenti per tale malattia dai sintomi comuni indicati nel capitolo precedente, nonchè dal frequente sbadigliare e dormire; e toccando il gozzo colla mano lo si trova pieno e duro.

L'indigestione si cura col far loro inghiottire un po' di mollica di pane inzuppata nel vino o nel rhum, allo scopo di rinvigorire il sistema digestivo e far quindi passare le robe indigeste.

Il dottor Pelletan consiglia di curare le indigestioni mediante somministrazione di 20 centigrammi di aloè sciolto in un po' d'acquavite o di spirito di vino, e mettendo nel contempo nell'acqua da bere una buona presa di solfato di soda ed una di cremor di tartaro. Se il colombo non beve o beve poco, bisognerà farlo bere forzatamente (1) sino al completo rammollimento del gozzo.

Allorchè non bastano queste cure, il che avviene più facilmente quando l'indigestione è prodotta dalla troppa quantità di cibo inghiottito, allora conviene ricorrere ad un altro rimedio più efficace: si taglia il gozzo superiormente in modo che vi passi un dito e con questo si estrae tutto il cibo rimasto indigesto e poscia si lava l'interno con acqua fresca, dopo eseguita l'operazione· si chiude il taglio fatto con una semplice cucitura, avvertendo d'ingrassare il filo e di fare i punti lunghi evitando di afferrare la seconda pelle, vale a dire l'inviluppo dell'organo. L'ammalato sarà quindi privato sia del cibo che del bere per una giornata

---

(1) Per far bere il colombo forzatamente, s'introduce l'acqua nel gozzo prendendo in bocca il becco del colombo, oppure si adopera un piccolo imbuto.

circa e successivamente poi il vitto gli verrà dato a piccole dosi crescenti.

73. Costipazione. — La costipazione è un restringimento accidentale degli intestini con tardanza nell' evacuare le feci. È facile a conoscere il colombo colto da questo male perchè fa sforzi straordinari per evacuare gli escrementi che in parte rimangono attaccati intorno all' ano; spesso si lamenta e cade in una grande spossatezza. Può essere prodotta dalle grandi fatiche e dal cattivo nutrimento. La cura si fa col far bere al malato acqua con un po' di cremor di tartaro o di solfato di soda. Nei casi gravi un po' d' olio d' oliva, ed infine, se fatte queste cure non si ottiene miglioramento si darà al malato un piccolo *lavativo* con acqua di malva, nella quale si metteranno poche gocce dello stesso olio.

74. Diarrea. — La diarrea si distingue nel colombo quando evacqua troppo spesso materie liquide e fetenti. Gli escrementi, che in questo caso hanno l' apparenza della calce stemprata, rimangono secchi e duri aderenti all' ano. Quest' infermità è causata sovente dall' aver mangiato dei grani germogliati, ammuffiti od altre materie nocive, o dall' aver bevuto acqua cattiva o stagnante.

Quando la malattia non è grave si cura col somministrare al malato un cibo nutriente ed in buonissime condizioni. Se la diarrea dopo due o tre giorni prosegue, si cura con una buona presa di solfato di ferro messa nell' acqua od anche con pane inzuppato nel vino dato al malato come esclusivo alimento per un paio di giorni.

Se i malati sono abituati a percorrere i campi per procacciarsi il vitto, si dovranno tener chiusi nella colombaia sino a completa guarigione.

75. **Vermi intestinali.** — Due sono le specie dei vermi a cui vanno soggetti: gli *ascaridi* ed i *lombrici*. Si conosce la presenza di questi vermi dalla comparsa di qualcuno di essi negli escrementi. I vermi evacuati sono della lunghezza di 4 o 5^{mm} circa, ma sottili nel corpo e cilindrici.

Oltre a questi vermi il colombo va soggetto alla *tenia*, volgarmente detto, *verme solitario*. Si può più facilmente conoscere il colombo che ha la *tenia* perchè deperisce abbenchè mangi molto. Questo verme raggiunge alle volte delle lunghezze relativamente sproporzionate. Il dottor Chapuis narra di aver veduto un colombo viaggiatore evacuare una tenia della lunghezza di tre metri. Questi vermi sono causati, dice Pelletan, dalla mancanza di aria buona e di luce, da un atmosfera calda ed umida, da un regime uniforme e debilitante. La comparsa dei vermi negl'intestini produce sempre la diarrea.

Si cura il malato col fargli ingoiare come unico cibo un mezzo biscotto di santonina, inzuppato nel latte. Se il colombo è di forte tempra e che l'affezione sia molto inoltrata, si aumenta la dose del biscotto da somministrarsi; due giorni di questa cura bastano per distruggere i vermi, ed in conseguenza per far cessare la diarrea, della quale essi ne sono la causa. Altro rimedio ancor più potente, è una decozione fatta con polvere di radice di felce quercina detta

anche felce maschio. Il dottor Chapuis narra che l'e-
vacuazione della tenia della lunghezza di tre metri
sopra citata, ebbe luogo mediante decozioni di radici
di melegrano date all'ammalato per due giorni di
seguito.

76. Mughetto giallo. — Il mughetto giallo, da non
confondersi colla micosi delle vie aeree, è una specie
di vegetazione o fungosità di materia gialla filamentosa, od anche granellosa che si manifesta in bocca.
Talvolta ricopre la lingua o si estende nell'esofago,
oppure rimane circoscritta in una parte qualunque
delle mandibole; raramente si manifesta internamente
senza traccie nella bocca.

Questa materia può essere aderente alle parti vive,
e molte volte invece non è che superficiale, epperciò
si distacca con facilità. Il mughetto giallo si presenta
anche a guisa di natta rigonfiantesi esternamente.

Il colombo colto da questa malattia presenta i sintomi comuni, e talvolta rimane colla bocca un poco
aperta, e prendendolo in mano si scorge la vegetazione nelle mandibole.

Ne può esser causa la mancanza di aria (1) o di
materie terrose o saline come supplemento al vitto.
Altre cause sono la cattiva condizione dei cibi e delle
bevande, la privazione della libertà e la poca venti-

---

(1) Nell'anno 1880 moltissimi piccioncini della colombaia militare di
Bologna vennero attaccati da questa malattia. Si apersero completamente
gli sportelli delle cassette per la cova, e da ciò si rilevò subito un sensibilissimo miglioramento, e poscia la malattia quasi scomparve. Ciò prova
chiaramente che era causa della malattia la mancanza d'aria.

lazione dei locali. Rare volte adunque si manifesta nei colombi tenuti liberi.

La cura di questa malattia si fa nel modo seguente: Se la vegetazione non è tanto aderente alle parti vive, si distacca con pinzette o stecchetto adatto, o si taglia se è aderente. Quando si sviluppa a guisa di natta bisogna svellerla, tagliandola, se occorre, e premendo sulla natta per far uscire le materie in essa contenute. Queste operazioni si ripetono ogni due giorni od anche tutti i giorni se occorre, e sino a completa guarigione, facendole precedere da bagnature di glicerina fenicata, allo scopo di arrestare lo sviluppo della malattia. Quando però vi è indizio ché la malattia si sia propagata internamente, gioverà oltre di svellere le materie, curare l'ammalato con pillole della seconda ricetta indicata al numero 79.

77. Metastasi del latte. — Il colombo viene colto da questa malattia allorquando per subitanea morte dei suoi piccioncini, o rimanendone privi per altre cause non può sgravarsi della secrezione latteo-sierosa, colla quale, come si è detto, nutriscono i figli nei primi giorni di vita.

Questa malattia non presenta traccie esterne visibili, ma si distingue il colombo quando ne è colpito dai sintomi che generalmente presentano i colombi quando sono malati, più il gozzo si gonfia come se fosse pieno di cibo e perde l'appetito. Non sempre però questa malattia prende carattere serio, e sovente il colombo guarisce da se.

Si previene la malattia coll'osservare che tutti gli

allevatori possano sgravarsi di tale deposito che completano negli ultimi tre o quattro giorni dell'incubazione delle uova. Se in tale epoca quindi venissero a mancare i figli di qualche coppia d'allevatori si darà alla coppia stessa un altro piccioncino o due appena nati, onde possano sgravarsi della secrezione accennata evitando in tal guisa che essi cadano ammalati.

In caso di assoluta mancanza dei mezzi indicati, si ricorrerà ai medicamenti. I colombi colpiti da questa malattia si tolgono dal colombaio, e dopo un paio di giorni di rigorosa dieta si purgano, somministrando loro un po' d'olio d'olivo per due o tre giorni di seguito, ed aumentando gradatamente il vitto che sarà del più leggero ed ammollito con acqua. Il dottor Chapuis consiglia come purgante buono, al pari dell'olio di olivo, delle pillole di rabarbaro così composte: Si polverizza un pezzetto di radice di rabarbaro, s'impasta questa polvere con della mollica di pane e dell'acqua gommosa, e con questa pasta si fanno pillole della grandezza di un pisello, che si fanno poi asciugare allo scopo di poterle conservare. Se questi mezzi poi non sono sufficienti, e che nel gozzo rimanga il cibo loro dato senza poterlo digerire, si dovrà, come mezzo estremo, ricorre al taglio del gozzo nel modo indicato per l'indigestione, per levare quel grumo indurito che ha provocata la malattia.

78. **Afte.** — Le afte sono molto comuni ai colombi, e si sviluppano sulla lingua, sul palato e nella gola. Queste afte si possono distinguere in *benigne* ed in *maligne;* le seconde, specialmente, sono assai conta-

giose. La comunanza nel bere è sufficiente per la propagazione della malattia.

Per guarire le afte benigne basta lavarle due o tre volte al giorno con una decozione di orzo saturato di aceto e raddolcito col miele. Le maligne invece esigono una cura assai più efficace e si distinguono dal color giallastro che precede i bottoni. Esse curansi col bagnarle con aceto molto forte, o con sugo di limone, o all'occorrenza anche con una soluzione debole di nitrato d'argento. Le bagnature si possono eseguire col vessillo di una penna facendola passare all'occorrenza nell'esofago, qualora questo ne sia affetto, o ne presenti il dubbio. In ambo i casi si potrà purgare l'ammalato coi mezzi già indicati per le altre malattie prima di procedere alle lavature, ed i colombi attaccati saranno tenuti isolati sino a completa guarigione. Nel corso della infermità verrà somministrato agli ammalati un vitto leggero, rinfrescante e piuttosto scarso, che si aumenterà progressivamente col migliorare della malattia.

III.

Malattie degli organi della respirazione.

79. **Micosi delle vie aeree.** — Trascrivo integralmente la descrizione di questa malattia, fatta dal chia.ᵐᵒ prof. sig. Paolo Bonizzi di Modena, e pubblicata nel giornale di Agricoltura, Industria e Commercio

del Regno d'Italia che si pubblica a Bologna, anno
1877, Vol. 3.° con alcune altre osservazioni gentilmente
fornitemi dal nominato sig. professore.

« Negli scorsi mesi di novembre e dicembre (1880)
« una singolare malattia dominava nei colombi *tri-*
« *ganini* o *modenesi* e molte colombaie della nostra
« città ne erano infestate. Ne darò un buon cenno:
« La malattia colpisce i colombi già adulti, e mani-
« festasi con sintomi assai svariati e numerosi. Notasi
« dapprima una generale debolezza ed un notevolis-
« simo dimagrimento, per cui l'animale diventa al-
« quanto leggiero, in pari tempo resta colpito del
« mal dell'ala senza però che si presentino i segni
« del vero *mal dell'ala,* osservandosi bensì l'impo-
« tenza al volo, ma non la gonfiezza dell'articolazione
« omero-radicale. L'accrescere poi della malattia ri-
« duce il colombo a starsene taciturno colle penne
« arruffate in un angolo della colombaia: e ad aste-
« nersi quasi completamente da ogni alimento, dando
« così segni della massima sofferenza. In tale stato
« non tardano a comparire certe doglie alle gambe e
« generalmente ad una sola. Non pochi colombi af-
« fetti da questo male ebbero vere ottalmie e più
« spesso ad un solo occhio. Io tengo appunto un co-
« lombo che essendo scampato dalla malattia perdette
« completamente un occhio. Alcune persone mi nar-
« rano di aver osservato la comparsa di afte agli
« angoli delle labbra, vegetazione o fungosità gialle o
« verdognole sulla mucosa ovale. E nei colombi che
« dovettero soccombere si ebbe vomito di materie

« acquose di color verdastro e gonfiamento notabile
« al capo; osservando poi i loro cadaveri si notò ma-
« nifesto rammollimento al fegato e scioltezza nel
« sangue. Il chia.^{mo} prof. Del Prato, al quale scrissi
« quanto io aveva osservato nei colombi modenesi,
« mi comunica che la malattia esiste pure nel parmi-
« giano. Egli crede di poter riconoscere in essa una
« epatite tifoidea. Nella mia colombaia in cui trova-
« vansi nei mesi scorsi 24 colombi triganini attaccati
« dalla malattia, due dei quali assai gravemente, poi-
« chè uno ne morì in breve, e l'altro potè guarire
« dopo una cinquantina di giorni. Nessuno degli altri
« colombi appartenenti a varie razze ammalò, quan-
« tunque fossero nello stesso locale e divisi dagli altri
« soltanto per mezzo di un cancello. Io però allontanai
« subito i colombi infetti dagli altri e li tenni sepa-
« rati ad uno ad uno, fino alla completa guarigione. »

« Veramente, chi voglia sottoporre ad esatto trat-
« tamento preservativo i colombi, in casi di malattie
« contagiose, dovrebbe togliere subito dalla colombaia i
« colombi sani e trasportarli in altro locale affine di
« allontanarli dai colombi ammalàti, ma anche dai
« luoghi infetti. Coloro però che hanno colombaie spa-
« ziose, perfettamente arieggiate, nelle quali il male
« non si è ancora propagato molto, possono benissimo
« regolarsi come ho fatto io, cioè levar subito i co-
« lombi colpiti dalla malattia. »

« In quanto ai mezzi curativi io non me ne sono
« punto occupato, ma il prelodato prof. Del Prato ha
« riconosciuto di qualche vantaggio l'uso del cremor

« di tartaro solubile, e così pure l'acqua ferruginosa
« del Fabbri. Qui a Modena qualcuno ha somministrato
« ai colombi, anche per altre malattie, l'acqua ferru-
« ginosa di una sorgente prossima alla città, l'acqua
« detta dell'*Obersetto*. Tale rimedio è stato lodato
« come efficace. »

« Oltre alla particolar malattia, di cui ho tenuto
« parola, comparsa con certa frequenza negli scorsi
« mesi autunnali, altre delle comuni hanno pure recato
« i loro danni ai colombi, e non sembrano ancora del
« tutto cessate: tali sono il vero *mal dell'ala; le do-*
« *glie*, la diarrea nei novelli e il cosidetto vaiuolo.
« Le quali malattie essendosi manifestate appunto nel
« tempo stesso in cui dominava l'altra da noi ora de-
« scritta, devesi ben porre attenzione dagli allevatori
« poco usi all'osservazioni, di non confondere quella
« con questa. »

Ed il prelodato prof. Bonizzi mi scriveva: « La
« malattia che ha afflitto e pur troppo affligge ancora
« i colombi è conosciuta dai patologi col nome di
« *Micosi delle vie aeree.* »

« Prima che questa malattia fosse studiata fra noi
« dal prof. Generali direttore della Scuola veterinaria
« di Modena, io aveva già comunicato una nota al
« Giornale di Agricoltura, Industria e Commercio che
« si pubblica a Bologna. »

« La malattia colpisce di preferenza i colombi *tri-*
« *ganini*, ma neppure i colombi del Belgio furono
« risparmiati. »

« La durata è assai variabile da pochi giorni a

« parecchie settimane ed anche mesi, termina presso-
« chè costantemente colla morte. I disordini più ap-
« parenti e costanti si manifestano negli organi della
« respirazione. »

« L'esame microscopico mostrò che nelle vie aeree
« segnatamente nei *sacchi aerei*, vi era una sorta di
« fungaia, vale a dire entro la cavità di questi sacchi
« germogliava e vegetava una sorte di muffa che i
« botanici asseriscono alla specie *aspergillus nigre-
« scens.* »

« In quanto a prevenire la malattia e curarla, nulla
« di positivo si può suggerire. La pulizia già è una
« regola sicura contro ogni malattia. Ella avrà inteso
« che alcuni somministrano l'*acido fenico* e si pretende
« che dato per tempo si possa impedire il malanno. »

« Io non ci credo, perchè le piccole piante comin-
« ciano già a vegetare nelle vie aeree quando il co-
« lombo manifesta i sintomi della malattia, e l'acido
« fenico non può sicuramente penetrare nei sacchi aerei
« se anche avesse la virtù che gli si vuole attribuire.
« Il danno che ha recato la Micosi, e come si dice
« volgarmente *difterite*, per una certa somiglianza con
« questa malattia negli uomini, è stato molto perchè
« ha sospeso perfino quel poco di comunicazione che
« c'era colla Germania. Anche attualmente questa ma-
« lattia inferisce talvolta fra noi, ma pare in grado
« minore dell'anno scorso. »

Un distinto osservatore sotto il pseudomino « *Il
Matto* » nel giornale *La vita di campagna*, fa una
pratica descrizione della difterite da lui osservata e

narrata nei pappagalli e nei perocchetti, che per la forma ha molta analogia colla Micosi suaccennata. Egli cura codesta difterite col somministrare ai malati acqua ferrata e contemporaneamente la polvere antidifterica seguente:

Iposolfito di soda polverizzato . . grammi 5

Solfato di ferro . . . . » 5

Genziana . . . . » 5

Zolfo polverizzato . . . . » 5

Aloé . . . . » 2

E soggiunge: « Per obbligare gli ammalati a man-« giare questa polvere basterà inumidire leggermente « il becchime di cui si cibano più volentieri, quindi « metterci sopra varie prese di questa, a seconda del « numero degli animali, smovendo bene ond' essa si « attacchi convenientemente ai semi suddetti. Così cer-« tamente il male sarà allontanato, e la salute ritornerà « nella vostra *voliera.* »

Per meglio distribuire però il medicamento si fanno pillole impastate con miele della grossezza di un acino di frumentone, e se ne somministrano due o tre al giorno, a seconda della tensione della malattia, sospendendo ogni due o tre giorni e riprendendo in dosi minori sino alla guarigione.

Un'altra ricetta dettata per la difterite da O. Cassella nel suo trattato di póllicoltura è la seguente:

Salicilicato di soda . . . . . grammi 2

Cubebe polverizzato. . . . . . . » 5

Zenzero . . . . » 4

China grigia . . . , ... » 10

distribuita col pane bagnato, ma anche questa sarà meglio ridurla in pillole come le altre.

Provvistomi da Modena, nell'epoca in cui colà inferociva la Micosi, di due colombi di razza triganina gravemente affetti da tale malattia per esperimentare il modo di curarla e partendo dal principio che la Micosi delle vie aeree abbia molta attinenza colla difterite o sia fors'anche la difterite degli uccelli e gallinacci, curai gli ammalati colle pillole prime accennate, eseguendo contemporeneamente una lavatura giornaliera dell'esofago con una penna lunga e sottile bagnata nell'acqua contenente il 12 %, di acido fenico. Nel contempo somministrai loro acqua ferrata piuttosto carica. Dopo alcuni giorni cessò lo sbadiglio e scomparso era quasi negli ammalati quel grido gutturale che indicava la difficoltà della respirazione. Poscia cominciarono a riprendere l'appetito, il contorno degli occhi cominciava a riprendere il suo colore. A questo punto uno degli ammalati fattosi ardito fuggi per incuria del custode, e l'altro guari in quaranta giorni circa. Sembra quindi che le accennate pillole siano efficaci.

Non si è avuta occasione di esperimentare la seconda ricetta, ma il Voitellier afferma che il trattamento con queste pillole, applicato in tempo utile e seguito regolarmente per alcuni giorni dà spesso buoni risultati.

La gravità della malattia mi spinge a dilungarmi su di essa col riportare alcune norme sulla cura della difterite nei polli, che menan strage nei pollai, pub-

blicata dai dottori Griffini e Schieppati in occasione
dell'esposizione degli animali da cortile tenuta in Milano nel 1885.

« È necessario primieramente di mantenere i locali
« nella massima pulizia ed aerazione, i polli non devono
« essere soverchiamente agglomerati, i locali stessi sa-
« ranno imbiancati di frequente con latte di calce misto
« ad una soluzione di cloruro di calce; una volta alla
« settimana dovranno farsi nei pollai soffumigi di flore
« di zolfo, s'intende colle imposte chiuse ed a pollaio
« vuoto. Questi soffumigi hanno anche il vantaggio di
« distruggere i pidocchi pollini; e s'abbia l'avvertenza
« di non aprire le imposte se non quando i vapori di
« zolfo siano scomparsi. »

« Tra i mezzi preventivi, havvi la costante presenza
« negli abbeveratoi di polvere di zolfo e pezzetti di
« ferro. Quando la malattia inflerisce si ricorra ai se-
« guenti rimedi:

« 1.º Salicilicato di soda od acido salicilico in solu-
« zioni al 2 od al $2^1/_2$ per cento, per bevanda co-
« mune. »

« 2.º Acqua fenicata nelle proporzioni come sopra
« frizionando con una penna imbevuta di questa so-
« luzione l'interno della gola dopo aver grattate le pu-
« stole con altra penna tagliata come per scrivere.
« L'uso di questo rimedio dev'essere fatto colle più
« perfette regole dell'arte. »

« 3.º Sublimato corrosivo in soluzione nell'acqua
« nella proporzione dell'1 per mille da usarsi come si
« disse per la soluzione d'acido fenico, adoperandola

« anchè per disinfettare i pollai col mezzo di un pol-
« verizzatore » (1).

« 4.° Suffumigi di zolfo, presenti gli animali nel lo-
« cale, finchè questi possono tollerarne il respiro ma
« aprendo subito le imposte. »

« 5.° Aceto saturo di sal comune col quale passare
« la parte ammalata collo stesso sistema dell'acqua
« fenicata. »

« Si avverta che quando si sviluppa la malattia in
« un pollaio devonsi allontanare subito gli animali sani.

« Una penna non deve servire che per un solo pollo
« ammalato, e le penne adoperate devono essere subito
« bruciate per impedire la propagazione del morbo. »

80. **Enfisema.** — L'enfisema è enflagione o tumore
molle, indolente formato da aria sparsa sotto la pelle
fra le cellule della membrana adipotosa, alla quale
vanno più specialmente soggetti gli uccelli di alto volo.
Questo tumore si appalesa prima nel petto e nei fianchi
poscia in tutto il corpo.

Questa infermità è causata, dice La Perre de Roo
dalla disposizione particolare dell'apparecchio respiratorio del colombo; l'aria, quando il colombo vola con
forza, s'infiltra nella pelle e nei muscoli e determina
un'enflagione generale. Si guarisce con facilità col
pungere la pelle con un ago in modo di far uscire
l'aria introdottasi.

___

(1) Anche il dott. Camillo Massa di Modena, ha trovato eccellente
l'uso del sublimato corrosivo, ma ha potuto praticamente constatare che
per fare morire gl'infusori di cui sono tappezzate le parti ammalate, óc-
corre portare al 2 per 1000 la dose della soluzione di cui trattasi.

81. **Etisia.** — Malattia alla quale vanno specialmente
soggetti i colombi privi della loro libertà, i cui principali sintomi sono un notevole dimagrimento di tutto
il çorpo, accompagnato da una febbre lenta detta etica.
I colombi colpiti da questa infermità mangiano spesso
e ciò nonostante deperiscono a vista d'occhio. Essi
diventano talmente magri che finiscono col morire totalmente privi di carne.

Questa malattia è incurabile. I colombi da essa
colpiti bisogna toglierli subito perchè tale malattia è
contagiosa.

82. **Corizza.** — Specie di malattia, nella quale vi
è intassamento delle fosse nasali, e distillazione di moc-
cio liquido. Questa è fra le malattie una delle più semplici, ma se si manifesta dalle narici un umore vischioso
e puzzolente prende allora un carattere contagioso,
avente analogia colla morva dei quadrupedi. L'umidità,
la pioggia d'inverno, gli strapazzi di simil genere nei
trasporti in ferrovia, sono le principali cause che possono produrre una tale malattia.

La corizza quando è semplice non esige cura; basta
tenere l'ammalato in luogo riparato dal freddo per
ottenerne la guarigione. Ma se la malattia si fa grave,
se si presenta cioè con caratteri mocciosi, conviene
isolare ed abbattere immediatamente l'ammalato per
evitare la propagazione del morbo. Se la malattia è
forte, ma non si presenta con caratteri mocciosi, si
cura con iniezioni di acqua di catrame nelle narici,
una volta al giorno. Con una piccolissima siringa di
piombo o di vetro si ripete l'operazione per due o tre

giorni, e raramente la malattia resiste alla quarta iniezione. La Perre de Roo ed altri, dicono che per guarire questa malattia si usa con buon esito il balsamo cubaibe, e che il mezzo più facile è di procurarsi da una farmacia delle pillole dello stesso balsamo e farne inghiottire qualcuna alla sera al colombo ammalato. Si curerà in ogni caso nell'ammalato la pulizia del becco e degli occhi dal marciume che ne esce.

83. **Tosse.** — La tosse, non è che l'indizio di un'indisposizione accidentale, passeggiera, od il sintomo d'una malattia più grave. Si manifesta coll'arruffarsi delle penne, col frequente stranutare e colla spossattezza. Il colombo affetto da questa malattia, dopo un volo anche breve, manifesta meglio il suo stato d'infermità, specialmente se la tosse è il sintomo di altra malattia più grave, per esempio dell'asma e del rantolo, come si vedrà in seguito. Non occorrono cure speciali; il riposo ed il tenerli riparati dall'aria bastano per guarire l'ammalato.

84. **Asma.** — L'asma, dice Chapuis, come il rantolo, è un ansamento frequente ma non continuato. Quando l'ammalato è in riposo, la sua respirazione apparisce normale. Se all'opposto viene impaurito od ha volato, al che si adatta poco volontieri, la malattia apparisce con intensità più o meno grande. Vuolsi talvolta cagionata da spavento, od anche dallo spossamento causato dal rigettare il cibo per imbeccare i loro figli, e può anch'essere il principio di etisia.

L'asma acquisita per ispavento si cura col solo riposo e coll'evitare le cagioni che la possono riprodurre, come sarebbero i rumori improvvisi, l'entrata di gatti o di altri animali nel colombaio.

Per lo spossamento cagionato dall'imbeccare i piccioncini, l'asma avviene se il colombo era già debole, o per soverchia tendenza nel colombo nell'allevarli; questa tendenza che raramente si riscontra nelle femmine, fa sì che qualche colombo oltre di allevare i propri figli, imbecca anche quelli non suoi che si presentano a chiederli cibo, affaticandosi in tal modo oltre le sue forze. In questo caso si cura l'ammalato col fargli sospendere la procreazione sino a completa guarigione.

85. **Rantolo.** — È un ansamento frequente e molesto con risonante stridore nell'interno, del che spesse volte è cagione lo stato catarrale delle vie respiratorie. Esso è di sovente preceduto dalla tosse ed è sempre accompagnato da una respirazione affannosa. Quando all'esame dell'ammalato non si scorge indizio di catarro è segno che il male è cronico, e difficilmente se ne ottiene una guarigione perfetta.

Per guarire i colombi affetti da questa malattia, si può tentare, dice il dottor Chapuis, di somministrar loro delle bevande leggermente stimolanti, come sarebbero, infusione di tiglio, di veronica, di issopo (1) e ad intervalli due o tre pillole di rabarbaro preparate nel modo indicato al § 77.

---

(1) Genere di pianta appartenente alla famiglia delle labiate.

IV.

Malattie degli organi genitali.

86. Ritenzione delle uova nell' ovidutto. — Questa ritenzione succede sempre verso l'estremità inferiore dell'ovidutto, perchè, come si è detto, è in quella parte che l'ovo si guarnisce del guscio. Può esser causa della malattia lo stato inflammatorio o la naturale strettezza dello stesso canale, la sproporzionata grossezza dell'uovo relativamente alla taglia della colomba ed anche la deformità delle uova stesse. Le colombe però quasi mai partoriscono uova deforme.

Alle colombe che vanno soggette a questo inconveniente gioverà, all'avvicinarsi del momento del parto, dar loro bevande rinfrescanti, e poscia qualche leggiero lavativo di acqua di malva con parecchie goccie d'olio d'olive, allo scopo di mitigare l'inflammazione nel caso che questa ne fosse la causa. Se la ritenzione continua si tenta di aiutare l'uscita dell'ovo, toccando leggermente col dito dall'avanti all'indietro, e nel caso che anche con questo mezzo non si ottenga l'intento, si cercherà operando come mezzo estremo di rompere l'ovo entro l'ovidutto.

Un tale mezzo però spesso aumenta di grado l'irritazione e quindi aumenta la restrinzione del canale, il quale, maggiormente restringendosi, crea un ostacolo invincibile anche all'uscita delle più piccole porzioni dell'ovo.

Le colombe che ripetono per due o tre volte simile inconveniente dimostrano di aver l'ovidutto stretto per natura, ed allora converrà scartarle dalle riproduttrici perchè l'imperfezione in questo caso è incurabile.

87. **Aborto.** — Si considerano abordite le uova fatte senza il guscio. Ciò avviene o per indebolimento, o per vecchiaia, o per difetto organico della femmina.

Anche la privazione di materie calcaree e terrose può essere una causa determinante l'aborto, perchè vuolsi che tali materie concorrano a formare il guscio delle uova. A questa malattia poi vanno facilmente soggetti i colombi tenuti rinchiusi ai quali non venisse somministrato l'impasto igienico.

La femmina che ripete l'aborto gioverà separarla dai maschi, per un mese circa, dandole becchime nutriente e dell'impasto igienico a volontà, e mettendo a sua disposizione dei gusci d'uova di gallina, allo scopo di metterla in favorevole condizione di alimentazione nel caso che la malattia provenisse da debolezza, o da mancanze di materie calcaree. Accoppiandola poi con un maschio di provata fecondità, se ripete l'inconveniente non ostante le cure ad essa femmina prestate, allora è indizio certo di difetto d'organizzazione ed in questo caso è incurabile, ed è pure incurabile se il difetto proviene da vecchiaia. Questa infermità allorquando avviene da difetto organico è spesso ereditaria.

V.

Malattie dell' apparecchio nervoso.

88. **Torcicollo.** — Il torcicollo è da considerarsi come malattia apopletica, piuttosto che nervosa. Pelletan la considera come apoplessia parziale, la quale colpisce una parte soltanto del cervello.

I piccioni nei primi mesi di età, più che i colombi, vanno soggetti a questa malattia. Il colombo porta il collo torto a destra o a sinistra, non in modo fisso, ma a colpi convulsivi. Nel peggiorare porta la testa alquanto indietro verso il dorso o verso terra, sino a toccare colla nuca il pavimento, e talvolta dei veri attacchi di apoplessia s'impadroniscono dell'uccello e finiscono col farlo perire. La malattia di cui si parla produce un grande indebolimento alla vista, che appare dal colore alquanto trasparente dell'occhio.

Essendo questa malattia conseguenza di apoplessia sarebbe inutile ricorrere a mezzi terapeutici per curarla, tanto più che finora non si conoscono mezzi sicuri di cura. Unico tentativo da farsi, è di praticargli un salasso nell'avambraccio, o mediante il taglio di un'unghia. Si aiuta l'effetto del salasso all'unghia con bagnature fredde alla testa, e con bagni caldi alle zampe.

89. **Epilessia.** — L'epilessia o mal caduco, è una malattia cerebrale che si appalesa per eccessi convulsivi, nei quali vi ha perdita del sentimento e produce

movimenti convulsi dei muscoli. Essa è frequente negli uccelli che si tengono rinchiusi nelle gabbie ed attacca anche i colombi. Questa malattia può essere acquisita per effetto di spavento. Al colombo per la sua timidezza basta un piccolo spavento, un batter di mani fatto all'improvviso, dice La Perre de Roo, è bastevole per farlo rimanere attaccato dal male sul momento. Un lamento acuto accompagna i primi sintomi del male, ed a somiglianza degli altri animali, il colombo attaccato si dibatte colle zampe e colle ali, e strisciandosi a terra spicca piccoli voli e ricade irregolarmente al suolo; questi movimenti convulsivi possono continuare sino a 90 minuti secondi. Alle volte muore, e talvolta gradatamente riacquista i sentimenti, ed il giorno successivo riprende il suo stato normale.

Pelletan dice che questa malattia non si manifesta che negli uccelli affetti da vermi, e che bisogna distruggere i vermi per far scomparire i sintomi convulsivi.

Il trattamento, dice Benion, come si usa nell'uomo e negli animali di ordine superiore, consiste nella somministrazione della valeriana, dell'ammoniaca, dell'etere, della canfora, del bromuro di ferro o di potassa.

Il bromuro di potassa, che è quello che risulta preferibile, sarà distribuito in dose di 2 o 3 centigrammi per ogni colombo ammalato. Il colombo che sia andato soggetto a questa gravissima malattia, non può essere un buon riproduttore che dopo qualche anno.

Un piccioncino nato rachitico e mal nutrito da' suoi

genitori, che conservai in vita per la sua domestichezza ed affezione che aveva per l'uomo dal quale
era stato allevato dai nove giorni di età in poi, a tre
mesi circa di età cominciò ad esser colpito da questo
male, e continuò per qualche mese ad esser attaccato
un paio di volte per settimana.

Colto infine il momento in cui era appena stato
assalito dagli accessi epilettici, gli operai due salassi
mediante il taglio dell'unghia del dito pollice di ciascuna zampa nel modo indicato per l'apoplessia, e ne
ottenni una completa guarigione.

VI.

Malattie della pelle.

90. **Vaiuolo.** — Il vaiuolo, da non confondersi coi
porri, consiste in un'eruzione di bottoni tondi e ros-
sicci dapprincipio, e si manifestano generalmente nella
testa, nel collo, nelle fascie e parti interne delle ali e
delle coscie. Dopo sei o sette giorni la loro suppura-
zione si effettua, ed allora i bottoni prendono un colore giallastro circondato da aureola infiammatoria.

La loro maturazione ha poi luogo in altri cinque
o sei giorni, e le pustole da giallastre che erano, diventano bentosto diafane, e quindi di un color bigio;
da questo punto ha principio il periodo di dissecca-
zione che può durare altri 4 o 5 giorni.

Esso è sempre contagioso e nello stadio inoltrato
un sol colombo è sufficiente per propagarlo a tutta la

colombaia ove abita. Il colombo attaccato dal vaiuolo oltre gli indizi comuni già citati, porta le ali cadenti verso terra, e va soggetto ad una specie di febbre.

Il vaiuolo può anch'essere benigno, ed allora il colombo non va soggetto ad alcun grave malore.

Sia la malattia benigna o no, conviene isolare immediatamente i colombi affetti e tenerli in luoghi ben riparati dal freddo, dal vento e dall'umidità. Questa sola precauzione, un cibo leggiero, qualche bevanda rinfrescante bastano per ottenere la guarigione dell'ammalato,

91. Porri. — I porri, detti volgarmente vaiuoli, sono escrescenze carnee, tumorose, piccole, rotonde, dure, indolenti, che si manifestano sulla superficie della pelle, ma specialmente nelle parti nude, cioè, attorno agli occhi, nella connessura del becco, nelle caruncole nasali e raramente all'estremità inferiore delle coscie. Dapprincipio sono quasi bianchi ed allorchè sono maturi prendono un colore leggermente giallo.

Questi porri si propagano e sviluppano con molta celerità, e talvolta s'ingrossano al punto d'impedire all'ammalato di mangiare o vedere.

Ne è causa l'umidità, la privazione dell'aria, e l'agglomerazione di molti colombi nei locali relativamente piccoli.

Questa malattia propagasi colla massima celerità, e si cura nel modo seguente: Si svellono o si tagliano coll'aiuto di un piccolo coltello o con una forbice, abbruciando poi la ferita con pietra caustica.

92. Ferite e fratture. — I colombi per la loro leggerezza e pel loro manifesto istinto di conservazione, difficilmente vanno soggetti a ferirsi. I piccioncini invece, siccome incapaci di fuggire o difendersi, vanno più particolarmente soggetti ad esser feriti nella testa, ed anche talvolta gravemente, dai colombi con colpo di becco.

Le ferite si curano con bagnature di tintura di arnica, o con cotone fenicato e tenendole pulite. I volatili feriti, nella testa specialmente, si mettono in disparte per evitare la rinnovazione della ferita per parte dei primieri feritori. La tintura d'arnica in quest'ultima specie di ferite, le guarisce prodigiosamente e fa crescere sollecitamente le penne mancanti.

Il colombo che venisse colpito da pallini da caccia, senza causargli la morte, si cura coll'estrarglieli dalla pelle con un *bisturino* adatto.

Le fratture si guariscono insteccando le parti lese al loro luogo e fasciandole accuratamente. Onde l'ammalato stia tranquillo ed immobile, nei primi giorni di cura si tiene in luogo buio entro un cesto od altro oggetto contenente una certa quantità di paglia.

VII.

Malattie epizootiche.

93. Carbonchio. — Il carbonchio negli uccelli è un'enflagione pestilenziale di corso rapidissimo, ed è seguito quasi sempre da morte, talvolta fulminante.

Non avendosi avuta occasione di fare esperimenti pratici su questa terribile malattia, si trascrive qui in appresso la decrizione fatta dal dotto prof. commendatore G. B. Ercolani: « Se molte di queste forme epizootiche, nei moderni tempi, non sono andate confuse col *colera* cosidetto degli uccelli, egli par certo che queste forme morbose sono assai più rare oggi di quello che fossero per lo passato. Non è a tacersi però che le carbonchiose semplici, senza esteriori tumefazioni difficilmente si possono distinguere dal cosidetto colera, sia per le cadaveriche lesioni (rossori più o meno intensi nell'intestino, feci sanguinolenti e morte sollecita) sia anche per sintomi esterni. »

« Il corso rapidissimo e la morte quasi fulminante in alcuni casi delle forme carbonchiose, può offrire, ma non sempre, un indizio differenziale per distinguerle dal colera propriamente. Nelle epizoozie carbonchiose degli uccelli, con tumefazioni esterne, il giudizio differenziale è molto facile; il carbone della testa descritto nelle galline e nei polli d'India da Chabert, oltre alla tristezza degli animali e della inappetenza, va associato sempre alla caduta delle penne in qualche parte del corpo, ma specialmente sul dorso: durante questo fatto manifestavasi la tumefazione carbonchiosa alla testa, la congiuntiva era tumida, di color rosso cupo, le palpebre gonfie e più spesso l'inferiore gangrenata, il palato pur esso nero e gangrenato, la cresta e le zampe divenivano di color nero e cancrenavansi verso il fine della malattia. La sezione mostrò il sacco nero e disciolto, i visceri echimossati, le carni nere, le parti della testa sfacelate. Nei polli d'India il carbone alcune volte limitavasi alla lingua e questa appariva nera, tumida e gangrenata. »

Qui il dotto professore intende parlare degli uccelli in generale e dei volatili cosidetti da cortile, e non accenna a casi particolari avvenuti nei colombi, forse perchè le nostre gentili bestiuole non vennero mai attaccate da sì crudele e micidiale morbo, e fors' anche perchè poco curate dall' industria, specialmente nei tempi in cui il professore scriveva.

Osservatori attentissimi assicurano che esiste un intimo rapporto tra il colera degli uomini e le epizoozie degli uccelli, e citano in proposito moltissimi esempi di casi avvenuti sin da tempi remoti.

I sintomi esterni, adunque, per mezzo dei quali un attento osservatore può scorgere l' apparire'di questo morbo sono: la tristezza, l' inappettenza, la caduta delle penne in alcune parti del corpo, ma più specialmente sul dorso, tumefazione carbonchiosa alla testa, la congiuntiva diviene umida, di color rosso cupo, le palpebre gonfie e più spesso l' inferiore gangrenata, il palato pur esso nero e gangrenato, le zampe divengono di color nero e gangrenansi verso il fine della malattia.

Non si conoscono finora rimedi di nessuna specie per combattere individualmente questo morbo. Unica ed importantissima cura sarà di isolare i colombi che ne dassero il benchè minimo sospetto, e sarà bene che il locale destinato per i morbosi sia distante dalla colombaia ond' evitarne la propagazione. Si faranno

inoltre lavature e suffumicazioni nei locali nel modo
indicato al § 69.

94. **Tifo.** — « Questo senza forse, dice l'Ercolani,
è la più comune e dannosa e si appalesa sotto mu-
tabili forme è proprio delle tifoidee in tutti gli animali. Negli uccelli le forme catarrali furono spesso
cambiate coi catarri cosidetti maligni, e le forme tipi-
che addominali colle colerose superiormente dette, per
le deiezioni sanguigne e per le gravi lesioni del tubo
gastro enterico consistenti in chiazze più o meno estese
di colore rosso oscuro. I fenomeni fondamentali di malattia, sono la tristezza e la debolezza degli animali,
che giunta ad alto grado di spossatezza si mostra col
tenere basse e pendenti le ali, tumori della testa o
moti convulsivi di tutto il corpo, gli animali perdono
la conoscenza dell'io, e si lasciano prendere con facilità e senza opporre resistenza. »

- « Le alterazioni delle funzioni della vita organica
e dell'appetito specialmente, non hanno nulla di costante: ora è sospeso, ora è esaltato e qualche volta
gli uccelli muoiono mangiando, ora è la sete che è
aumentata o soppressa. »

« Se questi sintomi, che dire si possono fondamentali sono, seguiti da catarro, allora lo stato del malato
è molto più grave, specialmente quando la mucosità
densa e vischiosa che si arresta nelle fauci ne impedisce la respirazione. Gli escrementi muco-sanguino-
lenti sono pure indizio di morbo più grave, e questi
si osservano nelle forme tifoide addominali. »

« Comunemente la durata della malattia è di poche
ore, e quasi sempre è seguita da morte. »

All' apparire della malàttia si prenderanno le precauzioni indicate per le epizoozie, come già si è detto pel carbonchio.

S' intende che gli ammalati saranno isolati per evitare la propagazione del morbo.

Un salasso fatto per tempo nel modo indicato per l' apoplessia, ma più leggiero, sovente salva da certa morte il colombo che vien colto da questo morbo. Superata la prima metamorfosi con questo rimedio, il colombo è salvo e si continua poi per qualche giorno la cura con bevande ferruginose, con amari stimolanti od anche con pane inzuppato nel vino.

95. Colera. — Questo morbo poco studiato sugli uccelli domestici fu confuso con altre epizozie ed accomunate sotto la denominazione *malattia degli uccelli.*

« Caratteri fondamentali costanti del colera, dice il prelodato professor Ercolani, sono: la morte repentina in alcuni casi e nel principio della malattia; comune la durata del morbo dalle 10 alle 12 ore. I sintomi in quest' ultimo caso sono la tristezza e la spossatezza degli animali, per cui tengono le ali e spesso la testa pendenti, sete aumentata e diarree di materie mucose biancastre e verdognole od anche sanguinolenti; raffreddamento, lievi convulsioni e tremiti negli ultimi momenti di vita. Le lesioni più costanti e caratteristiche si osservano nel canale alimentare e specialmente negl' intestini per chiazze o macchie di color rosso cupo più o meno intenso, scambiato spesso col rossore inflammatorio, sangue piceo, nero, gelati noso; fegato nero, molle, aumentato di volume; intestini turgidi di materie mucose analoghe a quelle evacuate nelle espulsioni diarroiche, muscoli molli o lividi. »

Le cure e le precauzioni da osservarsi sono le stesse indicate pel carbonchio, aggiungendo però sia pel colera che per le altre epizoozie che sarebbe precauzione utile nelle colombaie numerose il dividere i colombi in tanti locali separati affine di evitare la probabile e più facile propagazione a tutti gli abitanti di una stessa colombaia, non appena si manifesti nel territorio qualche caso in altre colombaie e nei pollai, od anche negli altri animali. Il tipo di colombaie di cui alle figure 1.ª, 2.ª e 3.ª ottimamente si prestano a questo scopo.

VIII.

Malattie parassitarie.

96. **Nozioni diverse.** — La pulce, il pidocchio detto pollino e l'acaro sono gl'insetti parassiti che maggiormente danneggiano i colombi, ma nelle colombaie tenute con cura difficilmente si trovano di tali schifosi animali. Riesce invece non facile di potersi preservare dall'altra specie di pidocchio, che il La Perre de Roo chiama *pidocchio bacchetta*, il quale però non reca loro molto danno perchè abita soltanto nelle penne. Descriveremo quindi brevemente ognuno di questi animali indicando i mezzi per distruggerli.

L'apparizione di questi parassiti, dei tre primi

specialmente, avviene però soltanto nei colombi tenuti con poca cura. Giova qui ripetere che gli utensili di pino, di cipresso ed anche di abete s'infestano meno facilmente di questi parassiti che quelli di pioppo, di faggio, di quercia o di altri legni, in causa dell'odore resinoso che quei legni conservano.

Lo stato valetudinario del colombo, le sue inquietudini, lo stropicciarsi con insistenza e con inquietitudini col becco e colle zampe, il desiderio che dimostra di lavarsi, sono gl'indizi pei quali si conosce che è infetto di parassiti.

97. **Pulce.** — Quest'insetto, chiamato più propriamente *pulce del colombo*, differisce da quello dell'uomo perchè più piccolo, pel corpo compresso un po' allungato, di colore bruno carico, con l'ultimo segmento in forma di groppone a due segmenti, fra i quali è collocato l'ano, e per le antenne sporgenti e diritte. Questa specie di pulce, fra gl'insetti, viene posta dal Cuvier, nell'ordine dei succhiatori. Essa si moltiplica rapidamente, assale per tutto il corpo i colombi e chi li cura, e si spande in breve tempo per tutta la colombaia.

Per liberare i colombi da questo parassita si lavano ripetutamente con decozioni piuttosto leggere di tabacco, oppure si sparge della polvere di piretro (1) fra le penne.

Se l'insetto ha invaso i locali e le suppellettili, si lava il pavimento e si lavano le suppellettili medesime

_____

(1) Questo insetticida si trova in tutte le farmacie. Si è riscontrata di provata ed ottima qualità presso la farmacia Ghigi di Ravenna.

con acqua fortemente calcinata o contenente il 2 %
di sublimato corrosivo, oppure con acqua bollente, ma
non poco calda perchè farebbe nascere le uova invece
di uccidere gl' insetti. Oltracciò converrà fare forte
suffumicazione di zolfo nel modo indicato al §. 69, nel
locale, ove saranno pur messe le suppellettili lavate
nel modo indicato.

98. **Pidocchio pollino.** — Questo parassito, che appartiene pure all' ordine dei succhiatori, ha il corpo
bianco-giallognolo listato di bruno, e per le forme differisce poco da quello dell' uomo. Prende dimora in
tutte le parti del corpo del colombo, ma più specialmente sul groppone, fra le coscie verso l' ano e scorre
rapidamente frammezzo le penne.

Non risparmia inoltre le tortore ed è comune nei
polli, laonde vien chiamato « *pidocchio pollino* » o
semplicemente « *pollino* ». Si moltiplica con rapidità
ed infesta tutta una colombaia in brevissimo tempo.

Per distruggerlo si opera nello stesso modo che
per la *pulce del colombo*, avvertendo che il pollino esige
una cura più immediata, perchè tormenta maggiormente il colombo che ne vien colto ed è più dannoso.

99. **Pidocchio bacchetta.** — Questo insetto, detto
anche *pidocchio delle penne*, viene così chiamato per
la sua forma lunga e sottile, per la quale si distingue
dagli altri insetti della stessa specie.

Egli abita nelle penne e soprattutto nella barba
delle remigranti e delle timoniere, e si conosce il colombo che ne è infestato, perchè gli dà la caccia
senza tregua, facendo correre il becco con inquietitu-

dine lungo il fusto della penna dalla sua origine alla estremità. Ispezionando le remigranti dalla parte di sotto, od osservandole contro la luce si vede facilmente scorrere lungh' esse. Non è molto dannoso, ma infastidisce il colombo che ne viene colpito. Si distrugge colla polvere di piretro o con altro preparato insetticida ed anche bagnando repentinamente nell' acqua bollente, per più giorni, le penne ov' esso abita. Quest' operazione, però, danneggia alquanto la barba delle penne.

100. **Acaro.** — L'*acaro* del colombo, detto volgarmente *zecca*, appartiene anch'esso all'ordine dei succhiatori. Egli è un animaluzzo che a sviluppo compiuto ha otto piedi, due occhi laterali, il sorbitoio piccolo, diritto ed aspro, due zanne e le antenne setolose.

Questo parassito dimora nelle fessure del muro, delle tavole, del suolo e simili. Egli fa le sue scorrerie di notte ed assale i volatili, preferibilmente i piccioncini, specialmente nelle parti del corpo meno coperte dalle penne. Quando gli acari sono attaccati alla pelle del colombo vi appariscono sotto forma di granelli rossi che facilmente possono confondersi colle pustole vaiolose; e, quando hanno succhiato sangue a sazietà raggiungono persino la grandezza di un grosso acino di lenticchia. S' internano sì fortemente nella pelle dei volatili, di guisa che staccandoli si stabilisce un abbondante gemitio di sangue.

Tali schifosi insetti, sono il flagello delle colombaie che ne vengono infettate, poichè tormentano fortemente i volatili e succhian loro tanto sangue al punto di farli deperire ed anche morire.

Per uccidere gli acari che si trovano sul corpo del colombo si ungono individualmente con essenza di trementina o con olio minerale od anche soltanto con olio d'oliva, il quale toglie loro la respirazione e li fa egualmente morire; alcuni usano l'unguento mercuriale.

La distruzione degli insetti di cui parlasi, in una colombaia riesce assai difficile da raggiungersi completamente. Se i locali infetti sono suscettibili ad esser chiusi ermeticamente e se il soffitto e le pareti di esso sono intonacate e chiuse in modo di non lasciar passare i gaz, una o più forti fumigazioni di zolfo praticate nel modo indicato al § 69 anche nei locali attigui a quelli infetti, nonchè alle suppellettili, possono bastare per distruggere i parassiti, poichè sappiamo che l'acido solforoso ottenuto per combustione dello zolfo è antisettico potentissimo purchè le fumigazioni vengano fatte colla voluta intensità. Ma se i locali non posseggono gl'indicati requisiti occorre intonacare le pareti e farvi il soffitto, cambiare le suppellettili, ricorrere infine ad un generale ristauro.

IX.

Malattie diverse.

101. **Male dell'ala.** — Questa malattia, così chiamata dai colombicultori, è da alcuni scrittori considerata come artritide. Essa si manifesta nelle articolazioni metacarpiche sotto forma di tumore duro e teso,

che di mano in mano s'ingrossa e può raggiungere la grossezza di un uovo di colombo.

L'eccesso di fatica nei viaggi, come la privazione del moto, il freddo, l'umidità ed il provenire da colombi troppo consanguinei, sono le principali cause che possono determinare quest'infezione.

L'ammalato presenta le ali cadenti al suolo, nè può in alcun modo servirsene. Non è da confondersi questo sintomo con quello simile che si presenta nella *Micosi delle vie aeree,* il quale si distingue per l'esenzione della gonflezza delle articolazioni metacarpiche.

Il La Perre de Roo dice che si sono tentati una infinità di rimedi, e cioè l'incisione, la cauterizzazione, l'applicazione di sanguisughe e di setoni sulla parte ammalata senza ottenere guarigione; e continua: « Noi crediamo che quando il male è giunto ad un certo grado, sia impossibile guarirlo; bisogna agire appena si presentano i primi sintomi; alcuni amatori assicurano di aver arrestato il male con delle unzioni giornaliere di spirito canforato con acqua di colonia o con acqua ammoniacale ».

Nel Belgio curano una tale infermità con un medicamento speciale chiamato « liquore risolutivo pel male dell'ala » dicesi con buon successo. Questo liquore, preparato dal dottor F. G., si trova ad una lira la bottiglia presso la Direzione del Giornale l'*Epervier* — Bruxelles.

102. **Cancro delle dita.** — Il cancro delle dita è comune agli uccelli e ne vanno soggetti anche i colombi quando son vecchi, i quali però lo sopportano

lungamente. La malattia vien seguita dalla caduta delle unghie, perchè da essa distrutte.

Questa malattia è incurabile ed il più delle volte i colombi finiscono col morire di marasmo.

103. **Congelazione delle zampe.** — Il primo sintomo di questa malattia è il color livido o pavonazzo che si presenta nella parte attaccata; può avvenire la morte e poscia il distacco dalle parti vive.

Il Buffon narra che ad una femmina si gelarono le zampe, perchè il suo nido era molto vicino alla finestra, causandole la perdita di ambe le membra. Si potrà quindi prevenire la malattia col tenere la colombaia riparata dal troppo freddo, della notte specialmente, e col tenere i colombi esercitati al volo durante il giorno.

Avvenendo però qualche caso, gioverà passare il colombo in luogo ben riparato dal freddo, metterlo in un cesto con molta paglia ed arrestare la congelazione bagnando la parte ammalata con una soluzione di acido salicilico, facendo precedere la bagnatura da lavature di acqua calda e molto salata.

104. **Gotta.** — Questa malattia, studiata dal Lafosse è comune alla specie gallinacea ed attacca anche i colombi. Essa si manifesta nelle falangi e dapprima colpisce una gamba sola. I primi sintomi che l'accompagnano sono la zoppicatura unita ad una gonfiezza più notevole delle articolazioni falangee o metatarso-falange.

Il dolore risveglia la febbre, porta diminuzione di appetito ed invece di muoversi sta fermo sopra una zampa innalzando quella che non è ammalata, oppure si accoccola come fa quando cova.

Il male assume un andamento lento, si aggrava, la gonfiezza diventa maggiore, si fa assai dura, ben circoscritta e produce deviamenti in vario senso delle dita, le quali giungono perfino a sovrapporsi, i dolori diventano più forti e la febbre cresce di grado. Cinque o sei mesi dopo l'invasione, la zampa opposta cade pure ammalata, il tumore della prima attaccata s'ingrossa di nuovo e si ulcera; altre ulceri si formano nelle adiacenze e nel fondo delle piaghe, i cui bordi sono gonfi e sanguinanti, appare una materia giallastra, filamentosa aggrumata.

Successivamente poi la malattia peggiora al punto che le mucose e la pelle s'impallidiscono, le penne si arruffano maggiormente, gli escrementi si rammolliscono, la consunzione diviene estrema ed è seguita dalla morte.

In alcuni colombi videsi la malattia portarsi fino alla bocca, ed in un caso il Lafosse riconobbe attaccata la punta della lingua da cui si distaccò l'epitelio corneo, sollevato da una materia identica al deposito delle zampe. L'ulcera risultata dalla denudazione della lingua non poteva cicatrizzarsi. In questo caso però la malattia non prende una grande estensione.

La gotta si previene col tenere i colombi in locali asciutti, non troppo freddi e con appollatoi alti da terra. L'inerzia, l'umidità, la mancanza di sole, il mangiare troppo, predispongono ad incontrare tale malattia. Il rimanere poi sopra il nudo suolo e coi piedi nello sterco nuoce molto ai colombi e ne è la principale cagione.

Negli uccelli in genere si cura la gotta in vari modi. Ne accenneremo tre fra quelli che a noi risulta aver dato buoni risultati.

Il primo è un bagno caldo dei piedi e delle gambe fino alle coscie, composto come segue:

> Acqua comune . . . . litri 1
> Bifosfato di calce. . . . . . gram. 10

Lasciare le gambe del malato in detto bagno per non meno di 15 minuti, ripetere l'operazione per tre o quattro giorni di seguito.

L'altro è un'unzione, ripetuta per vari giorni, sulle gambe colla seguente formola:

> Ioduro di potassa . . . . . gram. 2
> Estratto di bella donna . . » 2
> Lardo depurato . . . . . » 50.

Il terzo ed ultimo rimedio è venuto di Francia, consigliato dal dottor Megnin. È efficacissimo anch'esso forse più degli altri e consiste in una semplice unzione con olio di lauro di Olanda.

105. **Itterizia.** — Raramente i colombi che godono libertà vanno soggetti a questa malattia. Essa si manifesta presentando le congiuntive molto gialle oltre a quelli altri sintomi di abbattimento, comuni alle altre malattie. L'affezione molte volte passa inosservata.

Avvenendo fra i colombi tenuti liberi, la malattia fatto il suo corso, guarisce da se con facilità, ma se il colombo colpito è fra quelli tenuti rinchiusi converrà possibilmente, dar loro la libertà, od almeno passarli in un locale grande e molto ventilato. In tal modo si ottiene una guarigione prontissima.

106. **Pepita.** — È questa un' infermità che si presenta con un astuccio bianco e cartilaginoso all' estremità della lingua, e materie viscose riempiono il becco. È comune nei gallinacei, ma attacca, sebbene di rado, anche i colombi. La scarsità dell' acqua come anche la cattiva qualità e la poca nitidezza di questo fluido s' incolpano della pepita. L' animale attaccato, abbenchè trovisi nel suo stato normale di salute, dimagra visibilmente, perchè in questo stato non può mangiare.

Riconosciuta la malattia, converrà venire in soccorso del colombo col dargli da mangiare e da bere imbeccandolo, se occorre, quindi colle unghie si strappa l' astuccio avvertendo di non ferire la parte della lingua non ammalata, e si unge la parte operata con olio e burro. In seguito poi, gioverà imbeccarlo nuovamente, finchè sia atto a mangiare da solo, il che avviene al più tardi nel giorno successivo, se l' operazione venne eseguita a dovere e con delicatezza.

107. **Ottalmie.** — Le ottalmie possono provenire da varie cause, come sarebbero i venti freddi, le nebbie, l' umidità, la totale mancanza di ventilazione nelle colombaie, le cattive esalazioni prodotte dalla poca nettezza del suolo della colombaia e la prolungata consanguineità la quale produce persino la perdita della vista.

Difficilmente ammalano per somma riflessione del sole e della luce, perchè l' occhio dei volatili, come si è detto, è riparato da membrane trasparenti che ad un tempo riparano l'occhio e lo lasciano vedere quasi come se fosse scopertɔ. Le ottalmie possono essere attaccaticcie, o non comunicantesi.

Diconsi ottalmie semplici le leggiere inflammazioni della congiuntiva, lo stato cisposo e lagrimoso dell'occhio e simili. Si curano con bagni d'acqua e limone, o con solfato di zinco con acqua distillata, se non basta il primo rimedio.

Le inflammazioni della cornea si curano con purganti.

Quando invece l'occhio del colombo si gonfia, getta dapprima un liquido chiaro come l'acqua, che diventa poscia biancastro, e che la pupilla si ricopre di una pellicola o velo bianco che toglie la vista all'animale, si cura col soffiargli nell'occhio col mezzo di un cannello di carta, un poco di ossido di zinco e di zucchero, passati a velo, mischiati assieme in eguale quantità. Il male raramente resiste a questo rimedio.

Le macchie bianche ed opache che talvolta si rinvengono nell'occhio del colombo, raramente scompariscono.

CAPO QUARTO

IMPIANTO DI COLOMBAIE. SUPPELLETTILI.

I.

Del locale.

108. Requisiti comuni. Ripari per le faine, martore, ecc. — L'aria, lo spazio, la luce, la tranquillità, l'esposizione a levante e l'elevatezza, sono i principali requisiti di un colombaio per essere salubre e di gradevole dimora ai suoi abitanti.

È in ogni caso da evitarsi l'esposizione al nord ed anche all'ovest, specialmente dei locali dove sono alloggiati i riproduttori, perchè tali esposizioni, quella al nord specialmente, recano umidità e molto freddo ed in conseguenza rendono le colombaie malsane. I piccioni poi che nascono in locali così mal esposti, impiegano un tempo maggiore a svilupparsi e crescono con meno vigore degli altri che nascono in locali ben esposti ed asciutti.

L'interno del locale dev'essere asciutto, spazioso, alto, ben ventilato, facile da tenersi pulito, di facile accesso; deve potersi mettere con facilità al buio anche di giorno, allo scopo di poter prendere i colombi quand'occorre, col sistema dell'oscurità. Perchè il colombaio sia ben ventilato occorre stabilire, per mezzo di finestre, correnti d'aria, o praticare nella soffitta dei ventilatori.

Il cielo del colombaio dev' essere soffittato completamente ed in modo di coprire tutto il legname, e che non vi rimanga alcun vuoto su cui il colombo possa fermarsi o nascondersi. Le pareti di ciascun locale saranno pure intonacate, allo scopo d' impedire lo sviluppo dei parassiti che sono il flagello dei colombi; ed inoltre tanto il soffitto che le pareti saranno imbiancate perchè il colombo ama il bianco e la pulizia di tutto ciò che lo circonda.

Il pavimento sarà coperto di cemento, od in altro modo reso impermeabile, per facilitarne la pulizia e le lavature, e ciascun scompartimento avrà lo scolo per smaltire l' acqua.

Nelle pareti e nei cancelli interni del colombaio non occupati dalle poste o cassette per la cova, è necessario che vi siano alcuni appollaiatoi. Questi saranno collocati in modo che i colombi appollaiati in quei di sopra non isporchino quei appollaiati inferiormente, e, come ogni altra cosa che si trovi nell' interno del colombaio, non saranno all' altezza maggiore di metri 1.90 affinchè si possano prendere i colombi che ivi si posano. Gli appollaiatoi avranno gli angoli arrotonditi, senz' avere quell' ordinaria forma cilindrica che provoca nei polli ed anche nei colombi, quella malattia che i francesi chiamano *brichet*, e che consiste in un difetto speciale nella regione dello sterno, proveniente dallo sforzo che i colombi fanno per rimanere appollaiati su appoggiatoi cilindrici.

Le parti in legno che si trovano nell'interno del colombaio saranno preferibilmente di pino o cipresso, od anche di abete, poichè per l'odore resinoso che i suddetti legni (i due primi specialmente) conservano, rendono meno facile l'infestazione degl'insetti.

Si avverta infine di non usare vernice preparata a base di solfato di piombo, perchè questo è micidiale pel colombo che ne inghiottisse anche in piccolissima dose, ed è per essi nocivo anche il solo odore.

La capacità del colombaio viene regolata in modo che negli scompartimenti destinati ai riproduttori vi sia tanto muro disponibile da potervi collocare tante poste o cassette per la cova, quante sono le coppie di riproduttori che il locale deve contenere, e che ciascuna coppia abbia non meno di un metro cubo di spazio. Se i piccioni vengono alloggiati cogli adulti occorre un proporzionale spazio maggiore.

Occorre altresì che il colombaio sia munito, all'occorrenza, dei voluti ripari per preservare i colombi dai loro nemici quali sono, i gatti, i sorci, le volpi, le varie specie di martore, le faine, le donnole e simili. È nell'inverno specialmente che le ultime quattro specie di quadrupedi non trovando a che cibarsi nelle campagne, vanno in cerca delle colombaie e dei pollai. Una visita di qualcuno degli ultimi citati quattro vampiri, metterebbe uno scompiglio generale nel colombaio e recherebbe danni gravissimi, perchè si sa che i citati animali non soltanto per saziarsi assaltano i colombai, ma ben anche per istinto sanguinario, e perciò uccidono quanti volatili possono, afferrandoli coi denti vicino alla nucca o sul groppone, fors' anche per succhiare soltanto loro il sangue di cui essi sono ghiotti. Le faine bevono anche le uova.

Non si dovrà quindi trascurare di usare tutti i mezzi indicati per distruggere con trappole o con veleni questi atroci nemici dei colombi, allorchè si avesse indizio che qualcuno si aggirasse nei dintorni dei colombai, e più che altro conviene riparare i colombai stessi in modo d' impedirne l' entrata.

Facilmente ciò si ottiene pei locali che si trovano su fabbricati isolati, purchè le pareti esterne di essi sieno intonacate, collocando una tegola di vetro o di terra cotta verniciata in ciascun angolo del fabbricato, nonchè sui tubi dell' acqua piovana e delle stufe, sopra i fili scaricatori di parafulmini e su qualunque altra cosa o sporgenza che potesse facilitare la salita sui tetti degli animali in parola, giacchè si sa che le ultime specie, particolarmente, vi si arrampicano colla massima facilità (1).

(1) Nel principio della primavera del 1881 uua faina penetrò nella colombaia militare di Bologna situata su di un casino alto circa dieci metri, benchè esternamente intonacato ed arriciato completamente. Quel sanguinario animale uccise 50 piccioncini e un adulto e portò via uno o due piccioncini dei più grossi; più un adulto venne ferito nel collo. La sera dopo chiudemmo con grate le finestre, su cui messovi della rena, si scorse che il carnivoro era ritornato per entrare nella colombaia. Si collocarono tosto i ripari sopra accennati e la faina, più volte veduta in seguito dall'ufficiale di ronda ad agirarsi di notte nei dintorni del casino, non potè più risalirvi. È quindi evidente che per farvi l'indicato esterminio, dev'essersi arrampicata o negli angoli del casino, o nei parafulmini, o nei tubi dell'acqua, ma più probabilmente in quest'ultimo, nel quale anzi scorsi qualche indizio di graffiature.

In certi casi basta riparare alcuni angoli del fabbricato od anche soltanto lateralmente alcune finestre del colombaio per riparare tutte le altre. Per le finestre è sufficiente mettere nei lati minacciati una striscia di mattonelle verniciate, oppure quel certo riparo che anche i pollicultori usano mettere nelle finestre del pollaio. Questo è formuto da una lamina di ferro o di latta fatta a guisa di doccia con un lato un po' più curvo nel suo senso e coll' altro ripiegato in senso opposto e murato nel sito indicato. L' animale che rischia di fare tale passaggio mentre tenta di afferrare l' angolo del riparo per sorpassarlo deve forzatamente cadere.

In ogni caso, quando il fabbricato non sia isolato e non si possa riparare nei modi indicati, si muniscono le finestre di griglia che si tengono chiuse di notte.

109. Riduzione di locali ad uso di colombaio. — Trattandosi di un piccolo colombaio una sola camera anche di un sottotetto è sufficiente per formare un colombaio purchè venga ridotta, o possegga i requisiti sopra indicati. L' interno di questa camera conviene dividerlo in due parti uguali per mezzo di una cancellata (1) avente una porta di comunicazione pure a cancello, allo scopo principale di poter dividere per sesso i colombi senza disgustarli cambiando locale, allorchè si deve sospendere l' allevamento. Tale cancellata converrà che non sia tutta in legname perchè più facil-

(1) Veggasi la sezione E-H della figura 1.ª e la figura 23.ª.

mente si può infestare d'insetti. Nei colombai militari del Regno le cancellate hanno l'intelaiatura in legno i cui specchi sono formati con aste di filo di ferro collocate in senso verticale affinchè i colombi non si possano arrampicare, come avverrebbe se fossero fatti con rete metallica. Con questa cancellata possibilmente si divide per metà la finestra o l'abbaino d'uscita dei colombi, onde questi possano uscire dalla stessa apertura senza che occorra farne due; deve però, la finestra od abbaino, aver due chiusure separate in modo di poter, all'occorrenza, lasciar uscire i colombi metà per volta, come appunto si dovrà fare allorchè si trovano divisi per sesso, onde non si rimescolino.

Se il colombaio deve servire per colombi viaggiatori occorre inoltre che una o più finestre od abbaini, siano muniti della gabbia trappola di cui alle figure 5.ª e 24.ª per prendere subito e con facilità i colombi che arrivano dai viaggi, come viene in seguito indicato.

Dovendo il colombaio contenere 40 o più coppie di riproduttori, conviene dividerlo in più camere in modo di non alloggiarne, possibilmente, nello stesso locale più di 25 o 30 coppie; ciò allo scopo di evitare confusioni e di poter bene osservare l'andamento in generale del colombaio, ed in modo particolare quello delle singole coppie di riproduttori.

Dividendo però il colombaio in più camere, come sopra è detto, vi ha l'inconveniente che i volatili, e specialmente i piccioni, possono passare da un locale all'altro e generare in tal modo confusioni e disordini nella colombaia. A tal inconveniente si rimedierebbe facilmente, tenendo rinchiusi i volatili nel rispettivo locale e dando loro l'uscita ad uno scompartimento per volta; ma da ciò avverrebbe altro inconveniente assai più grave, poichè ammettendo per ipotesi che i locali fossero sette, ciascun colombo non godrebbe del benefizio dell'aria libera e fare moto che un giorno la settimana.

Se i locali sono due soltanto l'inconveniente non è grave, ma se trattasi di colombi viaggiatori è da evitarsi egualmente perchè riesce molto dannoso il tenere i viaggiatori inerti ed imprigionati metà dell'anno. Ad evitare un tale inconveniente si provvede mediante locali razionalmente costrutti, come è dimostrato nel §. seguente.

110. **Costruzione o riduzione di locali ad uso di colombaio militare e requisiti ad essi speciali.** — Argomento di molta importanza nella colombicultura applicata al servizio militare, si è di avere un colombaio razionalmente costrutto, e che corrisponda alle esigenze del servizio cui è destinato.

Per un colombaio militare che abbia due o più gruppi di viaggiatori percorrenti ciascuno, s'intende, una differente linea e coi relativi sottogruppi di rifornimento, occorre che il colombaio abbia una disposizione interna tale da poter tenere divisi i singoli gruppi (1) di adulti dai sottogruppi di giovani piccioni in modo di facilitare le varie operazioni.

(1) La separazione però per singolo gruppo di ottiene con più sicurezza se i gruppi medesimi sono soltanto due, alloggiandone uno per cia-

Per dare un' idea della popolazione di un colombaio militare si descriverà la parte del funzionamento interno che ha relazione coll' addestramento dei volatili, prefiggendoci il caso di un colombaio il quale debba avere quattro gruppi di cento viaggiatori già provetti, come ne abbiamo in Italia, da tenersi esercitati nel collegamento con altri quattro colombai o punti strategici posti in differenti direzioni, ed assegnando, ben inteso a ciascuno di questi un apposito gruppo. Come è noto anche ciascuno di questi quattro gruppi di colombi, quantunque già esperti, deve ogni anno essere esercitato o viaggiare sino alla rispettiva meta. Inoltre ogni gruppo dev'essere provveduto annualmente di un nuovo sottogruppo di giovani piccioni per rimpiazzare i vuoti che avvengono nei gruppi di adulti a cagione di perdite, decessi ecc.

Avviene adunque che nell'epoca in cui oltre ai quattro gruppi di adulti già iniziati nei viaggi, si devono addestrare anche i giovani piccioni, che hanno raggiunto lo sviluppo necessario, si hanno nel colombaio otto gruppi di viaggiatori, ciascuno dei quali eseguisce le sue esercitazioni indipendentemente dagli altri, e formanti in totale un piccolo esercito di circa 800 volatili. Allo scopo quindi di non disturbare l'in-

scuna delle due prime divisioni di cui alla figura 3.ª Se invece sono quattro i gruppi si alloggiano a due a due per divisione nel modo indicato nel presente § e nella figura 1.ª. Se i gruppi sono tre se ne alloggiano due nella divisione di quattro scompartimenti, e l'altro in quella di due soli scompartimenti, del colombaio di cui alla figura 2.ª.

I sottogruppi di rifornimento si alloggiano in ogni caso tutti assieme nella terza divisione.

tero esercito ora detto, ogni qual volta occorra impadronirsi dei volatili che devono partire, è d'uopo che i locali in cui questi sono ricoverati presenti suddivisioni corrispondenti ai gruppi, e ciò che più importa che siano disposti in modo che tutti i suddetti colombi quotidianamente possano uscire all'aperto dal colombaio, ed a loro piacimento l'intera giornata, senza che rientrando si confondano i colombi adulti di un gruppo con quelli di un altro, o coi piccioni dei sottogruppi (1).

Occorre quindi che la colombaia abbia una forma speciale affinchè ciascun volatile sappia distinguere la divisione della colombaia dov'è alloggiato.

La costruzione di forma circolare, a guisa cioè di torretta, non si presta allo scopo desiderato in causa della vicinanza e della poca differenza di ubicazione tra una finestra e l'altra vicina, in modo che facilmente il colombo si sbaglia entrando in uno scomparto che non è il suo. Tale forma presenta inoltre l'inconveniente che quasi la metà dei locali resta mal esposta.

La forma quadrata pure non si presta perchè presenta gli stessi inconvenienti ora citati ed inoltre si adatta meno della forma circolare per distribuirvi internamente i diversi gruppi e sottogruppi di volatili.

Il colombaio di forma rettangolare quindi di cui al tipo rappresentato dalla figura 1.ª da me ideato e

_____

(1) Ho osservato all'estero dei colombai militari numerosi ove, per difetto dei locali, sono costretti di dar la libertà ad una camera o due per volta in modo che i singoli colombi non possano uscire all'aperto che un giorno ogni quattro o cinque, inconveniente questo gravissimo per colombi viaggiatori specialmente.

adottato dai colombai militari del Regno, risulta per pratiche esperienze fatte, esser quella che meglio si presta per ottenere lo scopo voluto ; scopo che facilmente si raggiunge distribuendo i colombi nel modo in appresso indicato, prendendo pure ad esempio il colombaio per quattro gruppi di viaggiatori adulti e relativi sottogruppi di rifornimento di cui alla citata figura 1.ª.

Anzitutto i gruppi dei viaggiatori adulti si uniscono a due a due come meglio si combina l' ora della partenza delle corse colle quali conviene far partire ciascun gruppo, e poscia : Nella 1.ª divisione s' installano due di questi gruppi di viaggiatori adulti e prenderanno la denominazione di 1.º e 2.º gruppo. Nella 2.ª divisione si mettono gli altri due gruppi di viaggiatori e prenderanno la denominazione di 3.º e 4.º gruppo. Nella 3.ª divisione infine si alloggiano i piccioni che annualmente si allevano pel rifornimento dei quattro gruppi di viaggiatori adulti. .

I volatili così distribuiti e ben sorvegliati difficilmente cambiano posto, perchè i riproduttori dopo che han preso possesso della loro posta, o meglio vi hanno deposte le uova, continueranno ad andare sempre nello stesso scompartimento dove hanno il nido, e senza, nell' entrare, sbagliare la divisione, imparandola a conoscere in poco tempo e distinguendola anche dal colore (1). In ogni caso però converrà, sul

(1) Onde i colombi e piccioni distinguano meglio la divisione del colombaio ove sono alloggiati, conviene che tanto l' interno che la corrispondente parte esterna di ciascuna divisione sia di colore diverso, p. e. di color rosso vivo la 1.ª, di color bianco la 2.ª e giallo la 3.ª

principio, dare l'uscita ai riproduttori ad una divisione per giorno, fintantochè sappiano tutti entrare nella propria. Si osserverà altresì che tutti siano accoppiati, e si darà al più presto possibile un compagno ai riproduttori che ne rimanessero privi, onde evitare che i medesimi vadino a cercarsene un altro nelle altre divisioni.

In quanto ai piccioni di rifornimento, per ottenere che restino nella divisione loro assegnata, converrà passarveli appena hanno appreso a mangiare da soli, e possibilmente senza che siano usciti dalla divisione ove sono nati, perchè imparandone a conoscere l'esterno vi ritornerebbero più facilmente dopo messi in libertà dalla 3.ᵃ.

I primi piccioni che si passano nella 3ᵃ divisione, per abituarli a rimanervi e farvi sempre ritorno dopo usciti, si tengono rinchiusi per pochi giorni nel 9.º e 10.º scompartimento, dando loro da mangiare dentro la griglia o le gabbie per fargliele conoscere, e per affezionarveli. Usando poi le volute cautele, si dà loro la libertà tenendo però chiusi gli adulti per quel giorno, e se occorre per alcuni altri, alternando però in questo caso, l'uscita giornaliera dei piccioni con quella degli adulti. Se nei primi giorni qualche piccione cercasse di entrare nelle altre divisioni, si scaccia bruscamente maltrattandolo affinchè non vi ritorni. Occorrendo si ripete la stessa operazione per più giorni, alternando, come si è detto, l'uscita dei riproduttori della 1.ᵃ e 2.ᵃ divisione coi piccioni della 3.ᵃ e poscia, lasciandoli liberi tutti assieme, ognuno rientrerà nella propria divisione.

I piccioni poi che si passano successivamente nella 3.ª divisione si tengono rinchiusi nei primi giorni nell'11.º scompartimento e di mano in mano che un certo numero ha preso conoscenza della nuova dimora, e dell'esterno specialmente, si passano nel 9.º e 10.º scompartimento, e si lasciano uscire assieme agli altri, tenendo rinchiusi anche in questo caso gli adulti nel modo sopra indicato. . ·

Tutti gli accennati piccioni di rifornimento conviene sieno macchiati con inchiostro speciale per la timbratura dei colombi, allo scopo di vedere a colpo d'occhio quei che tentassero di entrare nella 1.ª e 2.ª divisione, ciò che più facilmente può avvenire nei piccioni vedendo i nidi che si trovano nella 1.ª e 2.ª, allorchè si desta in essi il bisogno di accoppiarsi. A preferenza, in questo caso, si metterà qualche nido nelle poste della 3.ª divisione per adescarli a rimanervi; e ogni qualvolta si rinvenissero dei piccioni in quelle dei riproduttori, si scacciano di nuovo bruscamente, e si tengono rinchiusi da soli in uno scompartimento della loro divisione per alcuni giorni, e poi lasciandoli liberi si tengono d'occhio perchè non ritornino nelle altre.

Agendo in tal guisa, in pochi giorni si ottiene lo scopo voluto.

Dopo ultimati poi i viaggi dell'annata si passano i piccioni nella divisione ove sono alloggiati i gruppi di viaggiatori adulti che devono rispettivamente rifornire.

Per non disgustare però i piccioni medesimi forzandoli repentinamente ad abitare un'altra divisione col portarveli, si fa loro eseguire volontariamente il voluto passaggio agendo nel modo seguente:

Si rinchiudono nell'11.º scompartimento tutti i piccioni che devono rifornire e quindi far parte del 1.º e 2.º gruppo di viaggiatori adulti (1.ª divisione) e si mettono nel 9.º scompartimento gli altri piccioni, destinati a rifornire il 3.º e 4.º gruppo, (2.ª divisione) avvertendo di chiudere preventivamente le gabbie di uscita delle tre divisioni. Poscia si chiudono le due porte del corridoio N. 23 e si aprono quelle degli scompartimenti N. 9 e 11 e della 1.ª e 2.ª divisione, mettendo granaglie a terra nel corridoio tra le porte aperte della 3.ª e quelle della 1.ª e 2.ª divisione. Gradatamente e senza disturbarli si cessa dopo qualche giorno di distribuire cibo ed acqua nella 3.ª divisione, ed in tal modo si abitueranno a rimanere rispettivamente nella nuova dimora loro assegnata, senza disgustarli molto pel cambiamento fatto.

Dopo che i piccioni si sono così abituati, si lasciano uscire all'aperto a giornate o mezze giornate per divisione alternando l'uscita dei volatili della 1.ª con quelli della 2.ª.

Ottenuto che i piccioni dopo usciti rientrano nella rispettiva divisione, si lasciano liberi tutti i volatili assieme.

I vantaggi principali infine, che il colombaio di forma rettangolare di cui al tipo accennato, presenta, sono:

a) Quello essenziale di poter mantenere divisi i singoli gruppi e questi dai sottogruppi senza che occorra tener rinchiuso neanche un colombo, com' è detto innanzi.

b) Di alloggiare tutti i riproduttori dalla parte soleggiata senza che siano mal esposti i locali ove vengono alloggiati i giovani piccioni, i quali passano la maggior parte della giornata fuori.

c) D'impedire l'estendersi in tutto il colombaio delle malattie epizootiche che si manifestassero in una sola delle tre divisioni, potendosi queste considerare come se fossero tre distinti colombai.

d) Di potere per mezzo delle tre griglie collocare all' esterno, dar aria libera e moto ai scompartimenti o reparti di colombi che per qualsiasi motivo si dovessero temporaneamente tener rinchiusi.

e) Di facilitare per mezzo della divisione dei colombi in iscompartimenti, la sorveglianza individuale dei colombi e la riproduzione delle singole coppie.

f) Di diminuire sensibilmente l'umidità nel colombaio collocando gli abbeveratoi e lavatoi nelle griglie.

g) Finalmente, di facilitare, quand' occorre, la divisione dei maschi dalle femmine, e di aver riunito in poco spazio tutti i locali sia pei colombi che pei servizi accessori, come magazzini, uffici e simili.

La costruzione dei colombai militari vien regolata in base al numero di gruppi di viaggiatori che ciascun di essi dev' esser fornito e la quantità di colombi di cui è composto ciascun gruppo.

Dell' esterno del colombaio militare di cui alla figura 1.ª è dimostrata soltanto la parte superiore perchè in massima i medesimi si possono costruire negli edifizi militari, già esistenti. A tale scopo si presta il piano superiore delle tettoie pel materiale, gli attici che talvolta s' innalzano in senso longitudinale nel mezzo di alcune caserme, le tettoie anche senza il piano superiore, costruendovi, all' occorrenza un ripiano ed innalzandole. Si prestan pure le terrazze ed i sottotetti purchè il soffitto sia alto almeno due metri nella parte più bassa, e che all' esterno si possano collocare le griglie nel modo indicato nel disegno.

Per ciò che riguarda l' ubicazione, la scelta dei locali per esser ridotti ad uso di colombaio, deve esser fatta fra gli edifizi non esposti al tiro del nemico.

Nelle fortezze si collocherà nella parte in cui, in caso di guerra o di assedio, presenti la probabilità di una più lunga resistenza, e dovendolo costrurre in qualche sottotetto, si osserverà che il medesimo non sia compreso o non venga a trovarsi vicino ai tetti che in caso di guerra dovrebbero essere demoliti. In ogni caso, si farà distante dalle batterie della piazza ove si trova il colombaio, in modo che i colombi non vengano disturbati dai tiri.

Si dovrà inoltre, subordinatamente alle suddette esigenze, sceglierlo fra gli edifizi più alti dei dintorni, e quando per convenienza o per risparmio nella spesa di costruzione si dovesse ricorrere ad un locale basso, converrà che questo sia in luogo aperto, ove cioè non si trovano fabbricati alti, e troppo addossati al colombaio. Nel caso quindi che il colombaio venga costrutto su locali bassi, si osserverà che si trovi in luogo tranquillo, vale a dire non sulla strada od in altro luogo pubblico, e che possibilmente sia di proprietà militare.

Converrà poi che i colombai non si trovino troppo lontani dalla stazione ferroviaria o dalla strada ordinaria, ove quella non esista.

Nei fabbricati attigui ai locali su cui si vuol costrùrre il colombaio non vi devono essere buchi o nascondigli ove i colombi possano essere attratti a nidificarvi.

Pei colombai che venissero costrutti all'esterno della città o fortezza si osserverà che siano in luogo non facile ad essere sorpresi dal nemico, come facilmente può avvenire in montagna, ed in posizione tale da non render dubbia in caso di fuoco la comunicazione tra il colombaio e la città o fortezza presso la quale è istituito.

Nella località, infine, ov'esistono molti colombi che vivono in istato semi-domestico, si colloca nella parte non frequentata dai medesimi.

II.

Suppellettili da colombaio.

111. **Poste, e nidi in vimini per la cova.** — Le poste di cui alla fig. 4.ª rappresentano il sistema di nidificazione che da secoli si usa a Modena e fra i tanti sistemi in uso, si ritiene sia da preferirsi. Esse poste vennero infatti adottate dietro mia proposta dai

colombai militari in luogo delle cassette pure per la cova, per i non lievi inconvenienti che queste presen·. tano in confronto alle poste medesime. Le poste rappresentate dalla suddetta figura sono però alquanto migliorate nella costruzione, e sono fatte in modo che si possono facilmente smontare tutte le parti in legno onde poterle pulire con facilità.

Non è però indispensabile che tali poste siano costrutte con tutti i dettagli risultati dalla figura suddetta, ma volendo economizzare, si possono formare con pochi listelli di legno convenientemente connessi con chiodi o viti.

La lunghezza delle poste può variare dai m. 0.70 a m. 1.00 circa, mentre le altre dimensioni è necessario che siano quelle risultanti nella figura. Le tre tavolette formanti il piano di ciascuna posta, non sono fissate sui correntini e così pure i nidi in vimini (1) ed i cancellini di cui alla suddetta figura 4.ᵃ. Questi si applicano alle poste mediante apposito gancio soltanto quando occorre rinchiudervi le coppie di colombi che si vogliono accoppiare. Gli abbeveratoi-mangiatoie applicati ai cancellini, sono in latta o zinco e servono per abbeverare e dar da mangiare alle coppie nei pochi giorni che si tengono rinchiuse nelle poste.

Le poste vanno fissate al muro a quattro o cinque centimetri di distanza dal medesimo. Conviene che anche queste non siano alte più di m. 1.90 circa affin-

(1) A Modena si acquistano a circa tre soldi l'uno.

chè si possano con maggior facilità prendere i colombi.

112. **Gabbia-trappola.** — A ciascuna finestra' da cui si vogliono far uscire i volatili, dev' essere applicata una gabbia-trappola che può esser conforme a quella di cui allè fig.° 5.ª e 24.ª. Essa serve principalmente per prendere senza perditempo, e prima che entrino nel colombaio a confondersi cogli altri, i colombi che giungono dai viaggi, ed è pure l' apertura dalla quale i volatili stessi devono entrare ed uscire mentre sono nel colombaio. Occorrendo impadronirsi dei viaggiatori che giungono da fuori come si è detto sopra, si chiude lo sportello con cristallo e si abbassa il telaio nel quale sono appesi i ferri mobili. Il colombo credendo di poter entrare nel colombaio non scorgendo, mediante il cristallo, alcun impedimento avanti a se, entra nella gabbia, spingendo i suddetti ferri formanti il congegno della trappola per non poterne più uscire. Si può facilmente applicare alla gabbia-trappola in discorso un campanello elettrico anche a suoneria continua che avvisi dell' arrivo dei viaggiatori. Facilmente tali suonerie si possono far funzionare dal colombo che entra nella gabbia-trappola, applicando sul piano della medesima e davanti al citato telaio una tavoletta rettangolare, e sostenuta da molle debolissime che permettano il contatto della tavoletta con uno o più bottoni elettrici applicati sotto alla tavoletta medesima, mediante il peso del colombo mentre entra. La suoneria si rende continua facendo la indicata tavoletta grande quanto il piano

della gabbia; in tal modo il campanello continuerà a suonare fintantochè il colombo rimane entro la gabbia-trappola.

113. Cassette, e nidi in terra cotta per la cova. — Le cassette di legno per la cova di cui alla fig. 25.ª si collocano sovrapposte le une alle altre contro il muro, e conviene che non abbiano il lato della cassetta che deve toccare la parete. Le dimensioni sono a piacimento; le più usuali sono di m. 0.60 di lunghezza, 0.35 di altezza e 0.40 di profondità.

Facendo uso di queste cassette conviene per maggior nettezza, innalzare all'intorno del colombaio dove esse si collocano, un gradino in muratura di circa quindici centimetri di altezza e della lunghezza occorrente.

I nidi rappresentati dalla fig. 27.ª sono in terra cotta non verniciata, e si collocano nell'interno delle cassette per la cova.

114. Abbeveratoi ed altre suppellettili. — L'abbeveratoio a livello d'acqua costante di cui alla 28.ª figura (1) è di terra cotta, verniciata anche all'interno; ha i pregi principali di mantenere l'acqua pulita e fresca, e di contenerne molta occupando poco spazio nel colombaio. Per farlo funzionare si riempie la boccia o parte superiore dell'abbeveratoio con un imbuto, e si capovolge entro il mastellino, il quale si

(1) Questi abbeveratoi si trovano in Torino presso il fabbricante Buscaglione, via Monte di Pietà n. 15 al prezzo di L. 3,00 cadauno. Sia questo abbeveratoio che le altre suppellettili di cui alle figure 5.ª, 19.ª 30.ª, 35.ª e 36.ª, vennero da me ideate e son pur state da me perfezionate tutte le altre.

riempie d'acqua sino al punto in cui la medesima viene ad incontrarsi e chiudere il foro della boccia suddetta; incontro che deve succedere ad un centimetro al disotto dell'altezza dell'orlo inferiore delle quattro aperture laterali, da cui il colombo beve. In tal guisa l'acqua che rimane nella boccia passa nel mastellino di mano in mano che vien bevuta quella che ivi si trova. L'altro abbeveratoio, pure di terra cotta, di cui alla 29.ª fig. può servire per piccoli colombai.

L'abbeveratoio di zinco o latta di cui alla fig. 31.ª serve per abbeverare i colombi mentre sono in viaggio entro le gabbie, per la proprietà che ha di non spandere l'acqua che contiene neanche capovolgendolo rapidamente. Ciò avviene per mezzo di valvole e di un diaframma a semicerchio, il quale, dividendo l'abbeveratoio in due parti, forma superiormente quattro camere che ricevono l'acqua mentre si capovolge l'abbeveratoio (1). Il foro chiuso con bottone a vite, che si scorge lateralmente serve per vuotare e riempire l'abbeveratoio. Si può riempier anche dall'apertura da cui i colombi bevono, ma in ogni caso l'acqua non deve oltrepassare l'orlo dell'ora detta apertura.

Quando trattasi di abbeverare pochi colombi, o si voglia economizzare nella spesa, si può supplire con un piccolo abbeveratoio di latta fatto a guisa di quei

(1) Non essendo conveniente nè facile per la sua costruzione interna rappresentarlo mediante disegni o descrizioni che possano servire all'operaio per la loro confezione, indirizziamo il lettore dai lattai sigg. Ferrari Francesco via S. Eufemia Modena, o Samoggia, via Saragozza, Bologna che ne hanno costrutte altre volte per conto dei colombai militari.

calamai di vetro per le scuole che sono di forma cilindrica e rientranti nella parte superiore, ove si trova. cioè il foro.

Per le altre suppellettili non occorre una speciale descrizione poichè appaiono sufficientemente dettagliati nelle rispettive figure. Avvertasi soltanto che i timbri per imprimere la leggenda e numero di cui alle fig.e 6.ª, 7.ª, 13.ª e 14.ª conviene che siano in gomma elastica.

III.

Modo per popolare un colombaio di nuovo impianto con colombi viaggiatori belgi, o di altre razze.

115. Acquisto di colombi di razze diverse. — Per popolare un colombaio di nuovo impianto, il da farsi varia secondo lo scopo al quale tendesi, o secondo le razze colle quali si vuol popolare.

Se con colombi da carne ed anche di lusso, la semplice ispezione dei volatili da acquistarsi è in certo qual modo sufficiente per osservare se posseggono i requisiti necessari e le qualità volute dal gusto del compratore. Nei colombi da cucina, ad esempio, converrà osservare che abbiano la carne bianca e siano di grossa taglia perchè in oggi i colombi grossi sono più pregiati, benchè talvolta siano meno fecondi degli altri (1). Nei colombi di lusso la taglia dev'essere

_____

(1) Si osserva infatti che nei colombi da carne poche sono le coppie che facciano sempre le uova feconde. Ciò avviene perchè questa razza di colombi non è stata curata; e perciò sono avvenute ed avvengono conti-

proporzionata alla razza rispettiva, ed inoltre si richiede principalmente purezza di tipo e che abbiano ben marcate le principali caratteristiche della razza stessa, come ad esempio: il volume del gozzo e l'alta statura nei gozzuti, il ventaglio della coda nei pavoni, la cravatta ed il cappuccio, nei cappuccini ecc. Si cerca inoltre negli stessi colombi l'eleganza delle forme la varietà e perfezione dei mantelli e cosi di seguito.

In tutte le razze di colombi, da acquistarsi, devesi poi osservare:

1.° che non abbiano difetti fisici e non siano ammalati;

2.° che siano robusti e dotati di forme adatte al volo quei che devono esser esercitati al volo medesimo, come sarebbero i viaggiatori, e triganini ecc.

3.° che non siano consanguinei tra loro;

4.° che siano fecondi e non vecchi.

116. **Acquisto di colombi viaggiatori belgi.** — Trattandosi di provvedere il colombaio di colombi viaggiatori belgi, la cosa cambia assai di aspetto, poichè se la semplice ispezione è sufficiente per accertarsi delle qualità fisiche, non si può per mezzo di

nuamente prolungate consanguineità, indebolimento prodotto dalla consanguineità medesima e dal lasciarli procreare tutto l'anno, e dal nutrirli scarsamente e spesso con avanzi di ogni sorta e poche granaglie ecc. All'amatore che desidera allevare piccioncini, consiglierei, a preferenza, di servirsi di colombi viaggiatori di razza belga, perchè sono eccezionalmente prolifici. È ben vero che la carne di questi ultimi è rossa e perciò meno ricercata in commercio, ma io la trovo più sostenuta e altrettanto gustosa quanto quella bianca.

essa giudicare il grado di sviluppo del senso della direzione.

Parecchi sono i mezzi per accertarsi delle buone qualità sensitive del viaggiatore belga e varie pure sono le maniere per addivenire all'acquisto di tale razza di colombi.

Il mezzo migliore e più economico per popolare, presso noi, un colombaio, è di rivolgersi a qualche colombaio militare. Questi, ogni anno, dal giugno o luglio in poi, vendono tutti i giovani piccioni esuberanti al loro bisogno, che sommano a qualche migliaio. In tal modo non si corre rischio di essere ingannati, perchè si è certi che son figli di eccellenti e distinti viaggiatori. Inoltre poi si ha il vantaggio di poterli acquistare a pochi soldi l'uno (10 o 12) facilitazione che i colombai militari fanno agli acquirenti, allo scopo di estendere maggiormente nei privati la passione per l'allevamento e l'educazione del viaggiatore belga.

Altro mezzo valevole per provvedersi di buoni viaggiatori è di rivolgersi a qualche amico, o in difetto, si sottopongono ad un viaggio di prova per osservare sin da qual distanza fan ritorno e la loro velocità. La distanza da cui questo esperimento di prova deve affettuarsi, è da pretendersi secondo l'età dei viaggiatori; è naturale che più è grande la distanza, maggiore è la certezza della bontà dei soggetti che si acquistano.

Per assicurarsi dell'identità dei colombi da sottoporsi alla prova di cui parlasi, e per esser certi che i medesimi vengano lanciati tutti ed in quella data

ora, luogo e condizioni stabilite, occorre contrasse-
gnarli con qualche timbro speciale, ed inviarli al luogo
della lanciata per mezzo di persone di fiducia, mentre
altra persona di fiducia attende il loro arrivo al colombaio del venditore. Non tanto facilmente però trovansi amatori che per vendere i propri viaggiatori
li sottopongono a tali esperimenti, col rischio, di perder qualcuno dei migliori soggetti, come qualche volta
può avvenire.

Non volendo, o non potendo servirsi dei mezzi sopra
accennati per procurarsi dei buoni soggetti, si può dirigere domanda a qualche colombicultore di Modena
ed anche di Reggio Emilia e Parma ecc. Modena è
da preferirsi perchè è da molto tempo che in quella
città si alleva e si educa con passione ed intelligenza
il viaggiatore belga. Non avendo conoscenze nelle accennate città, io credo che rivolgendosi con lettera al
« *Presidente della società colombicultori* » questi
possa in via di favore prestarsi a dare le indicazioni
necessarie.

Non è quindi necessario nè conveniente, come fanno
alcuni, di rivolgersi nel Belgio e pagare magari centinaia di lire una coppia di colombi che non sempre
corrisponde all'aspettativa.

Ad ogni modo, tanto da noi come nel Belgio, l'e-
poca più propizia per acquistare piccioni è nel marzo
ed aprile, e per acquistare colombi è nel settembre,
momento in cui, essendo finita l'epoca dei viaggi, i
colombicultori cedono più facilmente qualche buon
viaggiatore esuberante.

Nell'epoca ultima accennata si fanno ogni domenica nel Belgio pubblici incanti dei colombi in vendita, e talvolta qualche colombo distinto conosciuto per soggetto « *de hors ligne* », come dicono colà, vien pagato parecchie centinaia di lire. I vincitori poi delle gare a grandi distanze non hanno prezzo e raramente vengono venduti. Il distintissimo sig. Git di Anversa, altra volta menzionato in questo libro, conserva ancora imbalsamato nel suo salotto un colombo che, vivo, rifiutò di vendere per L. 2000.

Possono a taluni sembrare esagerati questi prezzi in tal modo elevati, ed anch'io prima, come si suol dire, di toccare con mano sul luogo, sottoponeva alla seconda operazione aritmetica pel 70 % almeno la cifra che trovava stampata, ed ora, non soltanto ci credo, ma sembrami cosa naturale lo spendere qualche centinaio od anche qualche migliaio di lire per introitarne molte dippiù mediante la vincita dei forti premi che colà si fanno nelle gare, come appunto avveniva col viaggiatore del nominato sig. Git, il quale, e suoi discendenti, per la loro velocità vincevano sempre i premi principali.

Le vendite per pubblica auzione, sopra accennate, che hanno luogo nel Belgio, vengono preanunziate con appositi avvisi od inserzioni nei giornali, nei quali i colombi da vendersi sono descritti individualmente, e contro a ciascuno di essi è indicato l'età, il sesso, il mantello, la discendenza, il colombaio di provenienza, i viaggi fatti, i premi riportati, le sue qualità come riproduttore e simili altre indicazioni.

Chi volesse quindi acquistare colombi che si vendono nel modo sopra accennato può dirigersi a *Monsieur le Directur du Journal l'Epervier Bruxelles*, oppure a quello del giornale *le Martinet*, nella stessa città, i quali s'incaricano di tali acquisti per conto, inviando in precedenza l'avviso di vendita perchè il compratore possa, se crede, designare gl'individui da acquistarsi.

In ogni modo sia che l'acquisto si faccia in Italia, che all'estero, si consiglia di non andare all'azzardo, di non prestare cioè sempre cieca fiducia alle qualità esposte da chi vende colombi viaggiatori, avendo inoltre presente che il vero amatore tiene sempre per se i migliori.

Per dare un'idea dell'attaccamento che l'appassionato colombicultore ha pe' suoi colombi, specialmente quando sono buoni, cade qui acconcio riferire il seguente aneddoto: Nel visitare per ragione di aquisti per conto dello Stato il colombaio del sig. I. Cammaert, vecchio amatore di Enghien (Belgio), lo pregai di vendermi un vecchio colombo vincitore del 3.º premio della gara nazionale fatta da Roma nel 1878, ed egli mi rispose che a preferenza mi avrebbe dato uno de' suoi figli, che tanto amava, piuttosto che vendere a qualsiasi prezzo quel provetto viaggiatore che lui, con orgoglio, chiama il « *romano* ». Potei però avere qualche figlio suo.

CAPO QUINTO·

LA COLOMBICULTURA COME INDUSTRIA.
CENNI SULLA CACCIA E PROPRIETÀ DEL COLOMBO.
COSE VARIE.

I.

Allevamento di colombi come industria.

117. Differenti metodi. — L'allevamento del colombo attualmente non è da noi rimunerativo al punto di poterne formare un'industria, ma però, per un dilettante, o come accessorio di un podere, si può ricavare qualche utile da un tale allevamento, secondo cioè le condizioni e l'ubicazione del colombaio, del modo di tenere i colombi, le razze da allevarsi ecc. Distinguiamo quindi in metodi principali:

1.º metodo, allevamento di colombi da cucina a tutto mantenimento;

2.º metodo, allevamento di colombi da cucina che si mandano a pascolare;

3.º metodo, allevamento di colombi di lusso, come sarebbero gozzuti, pavoni, tamburi, ed altri a tutto mantenimento.

118. Razza da preferirsi. — La razza di colombi da preferirsi nei due primi casi, anche cioè come colombi da cucina, è secondo noi quella del viaggiatore belga: 1.º perchè è la più prolifica, 2.º perchè per la sua potenza di volo è atta meglio delle altre a nutrirsi abbondantemente pascolando, 3.º perchè la sua carne è sostenuta e buona, 4.º perchè per la sua rustichezza e forza di volo, si possono vendere parte dei prodotti ai tiri del piccione ricavandone un' entrata maggiore, 5.º infine, perchè pel suo sviluppato senso della direzione, i migliori allievi si possono vendere come viaggiatori e perciò a maggior prezzo.

La carne del viaggiatore belga però non è cercata ed anzi è rifiutata dagli esportatori all' estero perchè rossa, abbenchè sia più gustosa e sostenuta di quella del colombo da carne casalingo, preferito in commercio, il quale, come le galline, si nutre specialmente degli avanzi di casa di ogni specie. Nei nostri mercati però, è, dagl' intelligenti, preferito il piccione di colombaia, sia la carne rossa o bianca, e più che altro vien preferita la grassezza ed il peso.

119. **Prospetto finanziario per un colombaio di 100 coppie di riproduttori.** — Traccieremo qui in appresso un prospetto delle entrate e spese per ognuno dei tre casi menzionati al § 117, ammettendo:

1.º che i colombi nei primi due metodi siano di razza belga, e nel 3.º delle diverse razze di lusso, maggiormente pregiate e smerciabili;

2.º che la colombaia di allevamento si trovi nella campagna romana, od anche in Roma stessa (1) dove

_____

(1) Bologna e Firenze pure si prestano per questo allevamento perchè in esse è più facile lo smercio di colombi pel tiro e di quelli di lusso, ed anche perchè, a Bologna specialmente, il becchime si trova a minor prezzo

il clima è dolce di guisa che possano fare un maggior numero di covate, e i piccioncini si sviluppano meglio e più presto ed il pascolo è facile ed abbondante;

3.° che i colombi di razza belga facciano da sette a otto covate all'anno e le altre razze da quattro a cinque in media, di guisa che si possa interrompere l'allevamento nell'inverno affinchè i riproduttori si conservino robusti e fecondi;

4.° che ciascuna coppia di razza belga dia otto piccioni vendibili, e quelle di altre razze ne diano cinque all'anno;

5.° che lo smercio dei piccioni da carne avvenga nelle piazze di allevamento ove il mercato sia sostenuto;

6.° che l'allevatore, basandosi sulle norme di allevamento a suo luogo indicate, attenda al colombaio senza retribuzione, e sopratutto con cura, passione e discernimento, ond'egli possa ottenere i prodotti nella quantità indicata al numero 4, migliorare le razze, e mantenere i riproduttori in buone condizioni fisiche e molto fecondi;

7.° che ad uso di colombaio venga ridotto qualche camera o sottotetto in altro modo non utilizzabili, e perciò con poca spesa;

8.° che la colombina si venda a L. 10 al quintale suo prezzo minimo, calcolando, come avviene normalmente, che se ne ricavi 28 decigramma per ogni giornata di presenza dei colombi, piccioni e piccioncini;

9.° che il consumo delle granaglie sia di grammi 40 per ogni giornata di presenza dei colombi, piccioni e piccioncini. (Quando le granaglie sono scelte e prive di materie estranee, per le suddette razze e taglie sono sufficienti 35 grammi);

10.° che l'allevatore debba acquistare le granaglie sul mercato, ma però all'ingrosso, al prezzo medio di L. 15 al quintale, calcolando, che trattandosi di speculazione e non dovendo i colombi viaggiare, si può distribuire becchime di qualità inferiore, e che mentre l'allevamento è sospeso si possono somministrare cibi infimi od anche vinacciuoli. Il costo quindi di ogni giornata di mantenimento pagando le granaglie a L. 15 al quintale e col consumo giornaliero di 40 grammi, come sopra è detto, sarebbe di L. 0, 006;

11.° che nel 1.° e 2.° caso, degli otto piccioni che si allevano, cinque si vendano da carne e tre pel tiro o come viaggiatori, ed all'età massima di 28 giorni i primi, e di 42 gli altri: media quindi delle giornate di mantenimento per ciascun piccione calcolata sul massimo delle età ora accennate n. 33 (1). Nel terzo caso invece non essendo facile di smerciare prontamente i prodotti, considereremo che i piccioni si vendano all'età di giorni 50.

Le giornate pertanto di mantenimento di un anno per ogni coppia di riproduttori e rispettivi prodotti, quest'ultimi nella quantità di cui al n. 4 (2) nel 1.° e 2.° metodo, e 980 (3) nel 3°. Nel 2.° metodo però si considera che i volatili possano procurarsi metà del nutrimento pascolando, motivo per cui le giornate di mantenimento rimarranno 497 (2).

(1) $28 \times 5 + 42 \times 3 = 266 : 8 = 33$.
(2) $2 \times 365 + 8 \times 33 = 994 : 2 = 497$.
(3) $2 \times 365 + 5 \times 50 = 980$.

12.º Infine che il colombaio sia ridotto, mobigliato e diretto in tutte le sue parti nel miglior modo possibile, sia tecnicamente che economicamente.

Ed ora, ecco il calcolo approssimativo per un anno dell'attivo e passivo di un colombaio di 100 coppie di riproduttori, tenuto nelle condizioni accennate:

		1.º METODO	2.º METODO	3.º METODO
Attivo				
Per vendita { di N. 500 piccioni da carne a . . . . L. 0,55	L.	275	275	—
di N. 300 piccioni pel tiro e come viaggiatori a . L. 1,00 (V. il N. 11)	»	300	300	—
di N. 500 piccioni di razza di lusso a . . . . . . L. 2,00	»	—	—	1000
della colombina (V. N. 8 e 11)	»	28	28	27
TOTALI L.		603	603	1027
Passivo				
Interesse delle somme spese per la riduzione del locale e per l'acquisto delle suppellettili (L. 200)	L.	10	10	10
Interesse del capitale di popolamento (L. 200 col 1.º e 2.º metodo e L. 400 nel 3.º).	»	10	10	20
Giornate di mantenimento { Nel 1º caso N. 99400	»	596		
» 2º » » 49700 } a L. 0,006 (V. i N. 9, 10 e 11)	»		298	
» 3º » » 98000	»	—	—	588
Spese e passività accessorie (Manutenzione e deperimento del locale e delle suppellettili, rimpiazzo degli adulti coi giovani, morti, ecc.) . . .	»	60	60	90
TOTALI L.		676	378	708
Risulta quindi { Un guadagno di L.		—	225	319
Una perdita di »		73	—	—

120. Metodi da preferirsi. — Come abbiamo sopra dimostrato l'allevamento dei colombi da carne a tutto mantenimento (1.° metodo) è, senza dubbio, passivo; motivo per cui, fintantochè non si muteranno in senso favorevole le condizioni del mercato, non è da pensarsi ad un tale metodo.

Adottando gli altri due si ha invece un guadagno se non lucroso, certo almeno, specialmente nell'allevamento dei colombi di lusso, giacchè sappiamo che certe razze, i gozzuti puri, ad esempio, si vendono trenta o quaranta lire al paio.

Onde ottenere però i prodotti desiderati, oltre di attenersi alle condizioni accennate al §. 119, converrà:

a) scartare inesorabilmente tutti i riproduttori che per qualsiasi causa da essi dipendente, non portano a termine con profitto due covate di seguito, o che in complesso non danno sufficienti prodotti;

b) assicurare un pronto smercio dei prodotti, e vendere al tiro, o come viaggiatori, il maggior numero possibile dei colombi di cui al 2.° metodo;

c) mettere al più presto in disparte i colombi e piccioni destinati al tiro, onde poterli mantenere col becchime più infimo e scarsamente, giacchè non occorre che siano grassi;

d) mandare, nel 2.° metodo, il più possibile i colombi a pascolare, non tenendoli a tutto mantenimento che quando il suolo è coperto di neve, e nell'epoca della semina in cui si debbono tener rinchiusi (vedi il n. 124).

f) non tenere più di 200 coppie di riproduttori nello stesso colombaio e non più di 50 per ogni camera della colombaia stessa, onde facilitare la sorveglianza delle varie coppie:

g) tener conto: dell'andamento di ciascuna coppia mediante l'etichetta modello *B*, della quantità giornaliera dei volatili, degl'introiti e delle spese, mediante appositi memoriali, stabilire insomma un piccolo ufficio di contabilità, cosa questa indispensabile pel buon andamento del colombaio;

e) indipendentemente dal mandare o no i colombi a pascolare, tenere i medesimi liberi di poter uscire all'aperto tutta la giornata, onde si mantengano nelle miglior condizioni igieniche e di produttività.

121. Becchime conveniente. — Come becchime di minor costo, conviene:

a) la vagliatura di frumento, il cui prezzo, a seconda della bontà e delle annate, varia dalle 14 alle 17 lire al quintale. Conviene acquistare le partite che periodicamente sogliono vendere all'asta le sussistenze militari;

b) la veccia che nasce nel frumento, data però in proporzioni limitate pei motivi già a suo luogo accennati. Questa veccia si acquista a buon prezzo dappertutto e specialmente nel Ferrarese e Bolognese ove l'ho pagata più volte sole L. 12 al quintale;

c) il giavone, o la risetta-giavone che conviene prendere direttamente dalle pille da riso, si paga circa L. 13 secondo le annate, acquistandola però a partite;

d) il frumentone detto da polli per aver sofferto qualche avaria, e che perciò si acquista a buon prezzo;

e) il miglio scuro si acquista relativamente a buon prezzo nel Comasco ed in Liguria, ma posto nel Bolognese od a Roma viene a costare rispettivamente circa 17 o 18 lire al quintale. Se ne potrà dare in piccola quantità per variare maggiormente l'alimentazione;

f) conviene infine qualunque altro seme o legume che si trovi a buon prezzo.

122. **La colombina.** — Riguardo alle entrate abbiamo accennato al modo di trarre il maggior profitto dall'allevamento dei piccioni. Ora pertanto non rimane che di accennare alla colombina che forma pure una certa entrata della colombaia.

La colombina viene considerata in commercio uno dei miglior concimi e di qualità superiore a quella degli altri volatili da cortile. Dai chimici venne pure riconosciuta possedere quantità di materie fertilizzanti di pochissimo inferiori a quelle possedute dal guano del Perù che si paga oltre il doppio della colombina. La quale nel Bolognese, Ferrarese, Modenese, nella Romagna ecc. dove si coltiva molta canepa, ed anche negli altri paesi, freddi specialmente, ove si coltiva molta ortaglia, per le quali coltivazioni e pel clima è molto adatta e ricercata, la colombina dico, si paga L. 14 o 15 in luogo di 10 al quintale come è stata calcolata nel progetto degl'introiti e delle spese suindicate. E non tarderà poi molto che gli orticultori ed agricoltori rilevandone maggiormente i pregi, non ancora ben conosciuti, la pagheranno prezzi maggiori. Onde però la colombina conservi i suoi pregi, conviene conservarla distesa in magazzino asciutto.

Non è qui il caso di soggiungere che molti autori
in agricoltura ed in chimica agronomica dei vari paesi
sono concordi nel raccomandare l'impiego della colombina, indicandone inoltre l'uso, ma abbiamo voluto
accennare ai suoi pregi ed ai luoghi di maggior consumo affinchè il colombicultore possa trarne proffitto
a beneficio della colombaia.

Aggiungasi inoltre che il suo trasporto a piccola
velocità è lieve, poichè mi risulta che da Roma a Bologna Km. 449, si pagano soltanto L. 2 al quintale.

123. I colombi al pascolo recan danno ai campi?
— Molti agricoltori perseguitano e uccidono i colombi
pascolanti e si astengono anzi di allevarne perchè
sono convinti che danneggiano la campagna. È, al
contrario, opinione di tutti gli scrittori moderni che
hanno trattato la quistione, che il colombo sia utile
anzichè dannoso all'agricoltura. Cominciando, scriveva
il prof. Bonizzi dal 1876, che è pure di questo parere,
cominciando dico da Boitard e Corbiè che scrissero
fin dal 1824 la loro bella monografia dei colombi domestici, e poscia da Brehm, Brout, Hamme, Lullin
Coopers, Chapuis, Neumùster, Mille-Rubinet, Darwin,
La Perre de Roo, Beffroy, Lenzen, Prutz, Koth, Pelletan, Espanet e senza contare i numerosi articoli
scritti nelle Enciclopedie, nei Dizionari, giornali ecc.
tutti infine sono concordi nell'asserire che il colombo
non reca danni ed anzi è utile all'agricoltura.

Non reca danno perchè non razzola nè si avvoltola
nella polvere come fanno le galline. Le ricerche che
talvolta può fare a colpi di becco, non presentano la

possibilità di dissotterrare il grano seminato, dopo che vi sia passato l'erpice; tutt'al più mangierà gli acini che non sono stati coperti per bene. Conviene però ai colombicultori tener rinchiusi i colombi durante la semina, anche perchè alcuni agricoltori sogliono preparare il grano da seminarsi immergendolo precedentemente in soluzioni di sostanze chimiche che potrebbero farli morire.

Il colombo è invece utile all'agricoltore per l'ottimo ingrasso del suo sterco, e perchè si nutre di semi e di piante parassite che crescano nei prati e frammezzo ai cereali ai quali sono nocivi. Queste osservazioni sono state fatte da molti uccidendo i colombi appena ritornati dal pascolo. Io stesso ho fatto qualche volta quest'osservazione allorchè moriva qualche colombo all'epoca in cui li mandava al pascolo, ed ho pure osservato, anche nei vivi palpando colla mano, che mangiano grande quantità di lumache piccole, di cui sembran ghiotti.

Abbiamo voluto accennare anche a questo importantissimo argomento per togliere ogni dubbio al proprietario di fondi, onde senza tema di danni, mandi i suoi colombi a pascolare nei campi e lo permetta a quelli degli altri, certo di averne vantaggio, invitandolo a consultare gli autori sopra nominati per maggiormente convincerlo del nostro asserto.

II.

Cenni sulla caccia e proprietà del colombo.

124. Articoli dei codici civili e penali. — La proprietà dei colombi forma all'estero soggetto di speciali ed estese pubblicazioni. Noi però non intendiamo di farne una discussione giuridica, ma di rappresentare al lettore i principali articoli di legge che regolano una siffatta quistione, o che ad essa·hanno attinenza.

Codice Civile. — Art. 413 « Sono beni immobili « per destinazione le cose che il proprietario di un « fondo vi ha poste per il servizio e la coltivazione del « medesimo. Tali sono...... *i piccioni delle colombaie,* « i conigli delle conegliere, gli alveari,. i pesci delle « peschiere........

« Art. 462. « I *colombi,* conigli e pesci che pas- « sano ad un' *altra colombaia,* conigliera o peschiera, « si acquistano dal proprietario di queste quando non « vi siano stati attirati con arte o frode. »

Art. 712. « L'esercizio della *caccia* e pesca è re- « golato da legge particolari. Non è tuttavia lecito « d'introdursi nei fondi altrui per l'esercizio della « *caccia* contro il divieto del possessore.

Art. 713. « Ogni proprietario di sciami di api ha « diritto di inseguirli sul fondo altrui ma deve risar- « cire il danno cagionato al possessore del fondo: « quando il proprietario del fondo non l'abbia entro

« due giorni inseguiti od abbia cessato d'inseguirli
« durante due giorni, può il possessore del fondo
« prenderli e ritenerli.

« Lo stesso diritto spetta al proprietario di *ani-*
« *mali mansuefatti,* salva la disposizione dell'art. 462
« (sopra trascritta), ma essi appartengono a chi li
« avrà presi e ritenuti se non sono reclamati entro
« 20 giorni.

Art. 1154. « Il proprietario di *un animale,* o chi
« se ne serve, pel tempo in cui se ne serve, è obbli-
« gato pel danno cagionato da esso, tanto se si trovi
« sotto la sua custodia quanto se sia smarrito o
« fuggito. »

Codice Penale. — Art. 677. « Colui che senza ne-
« cessità, uccidesse, ferisse o rendesse inservibile o
« deforme qualsiasi altro *animale domestico,* in un
« luogo di cui il padrone dell'animale fosse proprie-
« tario, fittaiuolo o socio colonico, sarà punito con
« multa estensibile a lire centocinquanta; e potrà an-
« che secondo le circostanze essere punito col carcere
« estensibile a due mesi.

« Se tale reato sarà commesso in altro luogo la
« pena sarà della multa estensibile a lire centocin-
« quanta; *salvo che si tratti di volatili sorpresi dal*
« *proprietario, fittaiuolo, o socio colonico nei terreni*
« *da essi posseduti, ed uccisi nell'istante che loro*
« *arrecavano danno.* »

125. **Articoli di legge sulla caccia. Usi e costumi**
nelle varie città. — *Ducato di Modena.* — Legge 6
febbraio 1815 Art. 8........ « È pure proibita la caccia

« delle lepri quando il terreno è coperto di neve,
« come anche è vietato in ogni tempo e luogo l'uso
« di pasto o sementi atti ad avvelenare qualsiasi sorta
« di animali, nonchè l'*uccisione dei polli, colombi* ed
« altri animali domestici, e addomesticati, *dovendo*
« *però nel tempo della semina esser custoditi dai*
« *rispettivi proprietari quelli, che possano recar*
« *danno ai fondi altrui.* »

Gran ducato di Toscana. — Legge 3 luglio 1856,
Art. 3.°, § 1.° « È vietato in ogni luogo ed in ogni
« tempo uccidere o prendere con armi od altri mezzi
« vessatori qualunque, i *colombi* sì torraioli che grossi
« e bastardi. »

§ 2.° « La trasgressione al § precedente è punita
« con una multa di trenta lire per ogni colombo ucciso
« o predato, senza che per altro il coacervato delle
« multe possa eccedere la somma di L. 1300. Alla
« multa si aggiunge la confisca degli animali predati
« e delle armi od altri strumenti serviti alla preda. »

Stato Pontificio. — Editto Galeffi 10 luglio 1826.
« Nessuno potrà in alcun tempo appropriarsi od uc-
« cidere *colombi domestici o torraiuoli di proprietà*
« *privata.* »

Regno delle due Sicilie. — Legge 18 ottobre 1819.
Art. 173. « È vietato a chiunque di prendere o uc-
« cidere i *colombi* altrui, siano domestici, siano tor-
« raiuoli, purchè non li ritrovi nel fondo di cui egli
« sia proprietario, colono o fittaiuolo.

Nel già Regno Sardo vigono tuttora le Regie pa-
tenti 29 dicembre 1836 e 16 luglio 1844, le quali

sono state applicate al Regno Lombardo-Veneto ed alle Marche nel novembre 1860. Nel già Ducato di Parma vige tuttora la risoluzione sovrana del 1.º settembre 1824. In queste leggi non c'è alcun articolo speciale che riguardi i colombi, forse perchè a ciò provvedono i codici civile e penale.

Oltre alle suddette leggi vigono in varie città speciali disposizioni, od usi e costumi. A Venezia, per esempio, è proibito tirare a quei colombi sebbene non sia proprietà privata; l'Ente Municipio ne avrebbe fatta come sua la proprietà e perciò sono protetti da apposita legge comunale.

A Modena non viene osservato il disposto del menzionato art. 462 del codice civile sopra riportato, poichè, per antica usanza, si suole non restituire, che a pagamento, i colombi che vengono « *attirati con arte* » al proprio colombaio, mediante il giuoco « di *far volare* » descritto al § 144.

126. **Divisione delle varie specie sotto il rapporto della proprietà.** — Sotto il rapporto della proprietà e del diritto di uccidere i colombi, li divideremo in due grandi categorie. Quella dei « *colombi selvaggi* » nella quale gioverà comprendere tutti quelli che non appartengono ad alcun privato od Ente morale, e l'altra categoria dei « *piccioni delle colombaie* » nella quale si comprendono quelli che hanno un proprietario, qualunque siano le razze di colombi domestici o domesticati.

Delle specie di colombi selvaggi in Italia, anzi in Europa, ne abbiamo tre: il colombaccio, (*Columba pa-*

lumbus), la colombella (*Columba oenas*) ed il colombo torraiuolo, (*Colomba livia*).

Le due prime specie soltanto però vivono esclusivamente in istato selvaggio, mentre dell'altra abbiamo colombi che vivono in istato semidomestico, quali sono quelli di Venezia, Roma, Firenze e di molte altre città, ed altri che vivono completamente domesticati nelle colombaie e nelle abitazioni dell'uomo.

Abbiamo creduto conveniente di fare una tale distinzione perchè sembraci che alle due prime specie, il colombaccio e la colombella, ognuno nei limiti delle leggi sulla caccia sia in dirito di colpire senz'altro, essendo che tutti i colombi di queste due specie vivono in istato selvaggio, mentre che all'altra il cacciatore coscienzioso non può dirigere i suoi colpi, se non è ben certo che i volatili caduti sotto il tiro non appartengono al alcuno.

Gioverà qui ricordare che il colombaccio è quello descritto al § 136. La colombella ha gli stessi caratteri e costumi del colombaccio, soltanto che è di taglia più piccola ed ha sulle ali delle macchie nere. Ognuno poi conosce il colombo torraiuolo, motivo per cui, non sarebbe qui il caso di farne una descrizione, ma aggiungeremo per maggior chiarezza che i tratti caratteristici della colorazione di questo colombo sono eguali o quasi a quelli del *Bigio verghe nere* e *Trigono di bigio* del viaggiatore belga descritti al § 9, e nella struttura differiscono dal belga, in quanto che sono un po' più piccoli di taglia, hanno il becco sottile assai anche all'origine, e son quasi privi delle caruncole nasali e del filetto carnoso che contorna gli occhi.

127. **Conclusione.** — Riassumendo infine quanto è esposto in questo capitolo, avremo:

1.° che *in tutto il Regno* il colombo di proprietà privata è considerato come *immobile per destinazione*, art. 413 del codice civile, e perciò non si può in qualsiasi modo cacciare, uccidere o ferire, deformare ecc. (art. 677 del codice penale) nè prendere « *con arte o frode* », art. 462, salvo sempre gli usi e costumi dei singoli luoghi;

2.° che in tutto il Regno non è permesso al proprietario d'inseguire nelle proprietà altrui i colombi che per libera elezione vi si trasferissero (art. 713 e 462 C. C.);

3.° che pure in tutto il Regno, al proprietario, fittaiuolo, o socio colono di un fondo, è permesso di uccidere i colombi siano anche di privata pertinenza, nell'istante in cui recassero danno alla loro proprietà (art. 677 codice penale) e di farsi reintegrare del danno cagionato (art. 1154 del codice civile).

In questo caso rimane a fissarsi quand'è che esiste il danno, poichè secondo quanto abbiamo esposto al § 123, il colombo può recar danno all'epoca della semina, ma non nelle altre.

4.° che nelle provincie già appartenenti al Ducato di Modena, al Granducato di Toscana, allo Stato Ponteficio (escluse le Marche) ed al Regno delle due Sicilie, la proibizione di prendere od uccidere colombi è confermata da appositi articoli della rispettiva legge sulla caccia tuttora in vigore in quelle provincie;

5.° che nelle provincie dell'ex Ducato di Modena i proprietari dei colombi che si recano a pascolare sono in obbligo di tenerli rinchiusi durante la semina.

Da quanto abbiamo esposto nel presente capitolo risulta che la legge protegge il colombo di privata appartenenza non soltanto come proprietà, ma anche dai cacciatori. Disgraziatamente però, per chi tiene colombi viaggiatori specialmente, questa legge non viene osservata che da pochi, giacchè continuamente ne uccidono; alcuni cacciatori poi, ignorando le leggi si credono in diritto di colpirli liberamente.

Ora che funzionano numerose colombaie militari e che va estendendosi rapidamente in tutto il paese l'allevamento dei colombi viaggiatori, i quali sono il bersaglio favorito dei cacciatori poco coscienziosi, converrebbe che un apposito articolo della legge sulla caccia, che verrà discussa fra non molto in Parlamento, colmasse il vuoto esistente nelle attuali, sopratutto nel senso di poter constatare l'appartenenza dei colombi di cui si trovassero possessori i cacciatori o venditori di tali volatili, ciò che si potrebbe facilmente applicare ed ottenere.

Converrebbe infine, giacchè in seguito al parere favorevole emesso dagli autorevoli scrittori citati al § 123 del presente libro, risulta che il colombo non danneggia i campi se non che nel momento della semina, converrebbe dico, che la facoltà data dall'art. 677 del codice penale al proprietario, fittaiuolo, socio colonico di un fondo di uccidere i colombi che si recano a pascolare, venisse limitata nel solo tempo della semina dei cereali. Si dovrebbe in tal caso, onde proteggere gli agricoltori, estendere in tutto il Regno l'articolo di legge sulla caccia sopra menzionata che tuttora vige nel modenese, il quale obbliga i proprietari di colombi pascolanti di tenerli rinchiusi nella suddetta epoca.

MODELLO A.

RUOLO

matricolare dei colombi e piccioni (1).

(1) Questo ruolo rappresenta la storia e lo stato di servizio di ciascun colombo. Lo spazio da lasciarsi tra un colombo e l'altro è a piacimento dell'amatore, secondo la durata che vuol dare al ruolo senza rin-
novarlo.

Numero di matricola	DATA DI NASCITA — SESSO — VARIETÀ	MANTELLO E SEGNI PARTICOLARI — PATERNITÀ	INDICAZIONI relative all'allevamento					GARE CUI H		
			Anno di allevamento	Matricola del compagno	Num. della posta occupata	Covate fatte	Figli allevati	Anno	LUOGO	K. m. di distanza
1	2	3	4	5	6	7	8	9	10	11
304	23 Marzo 1883	Bigio verghe nere . . .	1884	122	15	2	—	1883	Firenze	13
	—	Penne bianche sparse . . .	»	203	15	3	5	»	Arezzo.	20
	Maschio	Caruncole molto sviluppate	1885	203	15	6	10	1884	Firenze	13
			1886	203	15	5	7	»	Arezzo.	20
	Anversese		1887					»	Chiusi	3
								»	Roma	4
		Matricola { del padre 10 della madre 149						1885	Ancona	2
								»	Pescara	3
								»	Foggia.	47
								»	Bari	61
								»	Brindisi	81
								1886	Verona	19
305										
306										

RESO PARTE IN CIASCUN ANNO E PREMI VINTI

Premi vinti	Anno	LUOGO	K. m. di distanza in linea retta	Premi vinti	Anno	LUOGO	K. m. di distanza in linea retta	Premi vinti	VARIAZIONI ed ANNOTAZIONI
12	13	14	15	16	17	18	19	20	21
1° O	1886	Milano.....	200	5° O					
»	»	Torino.....	340	1° O					
1° O	1887								
»									
»									
2° O									
8° p.									
»									
4° p.									
2° O									
2° p.									
3° O									
(1)									

(1), *O significa premio d'onore, e* p. *premio di poule.*

MODELLO B.
—

Etichetta per la registrazione dei prodotti e dell' andamento della procreazione di ciascuna coppia

---

Posta N. 1.   Anno 188

Maschio N. 1 di matricola   Femmina N. 2 di matricola

Trigano di bigio   Bigio verghe nere

Covata	UOVA						Matricola data ai nuovi nati	Annotazioni
	DEPOSTE		DISPERSE		NATE			
	N.°	DATA	N.°	DATA	N.°	DATA		
1	2	3	4	5	6	7	8	9
1.ª	2	27 Gennaio	1	15 Febb.	1	15 Febb,	23	Un ovo disperso perchè infecondato.
2.ª	2	8 Marzo			2	26 Marzo	30, 31	
3.ª	2	17 Aprile			2	5 Maggio	41, 42	
4.ª	2	4 Giugno	1	21 Giugno	1	21 Giugno	54	Un ovo disperso perchè rotto dai genitori.
5.ª	2	10 Luglio			2	28 Luglio	66, 67	
Totali	10		2		8			

FINE DEL I. LIBRO

LIBRO II.

EDUCAZIONE DEL COLOMBO E SPORT

CAPO PRIMO

EDUCAZIONE DEL COLOMBO IN GENERALE E DEL VIAGGIATORE BELGA IN PARTICOLARE.
AMMAESTRAMENTO DEL COLOMBO AD ALCUNI GIUOCHI DILETTEVOLI.

I.

Nozioni diverse.

128. Caratteri del colombo relativi alla sua educazione. — Tutti i colombi hanno l'istinto di far ritorno alla loro dimora, ma secondo le razze varia il grado di questo istinto che per innata tendenza essi posseggono (1).

(1) Sappiamo infatti che il viaggiatore belga fa ritorno alla sua dimora dalla distanza di oltre 1300 Km., mentre il colombo mondano o casalingo si smarrisce dalla distanza di 5 o 6. Anche i colombi di razza triganina (modenese) ché sono buoni volatori, e di altre razze di alto volo si perdono da distanze assai brevi. Nel 1878, presso il colombaio militare di Ancona, feci un esperimento a brevissime tappe progressive e nelle migliori condizioni atmosferiche, di robustezza dei volatili ecc. con circa 60 colombi divisi in parte pressochè eguali delle razze triganina, di stettino e torraiuola ed ottenni il seguente risultato: Dei triganini a 46 Km. ero rimasto con tre, dei stettini a 72 Km. con sei e dei torraiuoli a 91 pure con sei. Nella tappa successiva che feci fare ai superstiti rispettivamente a 59,91 e 114 Km., si smarrirono tutti meno un torraiuolo.

Il colombo viaggiatore belga primeggia certamente sui colombi delle altre razze sia per l'elevatezza di questo istinto che per la tenacità e la costanza con cui fa ritorno alla sua dimora, non dimenticandola che dopo molto tempo ed in alcuni dopo qualche anno.

Il colombo, più è *vecchio del sito* (1) più è vivo in esso, il desiderio di farvi ritorno, ma se ha abitato in più colombai più facilmente si abitua a rimanere nell'ultimo assegnatogli, specialmente se vi è trattenuto dall'amore per la sua prole.

In generale il colombo che ha abitato più colombai facendolo viaggiare, fa ritorno alla dimora ultima abitata, ma qualche volta avviene che fa ritorno alla primiera, specialmente se non è molto che è assente; o se dal nuovo colombaio si facesse viaggiare verso quello da lui abitato precedentemente.

Il colombo che ha abitato più di un colombaio non può essere un buon viaggiatore ed è meno che mediocre se ne ha abitati molti, perchè alla minima difficoltà ch'egli incontra nel far ritorno dai viaggi si ferma con molta facilità in un altro che trovasse per la via.

Il colombo viaggiatore belga invece che non conosce che il suo colombaio, nel caso che nei viaggi perda l'orientamento, si ferma in qualche città o per la campagna, e girovagando da tetto in tetto, o da campanile in campanile e, facendo inoltre continue esplorazioni, passando talvolta da una città all'altra,

---

(1) Dicesi vecchio del sito il colombo che abita da due o più anni il colombaio ove è nato.

non si decide ad inoltrarsi in altro colombaio se non quando è estenuato dalla fame, per cibarsi.

Perchè il colombo sia bene affezionato al suo colombaio e sia quindi in esso più forte l'ansia di farvi ritorno, occorre principalmente che vi sia nato, che vi procrei (1) che abbia ricevuto sempre buoni trattamenti, che non sia stato troppo contrariato nelle sue abitudini e non sappia infine che esistono altri colombai ove, al pari del suo, possa procreare e trovarvi il vitto e tutte le altre attrattive da esso desiderate.

I colombi però per riuscire buoni viaggiatori devono sempre ricevere un primo addestramento nell'anno in cui sono nati allo scopo di abituarli al volo, ai disagi dei viaggi, nonchè per sviluppare in essi l'organo della direzione ed imprimere loro finchè son giovani il mestiere cui sono destinati. Cominciando più tardi ad esercitarli s'irrigidiscono loro le membra, le qualità sensitive non raggiungono lo sviluppo voluto e non diverrebbero perciò che viaggiatori poco buoni.

129. Convenienza e modo di abituare i colombi a recarsi nei campi a pascolare. — Potendo i viaggiatori per disorientamento, per sopraggiunta burrasca, per mancanza del tempo necessario per percor-

---

(1) L'affezione per la sua famiglia certamente eccita di più a far ritorno alla sua dimora, ma il principale e vero movente è la sua abitazione. Sappiamo infatti che i colombi fan ritorno alla loro dimora anche quando la procreazione è sospesa, ed i giovani piccioni che non hanno ancora nidificato ritornano anch'essi e con risultati non inferiori a quelli che si ottengono cogli adulti.

rere la tappa, o per qualsiasi altro motivo, trovarsi
nel caso di non poter raggiungere il loro colombaio
nella giornata in cui vennero *lanciati*, conviene che
sappiano procacciarsi il vitto pei campi, affinchè il
digiuno non li costringa ad entrare in qualche colombaio e farsi prendere. Un tale esercizio è pure
assai giovevole e salutare al viaggiatore perchè lo
costringe a mantenersi in esercizio di volo.

Per abituare i colombi a recarsi a mangiare in
campagna si possono prima *guastare* (1) sul luogo
portandoveli entro apposite ceste e poscia si costrin-
gono a ritornarvi da soli col privarli del cibo nel
colombaio coi modi in appresso indicati.

I colombi da assoggettarsi a quest' operazione si
fanno stare un paio di giorni o più, se occorre, senza
mangiare, e poscia si mettono entro una cesta nella
quale sarà praticata un' apertura laterale e relativo
sportello da potersi aprire all' esterno dal basso all' alto.

Si porta quindi la cesta contenente i colombi nel
luogo stabilito, si colloca in modo che l' apertura sia
il più possibile vicino a terra, e si sparge davanti al-
l' apertura laterale della gabbia la qualità di granaglie
di cui sono più ghiotti quando hanno molto appetito.
Mediante poi uno spago applicato allo sportello il colombicultore, stando nascosto, lo apre a poco a poco e
senza scosse affinchè i colombi non s' impauriscano, e
non prendano il volo di mano in mano che escono
senza fermarsi a mangiare a terra. Così facendo i

(1) Veggasi al § 144 il significato di questo vocabolo.

colombi escono dalla cesta, cominciano a mangiare il grano che ivi trovano, senz'accorgersi sul momento di esser liberi in luogo sconosciuto, e poscia prenderanno il volo per la loro dimora.

Per ottenere un risultato completo occorrerebbe che i colombi si fermassero molto a mangiare e prendessero poi il volo non per aver avuto paura di qualche rumore o movimento, rimanendo così diffidenti della nuova manovra, ma soltanto per raggiungere la loro dimora dopo di aver mangiato a sazietà; ciò che non sarà tanto facile ad ottenersi specialmente se i colombi da abituarsi sono rustici, essendo sufficiente che uno solo prenda il volo per impaurire e farsi seguire dagli altri. Si userà perciò la massima precauzione e converrà farli uscire dalla gabbia a pochi per volta, affinchè sia meno facile che avvenga l'inconveniente indicato, ed avvenendo sia limitato a pochi.

Si ripete la stessa operazione per una volta o due, aumentando il digiuno nel caso si mostrassero restii nel fermarsi a mangiare a terra quando escono dallo sportello.

Continuando poi, nei giorni immediatamente successivi all'operazione accennata, a privare del cibo i colombi, questi si rammenteranno di averne trovato in campagna e comincieranno perciò, probabilmente, a recarsi a mangiare nei campi; l'uno attirerà l'altro e con un po' di giorni e pazienti osservazioni tutti scorreranno i campi nei diversi punti. Abituato così una prima volta il colombo a recarsi a mangiare nei campi, vi ritornerà tutte le volte che vi si vorrà rimandare, privandolo del cibo nel colombaio e senza *guastarlo* nuovamente.

Avverrà altresì che una volta abituati a recarsi a pascolare nei campi vi si recheranno. ancorchè abbiano nel colombaio vitto a sazietà.

Nella moltitudine ve ne sono sempre alcuni che per inerzia o per non esser rimasta loro bene impressa la *guastata*, data colla cesta in campagna, continuano a rimanere digiuni nel colombaio senza andarsi a procacciare il vitto nei campi. In questo caso per evitare che questi colombi ne soffrano troppo e muoiano fors' anche, si ripetono le guastate per questi soltanto in modo che mediante un po' di pazienza andranno tutti a pascolare nei campi.

Sarà preferibile che il luogo prescelto per tale operazione sia distante dall'abitato e non molto dal colombaio, che non sia frequentato dai cacciatori e che nel luogo stesso il colombo possa trovare qualche seme per cibarsi quando vi ritornerà da solo.

Sarebbe utile assai di poter far battere la campagna ai colombi tutto l'anno (1) sia per il risparmio che si otterrebbe nel mantenimento, che per l'utilissimo volontario esercizio di volo che i colombi

---

(1) Conviene che le colombaie militari situate nel Regno non mandino i colombi a pascolare nei campi per le seguenti considerazioni: 1.º perchè essendo popolate di centinaia di volatili vi si recherebbero a grandi stormi e sarebbero perciò più facilmente scorti ed uccisi; 2.º per evitare che i portatori di dispacci di servizio si fermano in campagna per cibarsi, con pericolo di farsi uccidere dal nemico; 3.º perchè per la non grande distanza che esiste tra un punto e l'altro di collegamento non si rende necessario

farebbero giornalmente, tanto più che come a suo luogo e detto questi volatili non recano danno alla campagna.

Non è però sempre necessario *guastare* i colombi per abituarli al pascolo. Nei viaggiatori belgi, specialmente, salvo qualche eccezione, è sufficiente il privarli del cibo e talvolta anche soltanto delle materie saline terrose.

Volendo quindi impedire ai colombi di recarsi nei campi, conviene di non lasciar loro mai mancare oltre al vitto, l'impasto igienico a suo luogo indicato.

130. **Modo di abituare i colombi a rimanere liberi di uscire all' aperto senza che si smarriscono.** — Nei colombi della stessa razza, secondo l'età ed il tempo in cui questi hanno abitato un colombaio, e secondo le diverse condizioni di addestramento, varia il grado di desiderio e delle facoltà di far ritorno alla loro dimora, e perciò varie sono le cautele da usarsi per abituare i colombi a rimanere liberi.

I colombi da abituarsi a rimaner liberi si possono dividere in due categorie: Quelli che nascono nel colombaio e quelli che si ricevono da altri. Un colombicultore può quindi trovarsi nel caso di dover abi-

un tale esercizio di volo al quale si supplisce vantaggiosamente facendoli volare giornalmente attorno alla colombaia. I volatili delle colombaie dei nostri possedimenti d'Africa essendo che devono percorrere grandi distanze ed in clima caldissimo ed ove non esistono molti cacciatori, si sono invece abituati a recarsi a mangiare e bere a terra e specialmente sulla spiaggia, ma, sgraziatamente, in quelle regioni trovan ben poco di che nutrirsi e dissetarsi.

tuare colombi o piccioni nelle seguenti principali condizioni: (1)

> *A*) piccioni nati nel colombaio;
>
> *B*) colombi   »   »
>
> *C*) a quaranta giorni di età;
>
> *D*) e che sono stati sempre rinchiusi;
>
> *E*)   »   ·   »   »   liberi;
>
> *F*) e che hanno fatto viaggi di addestramento;
>
> *G*) ove erano tenuti chiusi;
>
> *H*)   »   »   liberi, ma che ne avevano abitati altri;
>
> *I*)   »   »   »   ma senza aver fatto viaggi;
>
> *L*) in cui hanno fatto viaggi di addestramento.

(Left margin bracket labels: Piccioni avuti da altro colombaio — Dopo qualche mese di età — Colombi (2) avuti da altro colombaio.)

Per abituare i piccioni che nascono nel colombaio (*A*) a rimanere liberi, non occorre nessuna preventiva preparazione, poichè, cominciando essi a prendere conoscenza dell'esterno del colombaio sin dalla tenera età e prendendo esempio dagli adulti apprendono ad uscire e rientrare senza smarrirsi.

Anche i colombi di cui alla lettera *B* facilmente si abituano a rimaner liberi, ma occorre, prima di farli uscire, far loro conoscere l'esterno del colombaio poichè, essendo già volatori, più facilmente può av-

---

(1) Queste norme si svolgono sul colombo viaggiatore belga siccome meno facile ad adattarsi a cambiare colombaio. Nei colombi quindi di altre razze si potranno applicare con meno rigore le regole date al riguardo in questo capitolo pei colombi viaggiatori.

(2) Dicendo colombo, s'intende che il volatile ha procreato nel colombaio da cui proviene.

venire che si allontanino dal colombaio per non saperlo poi rinvenire per entrarvi e così smarrirsi.

La prima operazione da farsi, sia per dare la libertà ai *colombi* suddetti (*B*) che a tutti i piccioni e colombi che si ricevono da altri colombai è di far loro conoscere la gabbia-trappola o finestra da cui devono uscire ed entrare nonchè l'esterno del colombaio, acciocchè le prime volte che escono, librandosi o no al volo, sappiano riconoscere la loro dimora. Per ottener ciò, bisogna rinchiudere lungo il giorno entro la gabbia-trappola i piccioni o colombi che si devono abituare a rimanere liberi, o quanto meno si allettano ad entrare nella gabbia stessa col somministrare il vitto entro la medesima per affezionarveli e perchè imparino a conoscere quella e l'esterno del colombaio.

Ciò fatto per qualche giorno, si solleva il telaio di apertura della gabbia, si distribuisce di nuovo il vitto entro la medesima ed il colombicultore si ritira in modo di vedere senza esser visto per non disturbarli e li lascia fare con tutta tranquillità.

Questi volatili *non sapendo di tetti* (1) nell'uscire per la prima volta osservano all'esterno timorosamente allungando il collo e guardando in tutte le direzioni con una certa diffidenza. Alcuni, i più giovani e timidi, per timore di staccarsi dalla loro dimora e di non sapervi ritornare, osservano un po' l'esterno e rientrano; altri si allontanano a lenti passi dalla gabbia o finestra, e librando un piccol volo vanno a posarsi

---

(1) Veggasi al § 144 il significato di questa espressione.

sui tetti circostanti od in luogo vicino, i più arditi invece si danno a grandi voli facendo talvolta capriole tanto è in loro il desiderio, anzi il bisogno di volare. In quest'ultimo caso è più facile che qualcuno di essi si allontani in modo da non sapervi più ritornare o da esser preso da altro colombaio vicino specialmente se non avevano bene imparato a conoscere l'esterno del loro.

Tale prima operazione converrà eseguirla preferibilmente nelle giornate piovose e verso sera, perchè meno facilmente i volatili si allontanano dal colombaio. Converrà però agire con molta precauzione se nella città o nei dintorni del colombaio ne esistano altri, perchè i piccioni, specialmente, essendo inesperti, o per la loro giovanezza, o per *non saper di tetti*, potrebbero smarrirsi ed esser presi, ciò che avverrebbe facilmente a Modena per i molti colombai colà esistenti, e pel modo speciale col quale i colombicultori sanno attirare al loro colombaio i colombi degli altri.

Quanto è sopra esposto circa il modo di dare la libertà per la prima volta ai colombi e piccioni è applicabile come si è detto, a tutti quelli provenienti da altri colombai, ma però occorre tenerli prima chiusi per un tempo più o meno prolungato in quello da cui devono uscire affinchè vi si affezionano, secondo che sono provenienti da colombai della stessa città o da altre distanti, e delle varie condizioni di educazione in cui si trovano al momento che si ricevono, condizioni previste al principio di questo paragrafo.

Prima quindi di dare la libertà ai picccioni di cui alla lettera *C* si tengono chiusi (1) circa 8 giorni: questi volatili essendo stati tolti ancor giovani dal luogo natio lo dimenticano completamente e quasi non si risentono del cambiamento specialmente se non sono usciti all'esterno della dimora ove son nati. Si possono perciò considerare come se fossero nati nel colombaio in cui vennero trasferiti.

I *piccioni* indicati alla lettera *D* si tengono chiusi nella nuova dimora circa 20 giorni e quelli alle lettere *E* e *F* essendo stati liberi ed avendo viaggiato in altro colombaio converrà tenerli chiusi un paio di mesi circa ed aspettare che abbiano deposte le uova, specialmente se provengono da un colombaio vicino e nel quale avessero vissuti molti mesi o fatto viaggi di addestramento.

Pei *colombi,* specialmente se sono vecchi, essendo molto più dei piccioni affezionati alla loro dimora e conservando maggiormente la memoria di essa, si richiedono maggiori precauzioni prima di dar loro la libertà in un nuovo colombaio.

Cosicchè i colombi che si trovano nelle condizioni indicate alle lettere *G* e *H* non si faranno uscire che dopo aver compiute due o tre covate nel colombaio nel quale vennero trasferiti, e quei di cui alla lettera *I* dopo cinque o sei.

---

(1) Tanto in questo come negli altri casi in cui non fosse possibile tener chiusi i colombi, perchè altri già abituati devono uscire, si tagliano o spiumano le remiganti primarie. Tagliando quelle di un'ala soltanto si rende maggiormente il colombo impotente al volo perchè rimane desiquilibrato.

I colombi finalmente di cui alla lettera _L_ trovandosi nelle migliori condizioni di addestramento volute per essere buoni viaggiatori del colombaio ove sono nati, sono molto difficili da abituarsi a rimaner liberi in un colombaio che non sia quello e unico da essi prima conosciuto, nel quale son nati ed hanno procreato, e che inoltre hanno molte volte sopportate gravi fatiche, ed hanno con ansia febbrile percorso distanze considerevoli per raggiungerlo. Non è quindi possibile di poter accennare con certezza il modo nè il tempo voluto per poterli abituare come si è detto perchè, si sono visti dei casi svariatissimi, e si direbbe quasi meravigliosi. Cade qui acconcio citare alcuni fatti al riguardo.

Il marchese Menafoglio di Modena ricevè dei colombi belgi da Anversa nelle suddette condizioni.

Dopo un anno, uno di questi potè fuggire dal colombaio di Modena ove era stato sempre tenuto chiuso ed aveva procreato, e ritornò in Anversa, al proprio colombaio Km. 1200 di distanza in linea retta abbandonando il compagno e le uova che stava covando. Il colombicultore che lo aveva ceduto fu il primo che scrisse al marchese che il suo colombo era ritornato; nè poteva sbagliare, unico essendo nella sua raccolta di quel mantello ed anche perchè lo conosceva individualmente.

Il fatto narrato al § 60 prova pure la grande tenacità che questi colombi posseggono nel ricordarsi la loro dimora per molto tempo.

Nel 1882 continuavano a ritornare nel Belgio colombi smarritisi nel viaggio fatto da Roma nel 1878 da alcune società di colombicultori del Belgio. Senza citare molti altri casi avvenuti e che giornalmente avvengono a chi coltiva colombi viàggiatori belgi, i fatti su narrati bastano per dedurre che non sono mai troppe le precauzioni da prendersi nel caso di dover abituare a rimaner liberi in una nuova dimora i colombi di cui si parla.

Per agire quindi colla voluta precauzione, i colombi di cui alla citata lettera *L* nel primo anno di riproduzione si tengono chiusi, e nel secondo anno si tagliano o spiumano loro le remiganti primarie, in modo di impossibilitarli al volo e si lascian liberi. Entrando poi il colombo in muta e riacquistando in tal modo la facoltà di volare a poco per volta, probabilmente si abituerà a rimanere libero cogli altri senza fuggire. Se però questi colombi sono vecchi ed hanno fatto viaggi di *lungo percorso* nel colombaio natio, si dovrà per maggior sicurezza tenerli rinchiusi per un anno di più.

Colle norme sù descritte si son indicati i casi principali in cui si può trovare il colombo da abituare a rimaner libero in una nuova dimora, non potendosi accennare alle molte condizioni in cui può trovarsi ciascun individuo, come pure si sono indicati i mezzi più sicuri perchè non si smarriscano i colombi da abituarsi. Ma questi mezzi si possono mitigare allorchè l'esperto colombicultore mediante attente osservazioni da farsi sull'indole ed il grado di affezione presa pel nuovo colombaio dai colombi da lasciarsi liberi, nonchè sull'età, sulla distanza da cui provengono, sull'entità e la direzione dei viaggi da essi prima fatti, ecc. crede sia giunto prima del tempo suindicato per ciascun caso, il momento conveniente di poterli lasciar liberi.

L'epoca più propria per lasciar libero il colombo è mentre procrea; il momento in cui maggiormente s'interessa della sua prole è precisamente quando stanno per nascere i piccioncini dalle uova che cova o che sono nati da pochi giorni, e mentre le coppie si trovano nelle *scacciate*.

In ogni caso quindi si curerà di accoppiare i colombi da abituarsi a rimaner liberi in una nuova dimora, allo scopo di maggiormente affezionarveli e possibilmente si darà loro per compagno un colombo *del sito*, affinchè questo attiri l'altro a rimanere con lui.

Converrà inoltre che l'esterno del colombaio differisca dagli altri, se ve ne sono a poca distanza, onde i volatili che escono per la prima volta, sappiano con facilità distinguere il loro.

Oltre ai mezzi indicati per abituare il colombo a rimanere in una nuova dimora si potrebbe usare, come fanno i triganieri di Modena, il mezzo più coercitivo del digiuno (1). Questo sistema però non sarebbe conveniente da usarsi sui colombi belgi perchè ne soffre assai il fisico, ed anche perchè su tale razza non sempre si otterrebbe il voluto intento, che i colombicultori modenesi facilmente ottengono con questo sistema, sulla razza triganina.

(1) Veggasi al § 144.

II.

Addestramento normale del colombo viaggiatore.

131. Itinerari. Avvertenze. — Per *addestramento* s'intende il modo di abituare i colombi, mediante un progressivo esercizio per tappe, a far ritorno alla loro dimora da date distanze.

Per addestrare i colombi a viaggiare si trasportano entro gabbie o ceste (fig. 34.ª, 35.ª e 36.ª) nel luogo stabilito. Colà giunto si dà loro la libertà, ed essi prenderanno il volo per la loro dimora.

Per l'assegnazione ed esecuzione delle tappe di addestramento, trascrivesi qui in appresso la tabella-itinerario che serve di base alle colombaie militari del Regno, tabella che fa parte dell'istruzione da me compilata e pubblicata dal Ministero della Guerra il 1.º luglio 1886.

Numero d'ordine delle tappe	Itinerario normale				Itinerario d'urgenza			
	Per l'addestramento dei piccioni		Per l'addestramento dei colombi nel secondo anno di addestramento e nei successivi		Per l'addestramento dei piccioni		Per l'addestramento dei colombi nel secondo anno di addestramento e nei successivi	
	Distanza in linea retta dalla colombaia Km. (a)	Giorni di riposo fra una tappa e l'altra (b)	Distanza in linea retta dalla colombaia Km. (a)	Giorni di riposo fra una tappa e l'altra (b)	Distanza in linea retta dalla colombaia Km. (a)	Giorni di riposo fra una tappa e l'altra (b)	Divisione in linea retta dalla colombaia Km. (a)	Giorni di riposo fra una tappa e l'altra (b)
1	2	3	4	5	6	7	8	9
1	10	3 a 5	10	5 a 6	7	1	10	1
2	15	3 a 5	20	6 a 8	14	1	20	1
3	24	6 a 8	38	7 a 9	24	2	40	2
4	35	4 a 6	70	8 a 10	38	4	75	4
5	65	4 a 6	110	8 a 10	70	2	125	2
6	90	8 a 10	170	8 a 10	110	3	180	3
7	130	7 a 9	250	10 a 12	170	3	260	4
8	200	7 a 9	330	10 a 12	230	4	350	
9	280	10 a 12	430	10 a 12	240			
10	360	8 a 12	550	12 a 14				
11	440	10 a 12	690	12 a 14				
12	500		870	12 a 14				
13			1100					

Avvertenze.

A) Come risulta nella colonna N. 4-5 della tabella di cui sopra, non si è fatta distinzione tra i *colombi* nelle diverse età perchè gli adulti generalmente si addestrano assieme qualunque sia l'età loro; nè sarebbe conveniente ed economico dividere i singoli gruppi di viaggiatori (1) secondo che in base alle diverse età i *colombi* che lo com-

(1) Per gruppo di viaggiatori presso le colombaie militari s'intende quel dato numero di colombi che si forma per addestrarlo per quel dato obbiettivo.

pongono sono più o meno abili nel viaggiare. Ove però si credesse fare una tale divisione, si potrà, con colombi nel 3.º, 4.º e 5º anno di addestramento, aumentare gradatamente la distanza fra tappa e tappa indicata alla colonna (4) della ripetuta tabella, in modo di far loro percorrere in otto o nove tappe la distanza che con colombi nel 2.º anno di addestramento si raggiunge con dieci.

B) L'addestramento d'urgenza serve pei colombai militari in caso di guerra. Nell'addestrare d'urgenza i *piccioni,* a risparmio di tempo, si ommettono gli esercizi preparatori da farsi nei dintorni della città, di cui alla lettera *F)*.

C) Allorquando per raggiungere una data meta si debba, per effetto delle curve che talvolta fanno le linee ferroviarie, variare sensibilmente la direzione, le tappe verranno abbreviate e qualche volta, secondo il caso, non verrà aumentata la distanza ben inteso in linea retta. Verranno pure abbreviate le prime tappe che si fanno sulle montagne ed anche in collina.

D) Nell'itinerario normale si sono designate le tappe sino a 500 Km. di distanza pei piccioni nel caso che si volessero addestrare sino a tale distanza, ma in massima i piccioni non converrà farli viaggiare oltre ai 200 Km. allo scopo di non sottoporre volatili ancor giovani e fatiche troppo gravi a detrimento del loro sviluppo e vigore. Essi però per riuscire buoni viaggiatori devono sempre ricevere un primo addestramento nell'anno in cui son nati, allo scopo di abituarli al volo, ai disagi dei viaggi, nonchè per sviluppare in essi il senso della direzione e d'imprimere loro, finchè son giovani, il mestiere cui son destinati. Cominciando più tardi ad esercitarli, si irrigidiscono loro le membra, le qualità istintive non raggiungono lo sviluppo voluto e non diverrebbero perciò che viaggiatori poco buoni.

E) Ai piccioni, presso le colombaie militari, è concesso un minor numero di giorni di riposo di quello concesso ai colombi, affinchè possano raggiungere la meta stabilita prima della gran muta e della cattiva stagione. I giorni di riposo di cui parlasi poi, tanto per gli adulti come pei piccioni, si sono assegnati con una certa larghezza, perchè presso le colombaie militari è scopo principale di tener il maggior tempo possibile esercitato il viaggiatore e senza affaticarlo troppo.

Nei privati quindi si potrà secondo il bisogno diminuire il riposo, considerando, ad esempio, massimo dei giorni di riposo quello che, nelle suddette colonne 3 e 5, è indicato per minimo.

F) Prima di cominciare le tappe di addestramento dei giovani piccioni si fa loro eseguire ad intervalli di pochi giorni qualche esercizio preparatorio a pochi Km. di distanza dalla località ove risiede il colombaio ed in varie direzioni affinchè ne imparino a conoscere i dintorni, facendo eseguire l'ultimo di tali esercizi verso la direzione sulla quale il gruppo deve cominciare le tappe.

G) Quanto ai giorni di riposo di cui alle colonne (3 e 5) dello specchio, converrà tener conto anche di ciò che al riguardo è detto a pagina 39-40.

132. Lanciate: Epoca, momenti, direzioni e venti favorevoli.

— Le lanciate (1) per addestramento conviene farle, possibilmente a piccoli branchi di otto o dieci colombi, affinchè siano meno veduti dagli eterni loro nemici, i cacciatori, e presentino ad essi, nel caso, un bersaglio più piccolo (2). Onde poi non si riuniscano i diversi branchi dopo lanciati, converrà non lanciare un branco se non che dieci minuti, almeno, dopo che quello lanciato precedentemente, prendendo la giusta direzione, è scomparso dalla vista dell'uomo. A questo scopo e perchè chi lancia i colombi possa meglio osservare come sanno orientarsi, conviene eseguire le lanciate in luoghi aperti od alti onde si possano vedere i colombi a partire. Converrà inoltre, specialmente ai colombai militari, lanciare i colombi qualche

---

(1) Veggasi la fig. 17 che s'intende per lanciata.

(2) Con questo sistema si ha anche il vantaggio che il primo branco che può essere di soli 4 o 5 colombi serve di saggio, e ai viaggiatori si sviluppa meglio il senso della direzione.

volta ad uno o due per volta affinchè meglio si abituino a viaggiare da soli allorchè dovranno prestare servizio di corrispondenza aerea. In ogni caso è bene che chi lancia i colombi osservi e renda conto al colombicultore dello stato atmosferico del cielo, della temperatura, della direzione e forza del vento, dell'ora della lanciata dei singoli branchi o individui, e di ogni altra osservazione che possa contribuire a farsi un esatto criterio sull'esito del viaggio, della capacità dei viaggiatori ecc.

I colombi viaggiatori possano viaggiare tutto l'anno, ma converrà lasciarli tranquilli almeno durante il tempo delle prime covate annuali, onde si affezionino maggiormente alla loro dimora, e possano allevare regolarmente e con maggior vigore i piccioni occorrenti pel rifornimento del colombaio. Conviene inoltre non farli viaggiare mentre si trovano nella gran muta delle penne, tenendo conto di quanto è detto più sotto riguardo alla neve, pioggia e simili.

L'epoca più favorevole per addestrare i viaggiatori è dalla primavera, e fintantochè i medesimi sieno entrati nella gran muta delle penne. I mesi favorevoli pei viaggi di lungo percorso, sono quelli di maggio e giugno ed anche luglio.

Il momento più propizio alla lanciata è al mattino subito dopo scomparsi i vapori acquei che partono dal suolo; il lanciarli presto si rende indispensabile nei mesi di gran caldo onde evitare perdite anormali.

Anche le altre ore del mattino sino al mezzoggiorno sono propizie alle lanciate, le quali si possono effettuare anche nel pomeriggio, ma si preferirà lanciarli nel mattino per tempo. In ogni caso poi converrà regolarle in modo che i colombi possano giungere al colombaio 3 ore almeno prima del calar del sole, onde possano raggiungere il colombaio in giornata anche i viaggiatori che durante il percorso della tappa avessero deviato dalla giusta direzione.

Relativamente allo stato atmosferico del cielo le giornate più favorevoli sono quelle in cui predominano i venti Nord-Est, ed anche di Nord o Nord-Ovest, specialmente se questi sono leggermente contrari al volo del viaggiatore. Dominando altri venti conviene pure che siano leggermente contrari al volo, ed in ogni caso è da preferirsi che i venti in genere siano deboli piuttosto che forti o calmi. Si potranno però lanciare i viaggiatori anche quando il vento è forte, ma non violento, con direzione verso il colombaio, o la costa che devono raggiungere se trattasi di lanciate in mare.

Alcuni distinti colombicultori di Colonia, che io ebbi il piacere di conoscere in quella avita città, parlandomi dell'addestramento dei colombi, c'invidiavano il « bel cielo d'Italia » dicendo che se avessero un cielo limpido come il nostro, otterrebbero coi loro viaggiatori, che senza dubbio sono eccellenti, dei buoni risultati anche a 1500 e più chilometri di distanza. Io, al contrario, ho osservato da noi, s'intende, che i viaggiatori quantunque ritornino bene col cielo sereno, si ottengono risultati migliori quando il cielo stesso è coperto, purchè non sia oscuro molto nè piovoso e che non vi siano perturbazioni nell'atmosfera.

Non a caso poi abbiamo detto sopra che i venti di Nord-Est e di Nord e Nord-Ovest sono favorevoli al volo dei viaggiatori, perchè ciò risultami da osservazioni fatte parecchi anni or sono presso la colombaia militare di Bologna, ed estese poscia su tutte dodici le colombaie militari del Regno, desumendole da un apposito specchio che le colombaie stesse trasmettono quindicinalmente alla Direzione superiore in Roma. Questi venti sono favorevoli nel senso che i viaggiatori raggiungono il colombaio con maggior velocità, e ciò che più importa nel servizio militare, con minori perdite.

Questo fatto si collega coll' altro testè indicato, ove abbiam detto che i colombi viaggiano meglio quando il cielo è coperto, inquantochè i venti sopraindicati essendo più freschi e carichi d' umidità, e soventi apportatori di nubi, temperano alquanto l' ardore ed anche il bagliore dei raggi solari.

Non v' è dubbio inoltre, che le correnti aeree ed il flusso e riflusso o marea atmosferica che la scienza vuole esista nell' atmosfera, nella stessa guisa che esiste nell' Oceano, abbiano una sensibile influenza sul volo e sul senso della direzione dell' aereo viaggiatore.

Non è nell' indole di questo lavoro nè è di nostra competenza il trattare di climatologia, ma accenneremo ai venti predominanti nel nostro emisfero e specialmente nel nostro paese e poscia nelle singole zone, onde possa servir di guida all' amatore che volesse addentrarsi più di noi in questo interessante studio, consigliandolo anzi a consultare al riguardo la pregiata ed interessante opera « Il clima d'Italia » del prof. Paolo Cantoni, dalla quale io pure ho in parte attinto le seguenti notizie.

I venti dominanti nel nostro emisfero sono il Nord-Est ed il Sud-Ovest. Il primo di essi costituisce quella corrente di aria fredda che va lungo la superficie della terra dal polo all'equatore per prender il posto dell'aria riscaldata che s'innalza dall'equatore e scola verso i poli costituendo l'altra corrente di Sud-Ovest.

È pur stato riconosciuto che questo generale andamento delle correnti atmosferiche è di molto modificato dai grandi rilievi montuosi della superficie terrestre, i quali producono, massime per la corrente inferiore, diversi mutazioni di velocità, di direzioni e di temperatura.

In primavera (1) l'atmosfera nella nostra penisola è piuttosto calma ed è favorita dai venti di Ovest e di Nord-Ovest. L'Est, che ha una temperatura più elevata, gli vien secondo man mano che la stagione s'inoltra verso l'estate. Soffia poscia il vento di Sud che diffonde il più alto grado di calore.

Nella prima metà di luglio incominciano gli etesii che son venti periodici spettanti al Mediterraneo e soffiano da Est a Ovest nell'estate, e in direzione op-

---

(1) È da avvertire che nelle osservazioni meteoriche per le nostre regioni le stagioni si tengono ripartite come segue:

Inverno	{ Dicembre Gennaio Febbraio	Primavera	{ Marzo Aprile Maggio	Estate	{ Giugno Luglio Agosto	Autunno	{ Settembre Ottobre Novembre

posta nell'inverno. Questi venti dissipano le nubi, mantengono i giorni sereni ed emanano un'influenza viva ed asciutta, che, sebbene non deprimente nell'uomo, sembra esercitare una sfavorevole influenza sull'aereo viaggiatore, poiçhè abbiamo osservato che allorquando predominano i venti or accennati e l'atmosfera si trova nelle or dette condizioni e specialmente se il caldo è forte, i viaggiatori diminuiscono alquanto di velocità e se ne perdono molti. E non meno sfavorevoli sono i venti del Sud che giungono da noi dall'Africa che talvolta regnano in estate sugli etesii. Questi venti, apportatori di elettricità, suscitano uno stato di abbattimento che toglie lena al viaggiatore, il quale giunge perciò sempre ansante dai viaggi, e sembra inoltre che i venti stessi perturbino il senso della direzione.

Ai venti etesii poi succedono, al declinar dell'estate, i venti del Sud ed i suoi collaterali, i quali rendono l'atmosfera oppressiva e pesante, e perciò anch'essi sono sfavorevoli al viaggiatore.

In autunno i venti di Nord-Ovest preannunziano i tempi freddi, e sono al principio della stagione, forse quasi come gli altri che dominano in primavera, favorevoli al volo dei viaggiatori, esclusi naturalmente i giorni di burrasche che quelli sovente producono.

In inverno, finalmente, soffia un vento settentrionale di Nord-Est o più esattamente di Nord, Nord-Est, i quali sarebbero anch'essi favorevoli agli aerei viaggiatori, se il freddo di cui sono apportatori, non agisse sfavorevolmente sul senso della direzione.

Dividendo poi la penisola in tre zone, abbiamo che in quella settentrionale riescono di maggior frequenza i venti di Est; nella centrale predominano il Nord, Nord-Est, Sud-Ovest, Est, Nord-Ovest e Sud-Est; e nella parte meridionale prevale l'Ovest, indi vi si seguono gradatamente il Nord-Est ed il Sud-Ovest ed altri con minor frequenza, il meno frequente di tutti è il Sud.

È nella stagione estiva, e più specialmente nei mesi di luglio ed agosto, che soglionsi far viaggi a grandi distanze, perchè ritenuta la più propizia. La è di fatto al Nord d'Europa perchè colà havvi altro clima ed in quell'epoca altri venti vi predominano; ma da noi, ripeto, l'epoca più propizia per tali viaggi è dal maggio od anche dall'aprile al giugno in cui, oltre di non esser la temperatura assai elevata, predominano come si è detto venti favorevoli al viaggiatore.

Che i venti del Sud e gli etesii estivi ed il gran caldo siano da noi sfavorevoli al viaggiatore, specialmente nei viaggi a grandi distanze, ne abbiamo una larga prova nei risultati dei viaggi presso le colombaie militari, che in tali condizioni atmosferiche ho osservato sfavorevoli in modo quasi costante.

Consimili risultati ed anzi sensibilmente più sfavorevoli, ho osservati nelle gare a maggior distanza, fatte da amatori delle diverse città alle quali io stesso ho assistito. Ciò indipendentemente dalla bontà dei viaggiatori.

Un tal fatto e le maggiori perdite e la minor velocità che da noi si hanno in confronto a quanto al

riguardo ottengono nel Belgio, cì fa inoltre supporre
che in generale il nostro clima, influisca, sebbene in
modo non molto sensibile, in senso sfavorevole, sul
viaggiatore belga. I risultati su citati e che potrei
appoggiare con una non piccola quantità di esatte
cifre, ne sono una prova, sebbene però non totalmente
sicura per le massime distanze, giacchè dovrebbesi
spingere anche da noi il viaggiatore oltre la distanza
di 1200 Km., come annualmente avviene nel Belgio,
mentre, per quanto mi consta, i viaggi a maggior
distanza fatti una volta o due soltanto in Italia non
oltrepassarono i 730 Km. di distanza e incontrando
perdite tali da far supporre che, aumentando ancora di
pochi chilometri la distanza, i viaggiatori non avrebbero fatto ritorno alla loro dimora.

133. **Viaggi in tempo di pioggia, nebbia, freddo
e colla neve.** — Benchè si sappia che i viaggiatori
belgi fanno ritorno al colombaio anche in giorni di
pioggia (1) e di nebbia (2) converrà non eseguire eser-

(1) Fra i diversi esperimenti di viaggi fatti eseguire in tempo di pioggia sembra meritar menzione il seguente:

Il 3 giugno 1884 lanciai 10 colombi appartenenti al colombaio militare
di Ancona, dai locali dell'Esposizione Generale di Torino. In tal giorno
pioveva leggermente a Torino e piovè l'intera giornata, su quasi tutta la
linea percorsa dai colombi. Non ostante ciò, i primi in numero di tre giunsero in Ancona (distanza in linea retta Km. 500) in ore 10,3' inzuppati come
cenci posti nell'acqua. Uno di questi posatosi sui tetti non ebbe forza di
spiccare un piccolo volo per salire sull'abbaino ond'entrare nel colombaio
e si lasciò prendere dal colombicultore che unitamente agli áltri due gli
prodigò ogni cura e li colmò di baci.

(2) Ho osservato più volte viaggiatori ad innalzarsi sopra alla nebbia ed a traversare nubi che coprivono sommità di montagne.

16

citazioni in tali condizioni perchè il viaggiatore si af-
fatica assai dippiù, e, se non è molto robusto, non può
resistere lungo tempo al volo specialmente in tempo
di pioggia e se questa è forte. Vi ha inoltre l'inconveniente che si perde un maggior numero di viaggiatori
quantunque però i buoni se non possano giungere in
giornata, si rimettono in viaggio il giorno dopo.

Non conviene poi far eseguire tappe di addestramento che a distanze piuttosto brevi nelle giornate in
cui il freddo è assai intenso e specialmente quando il
suolo è interamente coperto di neve (1).

134. **Traversata delle montagne.** — Quanto alle
traversate delle montagne si sa, per prove fatte, che
gli Appennini vengono facilmente varcati dai viaggiatori, mentre che dalle considerevoli perdite avvenute
in alcuni viaggi fatti eseguire da Torino, da Milano e
da Roma al Belgio, sembra che esitino alquanto a fare
l'intera traversata delle alpi per la loro grande altezza,
o fors'anche per timore degli uccelli da presa di cui
le Alpi sono abitate. Dai colombai militari però si ottiene normalmente, e senza incontrare perdite anormali,

(1) Per più anni si son fatti esperimenti da alcuni colombai militari
del Regno per osservare sin da che distanza i colombi ritornano col suolo
interamente coperto di neve, ma per la breve durata del tempo in cui il
terreno rimaneva nelle or dette condizioni, non si son potuti spingere gli
esperimenti sino alla massima distanza. Quest'anno però presso la colombaia militare di Bologna si è ottenuto che di quindici colombi lanciati
progressivamente dal 17 al 25 gennaio a 3, 7, 10, 18, 32, e 62 Km. di
distanza in linea retta da Bologna, tutti fecero ritorno al colombaio, meno
uno dall'ultima tappa, che fu Polesella. Dopo, il terreno cominciò a sco-
prirsi in parte, motivo per cui anche in quest'anno non si potè continuare
l'esperimento.

che i colombi viaggiano da Fenestrelle, dal Moncenisio e dagli altri punti sulle Alpi ove trovansi colombaie militari ad Alessandria e viceversa.

. È opinione dei colombicultori del Belgio che i viaggiatori colà ritornati dai viaggi surriferiti di Roma, Milano e Torino abbiano potuto raggiungere la loro dimora schivando le Alpi, prendendo cioè il largo per Marsiglia; percorrendo poi la gran valle del Rodano e seguendo anzi la direzione del fiume omonimo si siano recati nel Belgio.

135. **Viaggi sul mare.** — Prima del luglio 1885 s'ignorava da noi, e per quanto mi consti anche all'estero, fino da qual distanza il viaggiatore lanciato in mare potesse far ritorno alla sua dimora, passando all'occorrenza da una sponda all'altra. Sapevamo bensì da qualche anno che i viaggiatori appartenenti al colombaio militare di Ancona lanciati a Venezia, distanza in linea retta di Km. 225 circa, facevano ritorno al tetto natio, impiegando qualche volta meno di quattro ore, ciò che faceva bensì supporre che il tragitto venisse percorso in linea retta sul mare, senza cioè percorrere il littorale adriatico occidentale. Ma oltre di non esser ben sicuri di ciò, si supponeva che anche soltanto la vista della costa avesse potuto loro dare il coraggio e la direzione occorrenti per fare la traversata.

Anche all'estero, come ho detto, non sono mai stati fatti esperimenti di lunga portata sul mare; non ci sono noti che viaggi fatti dall'Inghilterra al Belgio la cui traversata sul mare si riduce a qualche decina di Km. se il viaggiatore prende il passo di Calais.

Ora, in seguito agli esperimenti fatti sul mare dai colombai militari di Roma, Cagliari e dell'Isola La Maddalena (1) sappiamo con certezza che il viaggiatore sul mare, può fare, anche viaggi di lungo percorso. Nel luglio-agosto 1885 infatti si ottenne la traversata da Roma all'Isola Maddalena e viceversa, distanza Km. 270 in linea retta tra le due piazze, di cui 240 di mare, con viaggiatori dei colombai militari delle or dette piazze, ed i viaggiatori di quello di Cagliari fecero ritorno in un'ultima lanciata di addestramento fatta in mare dalla distanza di 20 Km. da Napoli, vale a dire dalla distanza di 450 Km. dal loro colombaio. La traversata da Maddalena a Roma veniva effettuata in ore 5 alle 6 secondo le giornate, e quella di Napoli-Cagliari si effettuò in ore nove (2).

Dai suddetti brillanti risultati quindi, sappiamo che il colombo viaggiatore belga può fare traversate sul mare certamente sino a 450 Km. ed inoltre, per la velocità e lieve perdita incontrata in quell'esperimento, crediamo che questa distanza non sia la massima che possa esser raggiunta dal viaggiatore su di un tale elemento.

Per l'addestramento dei colombi sul mare si osservano in massima le stesse regole che si usano nell'addestrare colombi sul continente, colla sola differenza che i colombai residenti in porti di mare, sebbene non sia indispensabile, gioverà che facciano eseguire alcune

(1) Alcuni colombi nei primi viaggi sulle Navi soffrono il mal di mare dandone manifesti segni.

(2) Veggasi al § 164 la descrizione di questi esperimenti.

tappe di addestramento in ferrovia prima di lanciarli in mare, specialmente se sono giovani. Questo allo scopo di dare ai volatili un primo allenamento prima di lanciarli sopra un nuovo e temibile elemento, e far loro · conoscere la spiaggia che dovranno raggiungere dal mare. Si potrà poi, dopo le prime tappe di addestramento sul mare, aumentare la distanza di un maggior numero di Km. di quelli indicati dalla tabella di cui al § 131, specialmente quando la spiaggia da raggiungersi è più vicina di quella che trovasi dall'opposto lato. Converrà inoltre che i colombi mentre sono a bordo vengano tenuti sopra coperta, in luogo però riparato dalle intemperie, dall'umidità della notte, dalle forti correnti d'aria e lontani da esalazioni nocive.

136. Luoghi frequentati dai cacciatori — Cenni sul colombaccio. — Nello stabilire gl'itinerari da percorrere dai viaggiatori, converrà evitare i punti da cui il viaggiatore per far ritorno al colombaio debba passare sui luoghi più frequentati dai cacciatori, dove si radunano per attendere il passaggio dei diversi uccelli migratori, il quale passaggio generalmente, secondo la specie degli uccelli, ha luogo nei diversi mesi della primavera e dell'autunno e nei diversi punti della penisola.

Non è nell'indole di questo libro il parlare della migrazione degli uccelli. Il lettore però che desiderasse prendere maggiori cognizioni al riguardo, potrà consultare la preziosa « Ornitologia » del Savi, « Gli uccelli » del Figuier, « L'Avifauna Italica » pubblicata dal professore Giglioli ed altre consimili opere. Appartenendo però il « colombaccio » all'ordine degli uccelli che trattiamo, ed essendo d'altra parte l'uccello migratore che attira un maggior numero di cacciatori ed in diversi punti, perchè di proficua caccia, crediamo di qualche utilità darne un cenno.

« Il *colombaccio* (1) secondo il Savi, dalla Scandinavia entra periodicamente a torme immense in Toscana e nell'Umbria varcando l'appennino al tempo del passo e ripasso che per essi hanno luogo nell'ottobre e nel marzo. Alcuni si fermano nei boschi di quelle provincie, altri continuano il loro viaggio verso il mezzogiorno seguendo quella catena di montagne, ma un gran numero si dirige verso ponente, e riunitisi sugli alberi della montagna di Santa Fiora, tutti si dirigono verso il Monte Argentaro, passando sulle boscaglie che guarniscono il confine toscano e romano. Dopo un poco di riposo continuano il loro cammino verso l'Africa, passando per le Isole del Giglio, Giannutri e Sardegna. »

Nell'epoche e luoghi succitati si radunano quindi quantità considerevoli di cacciatori e fanno stragi di quegl'innocenti migratori. Ad Amelia, presso Narni, dove mi recai nel 1884 per vedere il passo, ne prendono annualmente parecchie decine di migliaia.

---

(1) È di color cenerino ardesia cangiante in turchino, in verde turchino ed in rosso aventi sulle ali una pezza bianca che mettono dopo la prima muta del mantello. Il suo becco è giallo all'estremità e giallo rossastro all'origine. Nelle femmine questi colori sono meno accesi. Nidifica sulla cima degli alberi di alto fusto, e non ostante la sua feroce rustichezza, preferibilmente nei giardini situati nelle città od in altri luoghi vicini all'abitato ove il cacciatore non può molestarli. Ne vediamo infatti in alcuni giardini di Milano, di Genova ed in quello reale di To-

Per attirarli a fermarsi in quelle località, impiantano preventivamente qualche piccolo casotto su alcuni alberi, dove abituano giovani piccioni domestici, a dimorarvi e poscia a volare e far ritorno nel casotto alla chiamata dell'ammaestratore. Il quale, appena vede ad arrivare gli stormi di colombacci fa volare le sue bande di piccioni ammaestrati per attirarli da quella parte. Siccome però il colombaccio, furbo e diffidente non si fermerebbe se vedesse da vicino che i richiami non appartengono alla sua famiglia, l'ammaestratore ritira tosto i piccioni domestici e fa svolazzare un certo numero di colombacci (che i cacciatori tengono chiusi in casa da un anno all'altro appositamente) legati a pertiche pure collocate sulla cima degli alberi di quelle boscaglie. I migratori vedendo de' *suoi collega* si fermano, ed è allora che i cacciatori ebbri di gioia cominciano la strage sia col fucile che colle reti, per continuarla per quei pochi giorni che i migratori si fermano per ristorarsi.

rino. Ve ne ho pur visti molti a Parigi nel giardino delle piante, sopra i tigli delle Tuilleries e del Lussemburgo. Ridotto allo stato domestico non si riproduce. Cibasi di ghiande, fave, frumento, fagiuoli, gemme d'alberi e simili.

Il colombaccio vien chiamato *Favazzo* o *Favaccio* in Piemonte, Lombardia, nel cremonese, modenese, bolognese, ferrarese, mantovano, a Verona e a Lucca. *Piccione o colombo selvaggio* a Carpi, Venezia, Trento, nel Friuli, in Sardegna, Terra d'Otranto e pure in Lombardia. *Palombo, piccione da ghianda* a Roma. *Palomba* a Chiusi, nell'Umbria. *Palomba collarina* ad Ancona e pure nell'Umbria. *Colasso* a Genova. *Palombo selvaggio* a Napoli. Col suo vero nome italiano, *Colombaccio*, vien chiamato in Toscana, tradotto letteralmente in dialetto a Venezia, nel bresciano ed in romagna ecc.

I proprietari dei fondi in cui i colombacci si fermano o vanno a pascolare ne prendono, secondo le annate, chi tre, chi cinque e persino dieci o dodici mila, ciò che, passione per la caccia a parte, costituisce un reddito non disprezzabile, poichè i colombacci costano quasi una lira caduno. Ad Amelia poi hanno un modo speciale per cucinare e render tenera la carne del colombaccio, che lo rende squisito. Un buon ameliano preferisce il colombaccio alla pernice. (1)

137. Uccelli di rapina. Fischietto ed altro rimedio a difesa del colombo. — Anche alcuni uccelli di rapina possono danneggiare i viaggiatori. Le diverse specie di aquile; nel genere degli Spizaeti il *Biancone*, nel genere dei Falconidi il *Falco sacro*, il *Falcone* ed il *Girifalco*; nel genere degli *Astori* e degli *Sparvieri* l' *Astore* e lo *Sparviero* comune; sono i principali uccelli di rapina che abitano o son di passaggio in Italia e che possono inseguire il colombo che vola.

Però, tranne che sulle Alpi, raramente se ne incontrano nelle parti scoscese degli Appennini e nei boschi folti delle pianure. Rarissime poi sono le diverse specie di aquile in Italia. La specie di Falchi che abita i campanili delle città e dei villaggi generalmente non attacca i colombi. Ho visto più volte branchi di colombi inseguire al volo qualcuno dei citati falchi credendoli della loro specie, e volare assieme per qualche

(1) Debbo queste notizie all'egregio amico mio Pietro Pacifici segretario del signor Conte Lambert, che gentilmente e sontuosamente mi ospitò nel suo palazzo di Amelia durante il mio soggiorno in quella antichissima città dalle ciclopiche mura.

tratto. Quando però questi falchi sono affamati ghermiscono anch'essi qualche colombo, ma ciò avviene di rado e nell'inverno soltanto. Sulle Alpi, tranne qualche aquila, non si fermano nell'inverno uccelli di rapina, ma avviene che nell' state assaltano i colombi delle colombaie militari colà esistenti. La presenza però dell'uomo nei dintorni della colombaia è sufficiente per evitare tali assalti.

Narra il La Perre de Roo che i chinesi per evitare la distruzione dei colombi per parte dei molti uccelli di rapina che colà si trovano, fanno uso di varie specie di fischietti a più canne, che assicurati alle penne della coda, producono mentre il colombo vola, più fischi ad un tempo ed abbastanza forti da spaventare gli uccelli di rapina e salvare perciò i colombi da' suoi nemici. Questi strumenti vengono costrutti con dei pezzetti di corteccia di bambù e pesano appena qualche gramma. Essi vengon resi solidi e resistenti all'umidità per mezzo di una speciale vernice.

Oltre il vantaggio che presentano, continua il La Perre de Roo, bisogna aggiungere che quei fischietti sono soggetto di divertimento pei chinesi (1).

Presso i colombai militari non si sono fatti esperi-

---

(1) Usasi ancora nell'Asia guernire le zampe dei colombi con ornamenti diversi. Ricevei nel 1880 dei colombi di diverse razze provenienti da Aleppo che per ciascuna zampa avevano una ghiera d'osso bianco in cui era sovrapposto un grosso anello di ottone appiatito, del complessivo peso di circa 40 grammi. Con questi oggetti dondolanti nelle zampe, che non impedivano però il volo, i colombi mentre camminavano facevano il rumore di due grossi speroni in modo che sembravami di avere nel colombaio un piccolo drappello di cavalleria appiedata.

menti al riguardo perchè non se n' è presentato il bisogno, ma sarebbe a desiderarsi che qualche dilettante tentasse di questi esperimenti non fosse altro che per la curiosità e novità della cosa. Il nominato La Perre de Roo che ne ha esperimentati, dice che producono un fischio prolungato e forte quasi quanto quello delle locomotive delle ferrovie.

Un altro metodo, indicato come sicuro da M.r Bion per preservare i colombi dagli uccelli di rapina, consiste nel bagnare con un pennello le penne copritrici del tronco e le timoniere del colombo, al momento della partenza con la composizione seguente: Si mette in fusione in un litro d'orina riscaldato a 50°, trenta grammi di tabacco forte preferibilmente di quello da masticare e si serve dell'infusione fredda. Un uccello di rapina più che affamato, dice il Bion, che si trovasse accanto a centinaia di uccelli così intonacati, morirebbe di fame piuttosto che cibarsi di essi.

138. **Presa ed ingabbiamento dei colombi.** — Per pigliare i colombi che devono viaggiare o per qualsiasi altra evenienza, il miglior sistema è di servirsi dell'oscurità. Il colombo messo al buio si lascia prendere con tutta facilità e si evita in tal modo far molto frastuono e fargli male.

Volendo però prendere qualche colombo soltanto si può adoperare la piccola rete di cui alla figura 38.ª tanto usata nel Belgio, oppure si fanno entrare nella gabbia-trappola, ma è sempre da preferirsi il sistema dell'oscurità.

Per non guastare le penne e non far male ai colombi mentre si prendono, bisogna impugnarli possibilmente sulle spalle andando loro incontro colla mano dalla parte della testa perchè non fuggano lasciando nella mano penne della coda; per tenere il colombo in mano in modo sicuro lo s'impugna colle quattro dita sotto e contro lo sterno, e col pollice sul groppone e si tengon ferme le zampe fra il dito medio e l'anulare della mano che impugna il volatile, come è dimostrato dalla figura 16.ᵃ

Nel mettere i colombi nelle gabbie da viaggio (1) si osserverà che ciascuno di essi sia pulito, che abbia le penne principali in buone condizioni, che si trovi in buono stato di salute, che le femmine non stiano per deporre le uova, specialmente se il viaggio è di lungo corso, e sopratutto che ciascun viaggiatore si trovi nelle condizioni fisiche e di addestramento volute per poter effettuare il viaggio predestinato. Per evitare o diminuire i litigi fra i viaggiatori mentre sono nelle gabbie converrà dividerli per sesso. Tale divisione contribuisce anche a far crescere nel viaggiatore l'ansia di far ritorno al suo colombaio, ove crede sia rimasto il proprio compagno.

139. **Abilità del viaggiatore nei diversi anni di età.** — Nel 3.° anno di addestramento, che è anche quello di età, il colombo si trova nella sua massima abilità e, come si è detto nel massimo delle sue qualità fisiche e sensitive.

---

(1) Converrà metterli non troppo agglomerati specialmente se devono rimanere nelle gabbie molto tempo.

. A questo punto, dopo cioè che il colombo ha eseguito le tappe del terzo anno di addestramento è un viaggiatore su cui si può contare di ottenere un buon servizio, e si può quindi sottoporre all'occorrenza a prove più difficili.

Anche nel quarto anno di addestramento il colombo, come viaggiatore si trova in buonissime condizioni, ma volendo accennare alle sue qualità negli anni successivi, si ha per opinione dei migliori scrittori in materia, che il colombo viaggiatore è atto a viaggiare sino all'età di dodici anni circa. Questa durata varia, naturalmente, secondo la robustezza, le fatiche, privazioni e i disagi sopportati nei viaggi da ciascun individuo durante il tempo di sua vita.

Da altri dati raccolti dagli stessi scrittori e da osservazioni da me fatte sulla capacità nel viaggiare e sulla forza di volo in cui si trova il colombo viaggiatore nelle diverse età, si può stabilire in modo approssimativo la seguente scala regressiva:

Anni di età: 3 , 4 , 5 , 2 , 6 , 1 , 7 , 8 , 9 , 10 , 11 , 12.

Dai cinque ai sei anni le qualità del viaggiatore si fanno stazionarie e poscia vanno discendendo, sicchè a sette od otto anni non sarebbe conveniente far loro percorrere viaggi di lungo percorso.

140. Indicazioni varie. — Quanto è detto nel presente capitolo riguardo all'addestramento servirà di massima generale e perciò il colombicultore potrà darvi la più larga interpretazione a seconda de' suoi criteri, della conoscenza de' suoi volatili e delle prove da essi altre volte date.

L'assegnazione poi delle tappe dev'essere soggetto di studi e di attente osservazioni da farsi specialmente sull'esito dei viaggi antecedenti, sull'attitudine ed abilità dei viaggiatori, sullo stato atmosferico del cielo, sui venti dominanti, e sull'ubicazione geografica in relazione alla configurazione del suolo dei luoghi di tappe e della via da percorrersi dai colombi, sullo stadio in cui trovasi la muta delle penne, sul grado di affezione del colombo per la sua dimora e consimili altre osservazioni, le quali, precedute da una buona scelta dei soggetti, conducono ai voluti risultati e con perdite non anormali. (1)

Il risultato di una tappa di addestramento, presso le colombaie militari del Regno, si considera *ottimo* allorchè i viaggiatori di un gruppo partono francamente dal luogo della *lanciata*, ritornano tutti al colombaio sin dalla distanza di 300 Km. non stanchi e percorrendo non meno di 50 Km. all'ora, beninteso in linea diretta.

Buono dicesi il risultato di un viaggio allorchè i viaggiatori partono pure subito dal luogo ove furono lanciati, e ritornano al colombaio con una perdita non superiore al 4 %, pure non stanchi, e percorrendo

(1) Generalmente non avvengono perdite anormali se non dietro cause pure anormali. Uno spavento od anche semplicemente un disgusto prima del viaggio, il troppo lavoro, le perturbazioni atmosferiche, il prolungato riposo o intervallo tra una tappa e l'altra, il gran caldo, l'incontro dei cacciatori, lo stare a disagio nelle gabbie da viaggio, la mancanza del bere e tante altre consimili cause già in parte accennate nel presente comma ed altrove, sono tutte cause che possono determinare perdite anormali.

non meno di 50 Km. all'ora, ma però con qualche ritardatario.

Mediocre, quando i risultati sono inferiori a quelli citati all'inciso precedente.

Cattivo, dicesi il risultato allorchè avvengono disorientamenti e perdite considerevoli.

La stanchezza del viaggiatore che arriva al colombaio da una tappa si conosce dai seguenti indizi: Il viaggiatore che arriva stanco, dopo giunto al colombaio si ferma sui tetti ansante, e ciò avviene specialmente se fa molto caldo, oppure poco dopo entra nel colombaio continuando a rimaner quieto per qualche tempo secondo che è più o meno stanco. Il colombo invece che non è stanco appena posatosi sui tetti del colombaio, manifesta segni di allegria tubando se è maschio per dimostrare il piacere che prova nell'aver raggiunta la sua dimora; non si distingue dagli altri per la sua vivacità abbenchè abbia percorso qualche centinaio di Km. Quasi subito dopo giunto entra nel colombaio, visita la sua famigliuola o si reca a bere e mangiare, poscia va a covare se a lui spetta pel turno, che i colombi scrupolosamente osservano.

Dimostra di sapersi francamente orientare il viaggiatore che appena lanciato prende di primo colpo la giusta direzione e prosegue verso di essa, come avviene ai viaggiatori vecchi del mestiere, ma d'ordinario egli appena lanciato s'innalza alquanto descrivendo grandi circoli, estende le sue ricerche nelle diverse direzioni e poscia parte decisamente per la giusta direzione.

Altre volte, dopo di aver fatto molti giri, parte per una direzione e non persuaso che sia la buona ritorna sul luogo ove è stato lanciato e continua a girare da una parte e dall'altra e finalmente si orienta, parte e più non ritorna. Allora anche in questo caso è segno che in breve tempo si troverà al colombaio.

Questa manovra alcune volte dura circa 10 minuti, ma se si protrae maggiormente, è segno che il viaggiatore stenta ad orientarsi.

I viaggiatori poi che perdono l'orientamento, dopo di aver invano ricercato, si stancano, si avviliscono e finiscono col fermarsi sul culmine di qualche casa o campanile.

Il viaggiatore che si fermasse subito dopo uscito dalla cesta, probabilmente è ammalato, o stordito dai disagi e frastuono del viaggio.

Generalmente i viaggiatori dopo che hanno ricevuto le prime istruzioni, nel partire dal luogo della lanciata difficilmente prendono una direzione che non sia quella del loro colombaio. Le perdite avvengono più facilmente per stanchezza, per uccisioni da parte dei cacciatori, per sviamenti dopo la partenza, che per non saper prendere la giusta direzione.

Si è detto e ripetuto ed insistiamo qui ancora sulla necessità di tenere il viaggiatore affezionato al colombaio coll'usargli i migliori trattamenti, tanto si crede ciò importante. Alcuni colombicultori si recano una volta al giorno od ogni due o tre a visitare i loro viaggiatori fermandovisi poco tempo. Nel mentre entrano nel colombaio, i covatori escono dai nidi. Osservano e prendono in mano i colombi, i piccioncini e le uova senza bisogno. Fanno la pulizia e le altre ordinarie operazioni senza riguardo alcuno, fanno uscire i covatori dai nidi li maltrattano, agiscono insomma nel colombaio come se avessero a che fare con altri animali assai più mansueti dei colombi viaggiatori belga, e dai quali non si debba contare sull'affezione alla loro dimora per farvi ritorno. Questo è un sistema dannoso alquanto. Il viaggiatore belga specialmente deve, al riguardo, esser tenuto in due diversi modi. O si rimane molta parte della giornata nel colombaio ed allora il volatile si abituerá a vedervi e rimarrà tranquillo e non proverà disgusti ogni qualvolta entrate nel colombaio e lo avvicinate; o andate di rado nel colombaio, ed allora bisogna lasciarlo tranquillo il più possibile e non avvicinarlo che per assoluta necessità.

Questi riguardi si devono poi osservare con maggior attenzione nell'epoca dell'addestramento.

Così, allorquando si devono togliere i nidi per far cessare la riproduzione, cambiando il colombaio un po' d'aspetto, si sospenderanno per qualche tempo i viaggi, e, se occorre, si terranno i viaggiatori rinchiusi qualche giornata per abituarli più presto a vedere il cambiamento fatto, senza diffidenza e senza disgusto. I colombi vecchi essendo abituati negli anni precedenti a sospendere la riproduzione sentono meno degli altri il disgusto e meglio si adattano a questo cambiamento.

Sempre per non disgustare i viaggiatori e per abituarli ad entrare nel colombaio appena giunti dai

viaggi, non conviene prenderli subito se non che per
assoluta necessità, cioè in caso di gare o di servizio
se trattasi di colombai militari, nè si deve in altro
modo disturbarli nè farsi vedere.

Si avrà poi cura di non esporre a viaggi relativamente arrischiati le coppie che danno dei buoni prodotti per evitare di perderle.

Le femmine che stanno per deporre le uova, che le
deporrebbero cioè in viaggio, e quelle che le hanno
deposte da due o tre giorni, conviene non farle prender
parte ai viaggi di qualche entità giacchè per lo stato
di languore in cui si trovano più facilmente rimangano
per la via. Si distinguono le femmine che si trovano
in tale stato dallo stadio in cui si trovano le covate
precedenti, o dalla data dell'accoppiamento, ed alcune
ore prima della deposizione si sente l'ovo col dito
palpando per l'apertura della pelvi.

Per addestrare i propri colombi con minor spesa
e maggior regolarità il mezzo che ritiensi più razionale è il seguente che si usa all'estero e nel Belgio
specialmente (1).

Sul principio di ciascun anno le società in apposita
adunanza stabiliscono le gare da tenersi nell'anno sia
con colombi che con piccioni, e per ciascuna di esse stabiliscono pure gl'intinerari ed il giorno in cui debbonsi
effettuare le singole tappe. In base ai programmi in tal
modo stabiliti e che vengono distribuiti stampati, ciascun
membro che desidera concorrere a qualche gara o a

(1) Veggasi inoltre, lo statuto di una società ed il regolamento per le
corse di gara.

tutte, si fa inscrivere e manda nei locali della società,
nei giorni stabiliti, i propri volatili. Un' apposita commissione li riceve e li spedisce tutti assieme nei luoghi di tappa, accompagnati da persona di fiducia e
capace, che chiameremo conduttore, il quale ha l'incarico di aver cura dei volatili mentre sono in viaggio,
di attendere al carico e scarico loro e di lanciarli secondo le istruzioni che gli vengono date dalla società.
Le spese di trasporto dei colombi e pel conduttore,
vanno a carico dei soci concorrenti in ragione dei colombi che ciascun di essi ha presentato (1).

In tal guisa le spese di trasporto dei colombi sono
leggerissime, i colombi vengono alimentati durante il
viaggio e lanciati in momenti e giornate più propizie,
ed inoltre, ciò che più importa, si è che ciascun concorrente si presenta alle singole gare con premio con
colombi nelle stesse condizioni di addestramento.

Nelle città d'Italia dove non esistono società costi-

---

(1) A Reggio-Emilia si usa diggià un tale sistema. A Modena invece,
abbenchè la società degli amatori in materia sia costituita da molti anni,
ciascun colombicultore addestra i suoi viaggiatori per proprio conto,
perchè ognuno di essi crede che i propri colombi siano migliori degli
altri e che perciò servano di guida a quelli degli avversari nel far ritorno a Modena. Questa però non è idea di tutti. Chi di essi conosce intimamente il viaggiatore belga, sa che questi non è un colombo che si
lascia condurre. Ho osservato infatti moltissime volte colombi staccarsi
dal branco che accennava di partire per una direzione che non era quella
del colombaio, come a fare altrettanto da qualche viaggiatore dopo che
era partito il branco anche per la giusta direzione. Altre volte ho lanciato assieme colombi di più colombai situati in direzioni opposte ed
ognuno subito dopo lanciato ha presa la propria direzione senza curarsi
affatto degli altri.

stuite, ed anche a Modena, come si è detto, ciascun colombicultore dirige i colombi a qualche amico con incarico di lanciarli nel momento più favorevole, oppure li dirige al capo stazione pregandolo con lettera di incaricarsi della lanciata o rivolgendogli la stessa preghiera sull'indirizzo posto sulla gabbia. Nelle grandi stazioni però conviene dirigerli al gestore delle merci.

Le spedizioni dei viaggiatori si fanno coi treni che meglio si prestano onde i colombi rimangano nelle gabbie da viaggio il minor tempo possibile, giacchè i viaggiatori soffrono nello stare molto tempo in tal modo rinchiusi e completamente inerti.

Converrà quindi fare le spedizioni a grande velocità e quando il percorso è lungo servirsi dei treni diretti (1).

Nelle tappe di addestramento giova assai il lanciare i colombi a pochi per volta e qualche volta anche ad uno ad uno. Lanciandoli a pochi per volta si presenta un bersaglio più difficile da colpirsi dal cacciatore e trovandosi soli nello spazio, raggiungono una maggior velocità in seguito alla maggior ansia di raggiungere la loro dimora, provocata dal trovarsi soli od in pochi.

_____

(1) È noto che i colombi ed altri animali vivi si possono spedire con treno diretto sino al peso di dieci chilogrammi. Le società colombicultori dell'Emilia ottengono ogni anno dalle società ferroviarie di potersi valere dei treni diretti per una prestabilita linea e sotto date condizioni le quali principalmente consistono nello stabilire precedentemente la linea da percorrersi ed il peso e numero massimo delle gabbie da trasportarsi. Le Colombaie militari sono permanentemente facoltizzate a servirsi di treni diretti e su qualsiasi linea.

III.

Addestramento pei viaggi di andata e ritorno.

141. In che consiste. — L'addestramento di andata e ritorno consiste nell'abituare i colombi che dimorano e procreano in un colombaio, di andare a cibarsi in un altro, e ritornare alla loro dimora in giornata, subito dopo cioè di aver mangiato, portando così i dispacci a destinazione e ritornando le relative risposte.

Con questo sistema si ha il vantaggio che con poche coppie di colombi così addestrati, si ottiene un servizio giornaliero continuativo di corrispondenza di andata o ritorno tra un punto ed un altro, senza che occorra fare lo scambio dei viaggiatori.

L'esperienze finora da me fatte con buon esito non si sono portate che a 35 Km. di distanza, ma se osserviamo le grandi distanze che, i colombi che vivono in istato selvaggio, percorrono per procacciarsi il vitto o per recarsi alla marina a cibarsi di rene saline, e tenendo conto della memoria locale, e della grande velocità dei nostri viaggiatori, per mezzo della quale in poco tempo possono percorrere grandi distanze, si può dedurre che mediante un paziente insegnamento si possono portare detti viaggi di andata e ritorno sino ad 80 e più Km., sino cioè a far voli di un'ora e mezza circa (1).

(1) Nello scorso aprile ho impiantato un piccolo colombaio a Civitavecchia per fare in agosto, d'ordine superiore, un esperimento di andata

142. Come si fa l'addestramento. — Per addestrare i colombi a far viaggi di andata e ritorno, **vi** sono diversi metodi, ma per brevità si accenna **quello** che si crede migliore.

Volendo per esempio, stabilire un servizio di corrispondenza aerea di andata e ritorno con colombi viaggiatori tra Verona e Mantova, ammettendo che **a** Verona esista un colombaio militare pei servizi **a** grandi distanze, non occorre che d'impiantare un piccolo colombaio a Mantova destinato esclusivamente **per** l'accennato servizio di andata e ritorno.

Una cameretta o due bastano per l'impianto del colombaio in Mantova. Detto locale dovrebbe **esser** collocato in luogo alto, affinchè i colombi si librino più sovente al volo e più facilmente quindi si stacchino dal loro colombaio per recarsi a suo tempo a Verona.

Le finestre di uscita dei colombi, saranno **munite** di una gabbia-trappola per poter prendere i colombi quando ritornano muniti di dispaccio.

Per addivenire quindi all'addestramento dei viaggiatori, si sceglie un certo numero di piccioni di 3 o 4 mesi circa di età, del colombaio di Verona e si addestrano colle norme dell'addestramento normale a percorrere la via di Mantova. Giunti dalla meta, Mantova, si ripete la tappa affinchè imparino a percorrere con franchezza la via che dovranno poi percor-

---

e ritorno da quella città a Roma, distanza in linea retta Km. 62. Spero potervi riuscire, e son dispiacente di non poter tardare la presente pubblicazione per dare ai colombicultori l'esito dell'esperimento di **cui** trattasi.

rere per recarsi da Mantova a Verona per mangiare.
Dopo conviene tenerli rinchiusi a Mantova prima un
giorno e poi due e poi tre ed anche 4, dando loro
successivamente la libertà onde ritornino a Verona,
avvertendo di tenerli digiuni in ciascun viaggio dalle
24 alle 48 ore in modo di far loro comprendere che
oltre di far ritorno alla loro dimora è in questa che
trovano da cibarsi. Si ripete all'occorrenza, lo stesso
esercizio senza sottoporli al digiuno in modo di ottenere
che si famigliarizzino con entrambe le colombaie.

Poscia fra i piccioni così addestrati si sceglie la
quantità occorrente in numero eguale di maschi e femmine,
e si trasferiscono, subito nel colombaio di Mantova.
Colà giunti si accoppiano tenendoli rinchiusi, e
quando hanno deposto le uova della prima covata si
lasciano in libertà.

Probabilmente, essendo giovani, l'amor della prole
li farà rimanere nel nuovo colombaio, ed allora dopo
parecchi giorni, quando cioè i viaggiatori hanno presa
una maggior conoscenza del colombaio e dintorni, e
vi hanno presa affezione, si privano ad un tratto del
vitto.

Questa privazione farà rammentare ai viaggiatori
il colombaio nativo ove hanno sempre avuto il cibo a
sazietà, e per ciò, probabilmente, dopo qualche giorno
di tale privazione si decideranno di recarsi a mangiare
nel colombaio di Verona, ritornando a Mantova
dopo mangiato, ad imbeccare i loro figli che nel tempo
in cui si sono privati di vitto i genitori, saranno stati
imbeccati dal colombicultore.

Ottenuto ciò per una prima volta, l'intento è raggiunto. Si continua a costringerli ad andare per qualche giorno di seguito a Verona a mangiare, affinchè i viaggiatori prendano una certa confidenza con quel colombaio, poscia si dà loro da mangiare a Mantova, per lasciarli tranquilli un po' di tempo nel loro colombaio, affinchè continuino a rimanervi affezionati.

Gioverà poi di tanto in tanto ripetere l'accennato esercizio agendo nel modo indicato allo scopo di averli pronti ad ogni occorrenza, in modo che dopo un sol giorno di privazione del vitto, od anche nello stesso primo giorno di privazione, si rechino a Verona a mangiare.

Per servirsene quindi non resta che di munire i colombi così addestrati dei dispacci che si vogliono spedire, e privandoli del cibo, si recheranno a Verona dove porteranno il dispaccio munito della risposta che porteranno a Mantova dopo di aver mangiato, venendo, in tal guisa, stabilito un regolare servizio di corrispondenza di andata e ritorno.

Volendo poi corrispondere più volte al giorno, si lascian libere le sole coppie che si vogliono mandare a Verona per prime, e le altre si rinchiudono nel loro scompartimento o nelle rispettive poste quando il colombaio abbia un solo locale, mediante gli appositi cancellini. Partite che siano le prime coppie si mandano successivamente le altre di mano in mano che occorre.

Non si è accennato di mandare colombi da Verona a Mantova, perchè, come facilmente si comprende, in un colombaio ove abitano colombi che devono mangiare sempre a sazietà, non si potrebbe privarne poche coppie per costringerle a recarsi a Mantova per mangiare perchè anche tenendole in uno scompartimento a parte lasciandole poi libere ed affamate per costringerle come si è detto a recarsi distanti molti Km., entrerebbero od almeno cercherebbero di entrare negli altri scompartimenti per cibarsi senza recarsi nel luogo indicato. Non sarebbe adunque possibile nè conveniente nel caso accennato di far ciò, anche perchè basta un solo colombaio per ottenere il servizio desiderato, come si è precedentemente dimostrato.

Se però nei due punti che si vogliono mettere in corrispondenza non esistono colombai normali, se ne dovranno impiantare due come si è detto per Mantova. In questo modo la corrispondenza si farà più attiva, perchè ambidue i colombai potranno mandare e ricevere notizie coi propri mezzi e di propria iniziativa.

Il modo di procedere nel caso ora indicato è analogo a quello accennato precedentemente, colla differenza che si dovranno popolare i due nuovi colombai con piccioni a 35 giorni di età. Addestrati poi i piccioni dell'uno a viaggiare verso l'altro colombaio si scambiano i viaggiatori e poscia si continua nel modo indicato.

143. **Dettagli.** — La descrizione ora fatta sul modo di eseguire viaggi di andata e ritorno non è che un cenno sommario del sistema, ma all'atto pratico s'incontreranno certamente alcune difficoltà e casi sempre nuovi, specialmente se la distanza è grande. Per su-

perare tali ostacoli occorre sopratutto una perfetta conoscenza del colombo e di tener conto dei più piccoli dettagli dei quali si enumerano i principali.

I piccioni proposti per questi servizi saranno scelti fra i più intelligenti e arditi e sopratutto non devono aver mai battuta la campagna, perchè in tal caso nel forzarli a recarsi per mangiare in un altro colombaio andrebbero invece a nutrirsi per la campagna vicina.

Converrà inoltre che i medesimi non abbian procreato nel luogo natio perchè facilmente ci si potrebbero fermare mentre si recano nel medesimo per cibarsi.

Se (1), dopo due giorni di privazione del cibo non si decideranno di recarsi a mangiare nel colombaio di Verona converrà per le prime volte portarveli affamati e lasciarli liberi affinchè ritornino a Mantova, dopo di essersi nutriti a sazietà. Gioverà in questo caso tener divisi i maschi dalle femmine affinchè accresca nei viaggiatori l'ansia di ritornare a Mantova, il desiderio di ritrovarvi oltre la prole, il loro compagno.

Potrebbe anche avvenire che riconoscendo la loro dimora natia vi rimanessero dimenticando in tal modo la figliuolanza lasciata a Mantova, oppure che fossero costretti di rimanervi per aver dimenticata la via che li condurrebbe a Mantova stessa. In ambo i casi si dovrebbero portare nuovamente al colombaio di Mantova, e dopo un po' di tempo addestrarli in senso in-

---

(1) Continuando sull'esempio di corrispondenza tra Mantova e Verona.

verso a quello che si è fatto prima, vale a dire che biso-
gnerebbe addestrarli a ritornare da Verona a Mantova.

Dopo qualche giorno di riposo si privano nuovamente del cibo, ed in un paio di giorni, od anche più
se occorre, e salvo qualche individuale eccezione, i
viaggiatori eseguiranno la manovra richiesta.

IV.

Addestramento del colombo ad alcuni giuochi dilettevoli.

144. Giuoco di « far volare » usato a Modena. —
A Modena da tempo immemorabile si usa di ammaestrare i colombi della razza da essi creata e detta
triganina (1), al giuoco, detto colà, di « *far volare.* »

È desso una specie di guerra che i colombicultori
modenesi fanno tra loro nell'inverno, e consiste nel
far volare branchi di colombi che normalmente sono
composti di 15 a 30 volatori, ed a far ritorno alla colombaia a piacimento dell'ammaestratore. Il quale inoltre li abitua a volare nella direzione che più gli piace,
a comprendere i suoi desideri e principalmente a mischiarsi coi branchi degli avversari onde rapirgliene. (2)

(1) Questa razza modenese di colombi è una delle più belle e complete
che si conosca specialmente per la varietà, perfezione e bellezza dei mantelli
che sono circa 200, ed a ciascun dei quali è stato dato un nome particolare.

(2) Premetto anzitutto che per ragione di brevità non entrerò, ne lo
si potrebbe, in tutti i particolari dei vari giuochi compresi nel presente
capitolo e starò invece sulle generali. E premetto pure che la descrizione
di questo giuoco di far volare non è fatto pei miei concittadini che la
sanno assai lunga a questo riguardo, ma per quei dilettanti di altre città
che volessero dedicarsi al giuoco in discorso.

Sono veramente da ammirarsi questi volatili per le non dubbie dimostrazioni di intelligenza che manifestano nel comprendere ed ubbidire alle volontà del colombicultore. Chi mette in dubbio o nega l'intelligenza agli animali o quanto meno al colombo, dovrebbe vedere davvicino il suddetto giuoco per persuadersi che non è per istinto che fanno quanto vien loro comandato dal colombicultore, ma bensì perchè comprendono ciò che devono fare, costrettivi però dal digiuno a cui sono a tal uopo sottoposti.

Prima di cominciare la descrizione del giuoco mi è qui d'uopo indicare alcune voci od espressioni usate in parte da noi modenesi per indicare alcune operazioni od altro, riguardanti il giuoco di cui trattasi:

AMMAESTRATORE, COLOMBICULTORE OD AMATORE. — Colui che fa eseguire il giuoco.

METTERE A FAME. — Sottoporre i volatili al digiuno per poi cominciare i giuochi.

CHIAMARE A GABBIONE. — Invitare i colombi mentre sono sul palchetto ad entrare nel gabbione.

METTERE A GABBIONE. — Far passare i colombi dal locale della colombaia entro al gabbione, operazione che si fa ogni mattina.

GUASTARE. — La prima operazione che si usa per ammaestrare i colombi al giuoco, od anche semplicemente per abituare i forestieri a rimanere nel colombaio. Veggasi la descrizione più avanti, in questo stesso paragrafo.

CHIAMARE A PALCHETTO } Chiamare i colombi sul
CHIAMARE A PONTI } palchetto.

TRATTARE. — Dar da mangiare ai colombi sul palchetto, nella cesta ecc., secondo il giuoco che si fa, ma per lo più non col significato che ha la voce *gustare*, ma con quello generico di dar da mangiare ai colombi sui ponti. Dicesi anche quando si somministra sul ponte un'abbondante quantità di becchime dopo che hanno lavorato eccezionalmente bene.

GUSTARE. — Dare del becchime sul palchetto ai colombi che si fanno giuocare dopo che hanno lavorato bene. Far prendere gusto ai colombi a far la manovra desiderata dall'ammaestratore. *

GUSTAR FALSO. — ·Gustare i colombi quando non lo meritano od inversamente.

CHIAMARE I COLOMBI IN NIENTE. — Chiamare i colombi sul palchetto senza dar loro da mangiare perchè hanno manovrato male.

METTER FUORI. — Mandar fuori i colombi dal gabbione per cominciare i voli.

ANDARE A MISCHIA. — Mandare il proprio drappello a mischiarsi cogli altri.

ESSERE A MISCHIA. — Avere il proprio drappello a mischia cogli altri.

FARE UN BRANCO DA MISCHIA. — Ammaestrare un drappello· o branco di piccioni dai primi rudimenti fino alla mischia.

COLOMBI O PICCIONI DA MISCHIA. — Volatili già provetti nel giuoco e specialmente per mischiarsi coi drappelli degli avversari.

ANDARE A SEDERE. — Dicesi dei colombi che durante il giuoco invece di obbedire all'ammaestratore si fermano sui tetti o torri vicine. A Modena usasi con maggior frequenza di dire « *andare a ciurla* » voce alquanto strana e di impossibile etimologia.

STRAPPARE. — L' atto di chiamare i propri colombi sul palchetto mentre trovansi cogli altri a mischia.

PRENDERE LA STRAPPATA. — Dicesi che prende la strappata il branco di colombi che dopo di aver assistito sopra al colombaio dell' avversario alla strappata, ritorna al proprio.

AVVOLGERE. — L' atto di avvolgere i colombi forestieri che durante le aeree battaglie rimangono in mezzo al proprio branco, onde meglio assicurarsi che i medesimi non fuggano, e consiste nel far volare a piccoli circoli il proprio branco attorno all' abbaino in luogo di farlo calare subito come normalmente si usa. Si riesce a ciò agitando lievemente colla mano il drappo della banderuola stando sul ponte di mezzo. Il momento più propizio per far calare il drappello è quando i forestieri si trovano nel mezzo di essi ben avvolti e confusi.

VOLARE O ANDARE DI SPARATA. — Allorchè il drappello, appena uscito, invece di fare qualche giro attorno al colombaio, fila direttamente e con franchezza in cerca di mischia.

CARPIRE. — Dicesi dei colombi che mentre sono a mischia, i quali invece di strappare regolarmente o di recarsi a prendere la strappata dall' avversario, si separano da essi o per volontà propria o del colombicultore.

COLOMBO GUASTO. — Dicesi quello che nel giuoco cala in altro colombaio e vi mangia anche pochi grani,

nel senso che non è più vergine, che è insomma poco
buono e facilmente si farà prendere essendo venuto
in tal guisa a conoscenza che anche in altri luoghi
viene ben accolto e nutrito.

BASTONARE IL DRAPPELLO. — Maltrattare i colombi
appena posatisi sul palchetto spaventandoli colla banderuola, od anche battendo il bastone della banderuola
medesima contro le sponde dei ponti per fare rumore,
ciò che si fa quando non vogliono lavorar bene.

COLOMBO FORESTIERE. — Di altro luogo, di altro
colombaio.

FORMARE PALLONE. — Allorchè molti drappelli si
uniscono assieme e formano un esercito di qualche
centinaia di colombi. Il massimo merito è del drappello
che assiste alle strappate di tutti gli altri coi quali
si trova a mischia, e ritorna al proprio colombaio senza
soffrire diminuzioni.

FARE LA CODA. — Dicesi dei colombi che invece
di seguire il grosso del drappello rimangono indietro,
e più specialmente allorchè i colombi nel prendere la
strappata, voltano via a stento l' uno dietro l' altro.

RIMANDARE. — L' atto col quale l' ammaestratore
rimanda il proprio drappello che ritorna verso il colombaio da una certa distanza in luogo di chiamarli
a palchetto. Dicesi più propriamente quando si è a
mischia e che in luogo di strappare si vogliano mandare a prendere la strappata.

DARE LA MANO AI COLOMBI. — L' atto di prendere
il colombo forestiero colla mano mentre trovasi sul
palchetto.

Non sanno di tetti. — Dicesi dei volatili che non sono mai usciti dal loro colombaio, che non conoscono e non son pratici per volare al di sopra dei tetti.

La pace. — Il colombaio col quale si è in pace.

Calare. — L'atto di posarsi dei colombi sul palchetto alla chiamata del colombicultore, e dicesi anche quando qualche colombo *cala* sul palchetto di altro colombaio.

Calare d'impennata. — Calare di primo acchito appena chiamati, quasi come corpo morto. Dicesi poi *strappare* d'impennata quando l'ammaestratore fa in tal modo calare i suoi colombi mentre sono mischiati con altri.

Riattaccare. — Abituare i colombi già ammaestrati in un colombaio a rimanere in un altro facendo poi loro eseguire il giuoco, nella nuova dimora.

Cena. — Dar da cena. — È la distribuzione del vitto che si fa verso sera entro ai gabbioni onde nutrire i colombi per la notte ed allo scopo importantissimo di mantenere i colombi di ciascun drappello nello stesso grado di appettito e di forza.

Per eseguire il giuoco i modenesi hanno l'esterno del colombaio fatto in modo speciale (Vedi la figura 18). È desso una specie di abbaino o torretta pressochè quadrilatera che si eleva sui tetti del colombaio ed avente il lato anteriore e quello posteriore completamente aperti. Il lato posteriore vien chiuso da un gabbione formato a listelli di legno alto e largo quanto la detta apertura e profondo cinquanta o più centimetri a seconda del bisogno. Detto gabbione posa sui tetti all'esterno della parte posteriore dell'abbaino ed è diviso mediante ripiani orizzontali in legno in tre o quattro scomparti, i quali vengon chiusi internamente da sportelli pure in legno. In questi scomparti si rinchiudono nell'inverno durante il giorno i diversi gruppi di colombi da ammaestrarsi al giuoco di cui parlasi. Altri piccoli gabbioni si possono mettere al fondo delle pareti laterali dell'abbaino e sotto i ponti pure laterali.

La parte anteriore dell'abbaino viene poi chiusa da una serranda in legno aprentesi internamente. All'esterno è costrutto un palchetto formato da cinque ponti di legno più uno di congiunzione. Dei cinque ponti uno trovasi nel mezzo e contro la suddetta porta dell'abbaino e gli altri lateralmente e nel davanti sovrapposti gli uni agli altri nel modo indicato nella suddetta figura 18. Il ponte di mezzo è sempre largo quanto l'abbaino; la profondità di questo e le dimensioni degli altri a piacere del colombicultore.

I colombi già ammaestrati si fanno uscire dallo scomparto del gabbione, dove, come si è detto, stanno rinchiusi di giorno, da un finestrino praticato nella parte posteriore (n.° 7 citata figura) od anche lateralmente in ciascun scomparto del gabbione medesimo. Il suddetto finestrino è chiuso da uno sportello a liste di legno e si apre a saracinesca mediante uno spago.

Dal locale formante la colombaia si accede all'abbaino mediante scala di legno a gradini larghi. All'estremità superiore di questa scala è collocata una

cassetta rettangolare con coperchio divisa in cinque
o sei scomparti, nei quali vengono collocate le diverse
specie di granaglie da somministrarsi durante il giuoco,
come vedrassi in appresso.

Tutte le razze di colombi, volatori però, che vivono in istato domestico sono più o meno suscettibili
ad essere ammaestrati al suddetto giuoco ed agli
altri descritti in seguito, ma la razza che maggiormente si adatta è quella modenese, detta triganina,
siccome da secoli si ammaestra a Modena nel suddetto giuoco.

L'ammaestramento al giuoco di cui trattasi ed a
qualsiasi altro, si ottiene mediante un rigoroso digiuno.
Non converrebbe quindi che i piccioni da ammaestrarsi
fossero troppo giovani perchè ne soffrirebbero assai,
e d'altra parte non conviene che siano adulti perchè
meno facilmente si sottomettono all'ammaestramento
nei diversi giuochi. L'età più conveniente quindi sarebbe di 4 mesi, ma si possono prendere di 3 a 5.

Conviene che i piccioni da addestrarsi al giuoco
di far volare siano nati nella colombaia ove si devono
ammaestrare e dalla quale siano usciti a loro piacimento. Ciò li renderà più affezionati alla loro dimora
della quale inoltre prenderanno maggior conoscenza
dell'esterno specialmente. Questo requisito faciliterà
alquanto i preliminari dell'addestramento, ma non è
però indispensabile perchè si possano abituare per
mezzo del digiuno a rimanere nella nuova dimora i

piccioni avuti da altro colombaio, specialmente se sono molto giovani, poichè come è detto al § 130 vi rimangono affezionati come vi fossero nati.

Per poter descrivere il da farsi, passando per tutte le principali operazioni comincieremo dalle più elementari, figurandoci di dover educare piccioni avuti a tre mesi circa di età da altra colombaia nella quale siano sempre stati tenuti rinchiusi e che per conseguenza *non sappian di tetti*.

Dopo qualche giorno di dimora nel nuovo colombaio si sottopongono ad un rigoroso digiuno privandoli completamente del vitto, finchè si vede che sono molto affamati. Questo digiuno durerà da tre a sei giorni secondo la resistenza, che varia secondo le razze. Quella triganina, per esempio, siccome abituata da secoli a queste diete, resiste molto dippiù delle altre. Ammetteremo dunque il caso che i piccioni da educarsi siano triganini. È poi conveniente fin dalla prima scelta osservare che siano un pressapoco tutti egualmente robusti e che non vi sia troppa disparità di età. Dal momento che si sottomettono al digiuno devono rimaner chiusi durante il giorno in uno scomparto del gabbione e verso sera si passano nella colombaia.

Se durante questo primo digiuno vi fosse qualche piccione che ne sentisse molto dippiù degli altri l'effetto, gli si darà qualche granello di risetta o giavone a parte. Converrà inoltre dare a tutti anche durante il digiuno qualche pizzico di giavone o risetta entro il gabbione onde vi si affezionino.

Le granaglie di cui si fa uso nell'ammaestramento sono: la risetta, il giavone, il miglio, il frumento, la veccia ed il frumentone. Queste granaglie sono descritte in ordine inverso di preferenza allorchè i colombi, come nel presente caso, sono affamati.

Allorchè dai dati di cui alla chiusura del § 34 si scorge che i piccioni sono abbastanza affamati, si comincia l'addestramento, che divideremo in quattro graduali esercizi.

Il primo esercizio a farsi, è di abituarli a rimanere liberi nella nuova dimora facendoli passare dal gabbione al ponte di mezzo e viceversa. Per ottener ciò si apre lo sportello interno, si dà loro un pizzico di risetta o giavone entro il gabbione e poscia si getta un po' della stessa graminacea mista per le prime volte ad un po' di frumento od anche di veccia sul ponte, poi nello stesso modo si fanno passare nuovamente nel gabbione (1). Quest'operazione si ripete più volte e per più giorni finchè si sia ottenuto che i piccioni obbediscano alla volontà del colombicultore, passando dal gabbione ai ponti e viceversa senz'esitare. Dal ponte di mezzo si dà loro da mangiare in quelli laterali continuando sempre a farli rientrare nel gab-

_____

(1) Questa è l'operazione chiamata dai Modenesi « guaster » (guastare). Da questo momento i piccioni devono sempre ricevere da mangiare nel gabbione, o sul palchetto, e mentre si *trattano* converrà fare il fischio di chiamata per far loro comprendere che il fischio significa ricevere da mangiare.

bione dove, come si è detto, devono rimanere rinchiusi tutto il giorno. Dopo che si è sicuri che il piccione non fugge, ciò che del resto nei giovani piccioni li rado avviene, si lasciano sul palchetto per qualche istante e poscia per qualche minuto senza mangiare. Questi volatori monteranno sulle sponde dei ponti guardando all'intorno con manifesti segni di curiosità e poscia saliranno o all'occorrenza si faran salire sui tetti dell'abbaino prendendo in tal modo conoscenza dell'esterno della colombaia.

Accertati in tal guisa che i piccioni conoscano bene l'esterno della colombaia si passa al secondo esercizio il quale consiste nel far eseguire i primi voli di ammaestramento. È indispensabile che i piccioni abbiano l'abitudine di non posarsi in alcun altro luogo che sull'abbaino o sui palchetti, altrimenti invece di volare si fermeranno, specialmente quando sono stanchi o non hanno abbastanza appetito, su qualche casa o campanile vicino, *andranno* cioè *a sedere*.

Per far eseguire tali voli si lasciano i piccioni sul palchetto senza mangiare per qualche istante poscia l'ammaestratore con un grido, o battendo leggermente le mani li eccita a darsi al volo, ma poi li chiama subito con un fischio in tuono dolce gettando sul palchetto un po' di cibo minuto, dovendo le altre specie di granaglie più grosse e perciò da essi più desiderate, esser date soltanto a titolo di compenso speciale, come si vedrà in seguito. Si fanno ripetere queste ma-

novre aumentando gradatamente il tempo in cui i piccioni devono stare al volo, montando sul ponte di mezzo
indi sui laterali e battendo le mani. -

Allorchè i piccioni si sono abituati, mediante il
secondo esercizio a fare qualche giro intorno al-
l'abbaino, si passa al 3.º consistente nell'abituarli ad
allontanarsi dal colombaio séguendo quella direzione
che il colombicultore desidera, la quale però salvo
eccezióni è sempre quella perpendicolare o diagonale
alla facciata dell'abbaino.

Per incitare i piccioni a volare a lungo e ad allontanarsi si fa uso di un cencio nero attaccato all'estremità di un bastone piuttosto lungo. Agitando questa
banderuola i piccioni quantunque sempre ansiosi di
posarsi sul palchetto per ricevere da mangiare, spaventati in certo modo da questo nuovo mezzo allar-
gheranno la circonferenza· dei loro giri attorno all'abbaino. Si fanno in tal modo volare un po' e si continua dapprincipio a richiamarli sovente sull'abbaino
e gradatamente si prolunga la durata dei voli fintantochè in luogo di continuare a girare intorno facciano
qualche volo in una data direzione, e possibilmente
sul davanti dell'abbaino. Appena si ottiene ciò, si
chiamano e si dà loro un po' di frumento in luogo di
risetta o giavone per far loro comprendere che hanno
lavorato bene.

Da questo momento bisogna regolare la distribuzione
del cibo sul palchetto in modo di far loro comprendere

che cosa si desidera da essi, dando loro da mangiare
soltanto quando hanno fatto quel dato esercizio voluto
dall' ammaestratore, il quale, per ora, consiste nel
pretendere che si allontanino e su la desiderata direzione. Continuando poi a farli volare se continuassero
a girare attorno all'abbaino, in luogo di partire per una
data direzione si richiamano sul palchetto col fischio
e agitando la mano come di solito fingendo di gettare
vitto sui ponti, senza però dar loro da mangiare; si
chiamano cioè in niente. Facendoli poscia nuovamente
volare si insiste perchè si allontanino, ed appena ciò
si ottiene si richiamano subito sul palchetto dando
loro un buon pizzico di cibo minuto; il frumento e
la veccia ecc. si riserva per esercizi di maggior merito. A poco per volta i piccioni comprenderanno che
per mangiare bisogna allontanarsi ed allora comincieranno a correre talvolta un po' troppo con rischio
di perderne, se nella città esistono, come a Modena,
altri colombicultori che fanno volare i suoi (1). Ottenuto che i piccioni volano francamente nelle varie
direzioni e sopratutto che abbiano appreso a conoscere
i desideri dell' ammaestratore, si continua a far loro
eseguire lunghi voli e si fan volare onde alenarli e
poi si passa al quarto esercizio.

(1) Per far sì che il drappello si allontani più facilmente, si può
lanciarlo a varie distanze, in modo analogo a quanto è detto al § 132,
cominciando però a poche centinaia di metri di distanza se il drappello
è composto di colombi di razza modenese o di altra razza che non abbia
molto sviluppato il senso della direzione.

Prima però di passare alla descrizione del suddetto quarto esercizio, giova qui indicare la parte più importante, la chiave dirò così, sia del giuoco di far volare che degli altri descritti in seguito.

Per ottenere dal colombo quanto occorre negli ammaestramenti in genere, bisogna sopratutto, regolare il loro nutrimento tenendoli a dieta, in modo che siano obbedienti ai voleri del colombicultore, senza però che siano troppo deboli perchè in questo caso più facilmente si lascian prendere dalle colombaie nemiche e resistono meno al volo. Altra regola importante si è di mantenere i volatili di ciascun drappello tutti nello stesso grado di nutrimento e di forza. Si ottiene quanto è detto per mezzo della così detta *cena*, la quale consiste nel distribuire una certa quantità di cibo ogni giorno, verso sera dopo cioè finiti gli esercizi. Questa cena si distribuisce entro il gabbione dando loro una certa quantità di veccia e pochissimo frumento e poscia risetta o giavone, a seconda che hanno più o meno bisogno di nutrimento, tenendo conto di quanto è detto al § 33 relativamente alle proprietà nutritive delle diverse specie di granaglie.

La cena dev'essere più o meno abbondante secondo che i colombi hanno più o meno mangiato durante l'ammaestramento della giornata o secondo il loro stato di nutrizione. Generalmente varia da una quantità di granaglie contenuta nel gozzo della grossezza di una nocciuola a quella di una noce. Mentre quindi i colombi cenano si prendono in mano ad uno ad uno cominciando dai più svelti e che hanno meno bisogno di nutrimento e palpando il gozzo si sente se hanno mangiato la quantità di becchime sufficiente e di mano in mano si passano dal gabbione nel colombaio. Oltre di sentire se la quantità di becchime mangiata, facendo scorrere il pollice e l' indice lungo la costa dello sterno si sente se il colombo è più o meno magro ed anche di ciò si tien conto, subordinatamente però al grado di obbedienza di ciascun volatile, poichè ve ne sono alcuni che sentono molto la fame e basta un leggiero digiuno per renderli obbedienti, mentre altri occorre tenerli più affamati perchè sentono meno la privazione del cibo.

Teniamo dunque in mente che la base del giuoco, anzi dei giuochi, consiste nel saper distribuire il cibo, poichè colla cena si regola lo stato di nutrizione e la giusta misura del grado di appetito; e colle piccole distribuzioni che si fanno sul palchetto si abituano a lavorar bene e si insegna loro a comprendere i desideri dell' ammaestratore.

Il 4.º esercizio dunque di tale ammaestramento altro non è che l' obbiettivo ossia lo scopo del « *giuoco di far volare* » che si usa a Modena, di abituare cioè il proprio drappello a mischiarsi con quelli degli avversari onde rapirsene a vicenda, od anche per semplice diletto.

Per facilitare un tale ammaestramento è necessario il concorso di un altro colombaio amico (1) il quale

(1) Dico necessario, ma non indispensabile, perchè io stesso allorchè da giovanetto mi dedicava a questo « Sport » prolungando pazientemente il 3.º esercizio potei più volte farne a meno e senza farmene rapire.

aiuti col suo drappello sia a mischiarsi che a resistere
alle chiamate dell' avversario.

A Modena i colombicultori sono fra loro od a pace
o a guerra. La pace si fa di comune accordo fra i
colombicultori della stessa forza, i più deboli invece,
i principianti ad esempio, per ottenere la pace devono
pagare una tassa consistente in un certo numero di
piccioni da darsi al colombicultore più capace che ha
cioè i colombi meglio ammaestrati. I colombicultori in
guerra fra loro non sono tenuti, per antichissima con-
suetudine, a restituirsi i colombi che si prendono
durante il giuoco. Notisi però che difficilmente i colombicultori provetti perdono de' loro colombi adulti
e ben pochi dei piccioni in via di ammaestramento;
chi fa le spese sono gli inesperti ed incapaci.

I colombicultori modenesi fra loro in pace, sono
obbligati di aiutarsi ad abituare i piccioni alla mischia,
e di respingersi vicendevolmente i volatili che nel
giuoco od in altro modo andassero nel colombaio
della pace. In questo caso il colombicultore devesi
assolutamente astenere di gettare granaglie sul palchetto e respingere bruscamente gli estranei perchè
se un colombo riceve del cibo in altro luogo e conosce
quindi che in altri colombai oltre al suo gli vien dato
ciò che in occasione dei giuochi gli si fa tanto desiderare a casa sua, facilmente vi ritorna e si lascia
prendere. Per respingere i colombi della pace che
vengono attirati sul palchetto coi propri colombi, si
dovrebbe spaventare improvvisamente tutto il drappello
appena calato per poter far ritornare gli estranei
alla loro dimora.

Ma agendo in tal guisa si disgustano e si castigano i colombi propri mentre avrebbero diritto di essere *gustati* per essere stati a mischia, e ne avviene perciò, oltre il disgusto, una *gustata falsa*. La miglior cosa sarebbe avere un drappello a parte, che chiameremo di riserva, formato coi meno buoni della colombaia onde servirsene sia nella suddetta circostanza che nelle altre in cui si sia costretti di gustar falsi i propri colombi, come ad esempio avviene allorchè si fa la caccia a qualche avversario per prendergli i colombi, poichè evidentemente appare che per prendere i colombi estranei che calano sul palchetto bisogna distribuire molto cibo, anche quando i volatori non lo meritano, per poter dar la mano nel momento opportuno al forestiero mentre mangia sul palchetto. Non avendo però il branco apposito e per non disgustare e gustar falso il drappello buono, si può nel suddetto caso *chiamarlo in niente* e farlo entrare subito a gabbione e poscia spaventare nel modo indicato i forestieri, che probabilmente rimarrano fuori, affinchè ritornino alla loro colombaia. Se il drappello si fosse meritato una buona gustata si somministrerà nel gabbione.

Per abituare or dunque il nostro drappello ad *andare a mischia* ci serviremo per maggior facilità dell'aiuto di un colombaio amico, non molto distante dal proprio, il quale, preferibilmente col drappello di riserva o con altro pure da *mischia* s'incarica di raggiungere il drappello dei piccioni per mischiarsi con esso.

Allorchè due drappelli sono a mischia normalmente avviene che uno di essi attira l'altro verso il proprio colombaio. Se il branco così mischiato si volge verso il colombaio cui appartengono i piccioni in via di ammaestramento, questi lo rimanderà a prendere *la strappata dalla pace*, la quale naturalmente strappa subito e respinge nel modo indicato i piccioni che calassero colà. Per facilitare l'ammaestramento alla mischia conviene prima strappare qualche volta coi piccioni, e poscia mandarli a prendere la strappata.

Ai piccioni che hanno *presa la strappata* vien data una buona gustata con veccia per far loro comprendere che devono sempre *andare a mischia* non soltanto, ma che il maggior merito, per essi, è di prendere *strappate*. Si ripete la mischia colla *pace* una volta o due al massimo nella medesima giornata e nei giorni successivi per più volte, strappando qualche volta.

Quando i piccioni sanno *voltar via* bene dalle *strappate della pace* si tenta la *mischia* e le *strappate* con qualche avversario non molto temibile ed a poco per volta si entra nell'agone nemico sospirato per circa un mese e mezzo, poichè tale è il tempo che s'impiega per fare da *mischia* un drappello di piccioni.

Da questo momento il drappello deve andare sempre a mischia prendendo strappate (1) o strappando secondo la convenienza, ed evitando la mischia coi vicini.

_____

(1) Il merito maggiore è di prendere strappate, e sempre aumenta quanto più lontano si trova il colombaio avversario da cui il drappello si reca per prendere la strappata.

Onde, quindi, il drappello non perda una tale abitudine converrà mandarlo fuori se non quando vi sono altri drappelli coi quali convenga mischiare.

Come si è accennato, il giuoco di cui parliamo s'interrompe nell'epoca in cui si ricomincia l'allevamento, che a Modena è d'ordinario verso la fine di gennaio e non si riprende che verso la fine dell'autunno, poichè non sarebbe possibile ne conveniente per tanti motivi, *far volare* col caldo. Non ostante però questa non breve interruzione i colombi già istruiti al riprendere del giuoco rammentano l'ammaestramento ricevuto negli anni precedenti, di guisa che dopo guastati ed alenati, si possono senz'altro mandare a mischia.

Nelle gustate si possono osservare le seguenti regole:

Le strappate che il drappello riceve bene, senza cioè carpire, e dalle colombaie, direzione e distanze desiderate dall'amatore, vengono gustate con veccia. Le strappate che dà, invece, purchè la mischia sia avvenuta nel modo e distanze volute dall'amatore, si premiano con frumento. Quelle che riceve da colombai vicini o su direzione non voluta dall'amatore si premiano con frumento o risetta soltanto, secondo il caso. Quando, per non stancare i colombi, si chiama il drappello a palchetto senza essere andato a mischia, non si gusta affatto; se però il drappello avesse fatto il possibile per correr dietro a qualche branco ed avesse estese su le volute direzioni e distanze le sue ricerche, si potrà dare un po' di risetta o giavone.

Allorchè i colombi in luogo di manovrare a dovere fanno i poltroni, non si allontanano od in altro modo non obbediscono ai voleri dell'ammaestratore, oltre di *chiamarli in niente,* appena posati sul palchetto si bastonano. Questo castigo però bisogna infliggerlo con moderazione, perchè il colombo si disgusta e stenta poi a calare, ed inoltre può apportare la perdita anche di qualche adulto da mischia.

Raramente però avviene che i colombi già istruiti disobbediscano senza qualche causa. Queste possono essere principalmente la stanchezza per averli fatti volare oltre alle loro forze ed al loro allenamento, la troppa debolezza, il poco appetito ecc.; cause che l'ammaestratore deve evitare per ottenere un buon ammaestramento e per impedire che i colombi stanchi o sfiniti *vadano a sedere.*

Moltissimi insomma sono i casi e le maniere di gustare i colombi, non essendo quelli sopra descritti che i principali. Dipende poi principalmente dai desideri dell'ammaestratore nel voler ottenere una data manovra piuttosto che un'altra. In ogni caso, il modo di gustare deve essere chiaro e costante, di guisa che i volatori comprendano chiaramente i desideri del colombicultore, diversamente il drappello giungerebbe al punto di non sapere che cosa fare.

Volendo finalmente fornire un colombaio di nuovo impianto di colombi già ammaestrati, senza che occorra passare per il paziente ammaestramento di giovani piccioni, si può acquistare un branco di colombi già *da mischia;* od anche soltanto di piccioni che abbiano ricevuto un primo ammaestramento, se nella città ove si trasferiscono non vi sono altri colombai con cui mischiare.

Questi volatili in tal guisa trasferti si *guastano* nel nuovo colombaio, dopo però di averveli tenuti chiusi per qualche tempo, affinchè vi si affezionino e sia in essi meno vivo il desiderio di ritornare alla loro dimora, specialmente al momento della prima *guastata.* Dopo le prime *guastate* si progredisce nell' ammaestramento nel modo avanti indicato per fare piccioni da mischia, ma in modo più accelerato, avvertendo che il digiuno deve esser abbastanza rigoroso da esser certi che non si muovano dal palchetto nelle prime *guastate.* Dopo, quando cioè si comincia il 2.° esercizio probabilmente qualche volatile od anche tutti ritorneranno alla primiera dimora, se questa trovasi nella stessa città. In tal caso il colombicultore che li ha ceduti è in obbligo di respingerli, spaventandoli, onde facciano ritorno per la via aerea al colombaio ove sono stati *riattaccati.*

145. Ammaestramento dei colombi alla cesta. — Per ammaestrare i colombi a volare per la città, per la campagna od in qualsiasi luogo si trovino, ed a far ritorno entro la cesta, la prima cosa da farsi è, come pel giuoco di cui al § precedente, di sottoporre i colombi al digiuno, che in questo giuoco sarà più rigoroso che nel precedente, tanto nei primi esercizi quanto durante il giuoco.

Anche in questo giuoco considereremo di dover ammaestrare giovani piccioni di razza modenese, i quali intanto in questo come negli altri descritti nei paragrafi seguenti, converrà che non abbiano più di tre mesi di età e non meno di due, ed è pur necessario che *non sappiano di tetti*, affinchè facendo i giuochi non ritornino al loro colombaio.

I piccioni da ammaestrarsi si mettono in una camera a parte, la quale più è grande meglio si presterà pei primi addestramenti.

La cesta è in massima rettangolare, con manico nel mezzo e con due coperchi aprentisi contro il manico. La sua altezza interna è di 22 cent. circa, le rimanenti dimensioni in relazione al numero di piccioni da ammaestrarsi. All' intorno vi saranno larghi fori affinchè possano vedere all'esterno e prendere aria.

Dopo quattro o cinque giorni di digiuno si *guastano* i piccioni entro la cesta che essi conosceranno per averla collocata sin da principio entro la camera dov' essi si trovano. Da questo momento non si darà da mangiare che entro la cesta medesima. Per *guastare* i piccioni si rinchiudono un giorno o due, meno la notte, entro la cesta, poscia si *trattano* tenendo la cesta in mano con i coperchi aperti. Si lascian poi uscire e si richiamano nella cesta agendo in modo analogo a quanto si pratica nel giuoco di far volare e fintantochè abbiano appreso per bene questo primo esercizio, il quale si fa sino a quel punto che sarà possibile, entro la camera ove sono rinchiusi. Dopo che i piccioni si sono affezionati alla cesta ed hanno

appresa questa prima manovra si aumenta, se occorre, il digiuno, e poscia si reca in luogo aperto
e tranquillo, in un prato ad esempio, ove si ripete lo
stesso esercizio, impedendo però che uscendo dalla
cesta vadino a posarsi a terra od in altro luogo. Si
fanno loro eseguire piccoli voli e progredendo in modo
analogo a quanto si pratica pel giuoco descritto al
precedente paragrafo, si fanno volare per la campagna,
la città, ove infine più aggrada.

Si può fin dai primi esercizi cambiar luogo di
manovra poichè il colombo fa sempre ritorno nella
cesta. Così pure mentre i colombi o piccioni volano
si può camminare ed i volatili seguiranno l'ammaestratore in attesa di esser chiamati entro la cesta.
A questo proposito cade qui acconcio citare il seguente
fatto:

Il sig. Conte Gnoli di Modena, appassionatissimo
ed intelligentissimo amatore ed ammaestratore di colombi ai più svariati esercizi, si recava parecchi lustri
or sono a Milano per darvi pubblici trattenimenti con
colombi ammaestrati ai giuochi descritti nel presente
capitolo ed a molti altri ancora che ora non ram-
mento. Allorchè fece per entrare alla porta di città
gli si voleva far pagare il dazio di entrata dei cento
e più colombi che portava con se. Egli pregò chi di
ragione di volerlo esentare dal dazio o quanto meno
fargli una bolletta di transito perchè quei colombi
dovevano uscire ancora dalla città, non essendo colombi da carne ecc., ma non venne esaudito nelle sue
preghiere. Allora il Conte, con molta sorpresa degl'im-

piegati e della popolazione che eraglisi affollata intorno, fingendo di esser disposto di perdere i colombi
piuttosto che pagare il dazio, fece dare loro la libertà.
Immaginasi le meraviglie degli astanti! Il Conte entrò
in città e recandosi subito colle ceste vuote sui ba-
stioni vi chiamò i suoi colombi che non tardarono ad
entrarvi con sollecitudine stante il maggior appetito
avvenuto durante il viaggio, con grande stupore degli
agenti daziari, e con meraviglie e grandi risa della
popolazione che assisteva allo spettacolo.

**146. Modo di ammaestrare drappelli di colombi
a rispondere alle chiamate dividendosi per colore. —**
Per ammaestrare i colombi a questo giuoco ed agli
altri di cui ai §§. 147 e 149, bisogna prima abituarli
alla cesta nel modo indicato al §. precedente senza
però trattenerli molto su questo giuoco.

I piccioni che avranno i requisiti di cui al precedente §., saranno metà di un colore e metà di un
altro: nel nostro caso li considereremo metà bianchi
e metà rossi.

Dopo abituati i piccioni alla cesta come sopra è
detto, anche tutti assieme, si dividono per colore. Indi
si mettono due drappi a terra ad alcuni metri di
distanza, l' uno rosso e l' altro bianco e poscia si
guastano separatamente: i piccioni bianchi sul drappo
rosso ed i rossi sul drappo bianco. Se durante questa
prima operazione qualche piccione va sul tappeto del
suo colore si respinge bruscamente affinchè non vi
ritorni. Si fanno poscia volare ad un colore per volta
e si chiamano sul tappeto su cui non devono posarsi,

19

che è poi quello del proprio colore, fingendo di volerli *trattare;* se qualcuno obbedisse a quella chiamata si *bastona* e poscia si chiama il mezzo drappello, sul suo tappeto, gustandolo, ben inteso. Si ripete quest'operazione fintantochè ciascun mezzo drappello abbia compreso che non deve calare che sul tappeto indicato. Ottenuto ciò si uniscono entro la cesta i due colori, si fanno volare e poi si chiamano prima p. e. i bianchi sul tappeto rosso. Se ne calano ivi dei rossi si smarriscono ancora, mentre un altro amatore, assistente, chiamerà sul tappeto bianco, ed ivi gusterà i piccioni rossi che in certo modo hanno presa la *strappata* dei bianchi. Inversamente poi si mandano i bianchi a prendere la *strappata* dai rossi ed alternando si ripete qualche volta ancora quest'esercizio fintantochè conoscan bene il loro tappeto e non calino perciò sull'altro. Si passa infine all'obbiettivo del giuoco il quale consiste nel far volare i due colori ed alla chiamata dei due ammaestratori si vedranno i colombi a dividersi in aria per colori, volando i piccioni bianchi sul tappeto rosso ed i piccioni rossi sul tappeto bianco com'è detto sopra, ciò che si ottiene chiamando i due colori contemporaneamente. Occorrono sempre due persone, una cioè per tappeto. Questo giuoco riesce di bellissimo effetto.

147. Modo di ammaestrare i colombi a sparare armi da fuoco. — Per abituare i colombi a sparare armi da fuoco rimanendo fermi sul posto, si sottopongono al voluto digiuno. Da questo momento od anche prima nella camera ove trovansi i piccioni da ammaestrare si fanno piccoli bussi nei primi giorni e gradatamente si aumenta la forza dei bussi medesimi sino a raggiungere quasi le detonazioni. Tali bussi, che saranno fatti in modo da imitare le detonazioni d'arma da fuoco, dovranno farsi specialmente mentre si dà loro qualche po' di cibo sul pavimento del locale ove essi sono alloggiati.

Dopo che i piccioni si saranno abituati ai forti bussi senza impaurirsi, che rimarranno cioè fermi si portano fuori entro la cesta e mettendo qualche acino di frumentone sul grilletto appositamente preparato di un fucile o di un piccolo cannone leggermente caricato a polvere, s'invita il piccione primo chiamato a mangiare il frumentone deposto sul grilletto. L'urto che il piccione dà col becco per mangiare farà sparare il cannoncino. A questo esercizio specialmente converrà sottoporvi un piccione o due soltanto per volta e si ripete fintantochè si ottenga il desiderato intento, aumentando il digiuno sino al bisogno, qualora i piccioni stentassero ad obbedire. Come abbiam detto al § precedente, prima di far eseguire questo giuoco all'aperto bisogna ammaestrare i piccioni alla cesta.

148. Modo di ammaestrare colombi che volano a cadere come morti nella tasca del cacciatore che loro spara. — Altro giuoco di effetto bellissimo è quello che ci accingiamo a descrivere, specialmente se l'ammaestratore è vestito da cacciatore.

Per ammaestrare piccioni al giuoco di cui trattasi bisogna prima, con norme analoghe a quelle espresse nel § precedente, abituarli alla detonazione d'arma da fuoco, e dippiù a comprendere contemporaneamente che vien dato loro da mangiare soltanto dopo una detonazione, ciò che si comincia a fare nel locale ove sono alloggiati tenendo i piccioni ad un digiuno molto rigoroso, facendo precedere tanto la *guastata* a questo giuoco, che le successive *gustate* un busso o una detonazione, i quali devono, in certo modo, tener luogo del fischio di chiamata.

Allorchè i piccioni comincieranno a comprendere che il busso equivale al fischio di chiamata, si ammaestrano a volare ed a far ritorno entro ad una tasca da cacciatore, che l'ammaestratore porterà ad arma-collo, la quale dev'essere larga, bassa, a fondo piano ed a larga apertura, e con fusto intorno a questa, in modo che aprendola i piccioni possano entrare ed uscire comodamente.

L'ammaestramento a questa tasca si fa in modo identico a quello della cesta, di cui al § 145 colla differenza però che non si fanno allontanare di molto, e si abituano a calare d'*impennata* ogni qual volta si apre la tasca dopo un busso e poscia una detonazione di arma da fuoco; di guisa che calando d'impennata subito dopo sparato il fucile sembrano veramente stati colpiti, specialmente se l'ammaestratore saprà sparare il fucile all'istante opportuno.

140. **Ammaestramento di colombi a diversi esercizi sulla mano dell'uomo.** — Questo giuoco consiste nell'ammaestrare i piccioni a volare in mano, sulle spalle, a passare da una mano all'altra, a passare, volando, nei cerchi che loro si presentassero, a mangiare in bocca all'uomo e simili.

L'ammaestramento a questo giuoco è facile poichè non occorre che *guastare* i piccioni dando loro da mangiare in mano, in bocca ecc. prima in un locale chiuso, e poi all'aperto, dopo però di averli ammaestrati alla cesta.

Converrà che l'ammaestratore abbia la giacca o almeno le maniche di stoffa rossa onde i piccioni sappiano distinguerlo dalle altre persone e converrà pure ammaestrare un solo piccione per volta.

Per far passare il piccione da una mano all'altra gli si presenta uno o più acini di frumento o veccia sulla mano opposta a quella ove si trova. Nello stesso modo si fa passare per uno o più cerchi, che un secondo sosterrà alla voluta altezza.

Dopo che ha appreso queste manovre si può far volare alla stessa guisa del giuoco descritto al § 145, presentandogli in alto il braccio rosso e fischiando dolcemente allorquando si vuol far venire sul braccio.

MODELLO C.

—

ANNO 188

———

I.º Gruppo viaggiatori   **Obbiettivo**_____

———   ———

QUADERNO

per la registrazione dei viaggi ai quali prende
parte ciascun viaggiatore appartenente al
suindicato gruppo.

———

SESSO	MATRICOLA	MANTELLO e segni particolari	DATA di nascita	Luogo, data e distanza in linea retta da _____, del												
				Ciampino 20 Luglio 1886 Km. 10	Cecchina 24 Luglio 1886 Km. 25											
1	2	3	4	5	6	7	8	9	10	11	12	13	14	15	16	17
Maschio	2	Monaro sanguigno	25 Aprile 1885	1	1											
Id.	5	Bigio verghe nere.	28 Id.	1	—											
Femmina	7	Trigono di bigio .	3 Maggio 1885	1	1											
Maschio	11	Bigio verghe nere.	5 Id.	1	1											
Femmina	21	Monaro verghe rosse	5 Id.	1	1											
			TOTALI	5	4											

ppe eseguite da ciascun viaggiatore											PARALLELO					VARIAZIONI ed ANNOTAZIONI
											Presenti alla formazione del gruppo	Aumenti avuti dopo la formazione del gruppo	Diminuzioni		Rimasti alla fioe dei viaggi dell'annata	
													Smarriti nei viaggi	Per altri motivi		
18	19	20	21	22	23	24	25	26	27	28	29	30	31	32	33	34
											1				1	Disperso a Ciampino il 20 Luglio.
											1		1		—	
											1				1	
											1			1		Morto il 24 Luglio appena tornato da Cecchina.
											1				1	
											5		1	1	3	

CAPO SECONDO

SPORT COLOMBIFILO.

I.

Cenni diversi.

150. **Utilità dello Sport.** — È noto che gl'Inglesi hanno ridotto, acclimato, migliorato il cavallo orientale nel loro paese e son pervenuti a farne una razza speciale, il puro sangue inglese, accreditato e ricercato ovunque, non tanto come cavallo di servizio, quanto per perfezionare la maggior parte delle altre razze.

È sopratutto per mezzo di incroci, della selezione, di un progressivo *allenamento*, di speciale regime, di lavoro e studi indefessi che gli allevatori hanno ottenuto quei meravigliosi quadrupedi che percorrono sino a due Km. al minuto, il doppio cioè della velocità di un colombo. Le prove indispensabili per constatare la velocità assoluta o relativa dei cavalli, per farsi un criterio esatto del valore degli allevatori, e per incoraggiarli a migliorare la razza, come pei colombi viaggiatori, si fanno per mezzo di corse di gara con premi i quali talvolta uno solo raggiunge la ragguardevole somma di L. 150 mila. La maggior parte del pubblico, da noi specialmente, non vede in queste gare che la parte frivola e vi trova materia per iscommettere sulla velocità dei corridori, ed occasione per ritrovi e sfoggi di lusso, ma il vero ed utilissimo scopo, il miglioramento cioè continuo della razza, che è della più grande importanza, rimane per lo meno dimenticato dai più.

Altrettanto ed in grado molto più sensibile, avviene dello Sport colombifilo perchè sembra, per chi non lo considera a fondo, un semplice divertimento « da gente oziosa e scapigliata » come il Tassoni disse dei Triganieri modenesi, ma che al contrario, forse anche ad insaputa di parte degli amatori, tende ad uno scopo utilissimo, cioè la moltiplicazione ed il miglioramento del colombo viaggiatore a beneficio dell'industria, del nutrimento delle popolazioni, della corrispondenza in certe contingenze di guerra e dei servizi pubblici in genere.

Ed un esempio recente della grande utilità di un tale Sport l'abbiamo nell'assedio di Parigi del 1870-71 da cui, come è a suo luogo dimostrato, incontestabilmente risulta che senza il generoso e patriottico concorso della società colombifila di Parigi, la Capitale della Francia, in cui una siepe di baionette Germaniche teneva rinchiuso oltre un milione di persone, rimaneva per tutto il tempo dell'assedio priva di qualsiasi comunicazione coll'esterno.

Io credo dunque che, sebbene sotto un altro aspetto, lo Sport colombifilo sia utile quanto quello ippico, e perciò degno di esser tenuto in considerazione ed incoraggiato dal Governo e specialmente dai Ministeri della Guerra ed Agricoltura Industria e Commercio. Il primo infatti degli or mentovati Superiori Dicasteri

che sa apprezzare l'utilità di un tale Sport, incoraggia
da qualche anno le Società di colombicultori di Modena e Reggio Emilia che ne hanno fatto domanda.

Alla Società colombicultori di Modena concesse
una grande medaglia d'oro negli anni 1883-84-85-86
per gare fatte rispettivamente a Fenestrelle, Roma,
Barletta e Roma. A quella di Reggio concesse egual
premio negli anni 1885 e 86 per gare fatte da Foggia
e Roma. Le medaglie vennero conferite al proprietario
del colombo primo giunto a destinazione. Il Ministero
della Guerra incarica ogni anno il Comandante del
Presidio M.re del luogo di presiedere la commissione
incaricata di dirigere le gare, alla quale pure lo scrivente viene sempre inviato d'ufficio, siccome tecnico,
a far parte.

151. Sport e Società Colombofili ne' vari paesi. —
In Italia la prima società di amatori di colombi viaggiatori belga si formò in Firenze nel febbraio 1877,
poco dopo cioè l'impianto della prima colombaia militare, sotto la denominazione di Società Italiana per
l'allevamento dei colombi messaggeri in seguito ad
iniziativa ed impulso di un distintissimo amatore modenese, l'egregio amico mio Pietro Manzini Capo sezione alla Direzione delle Ferrovie. La Società si costituì
sotto buonissimi auspici, poichè vi aderirono oltre un
centinaio di distinte persone come membri e ne venne
affidata la Direzione al promotore. A differenza però
delle altre Società congeneri i cui membri rappresentano tante colombaie che fan gare fra loro, la Società
di Firenze impiantò una colombaia sociale unica, di

guisa che non esistendone altre, in Firenze, di colombi viaggiatori, avrebbe fatto gare da se sola, *certa di vincere sempre tutti i premi*. Il 24 giugno 1879 la Società fece con buon esito un primo esperimento di viaggi da Prato, e poscia a Cassiano, Pracchia, e Livorno, ma poi parte dei membri si tolsero dalla Società e questa si sciolse nel 1880; ciò che del resto era da prevedersi, poichè una società formata su tali basi, di persone cioè non appassionate ad un tale Sport, e sopratutto senza l'emulazione delle gare con premi fra gli amatori non poteva vivere lungo tempo.

La vendita dei colombi della Società fece nascere in Firenze parecchi dilettanti e tuttora se ne contano circa dieci di cui quattro presero parte alla prima gara nazionale di Torino effettuatasi il 3 agosto 1886.

A Modena sebbene non fosse ancora formata una società, fin dal 1879 si fece da Roma una prima gara alla quale anzi ebbi l'onore di assistere quale rappresentante del Comando Territoriale d'Artiglieria di Bologna, siccome incaricato, allora, della superiore direzione delle colombaie militari. Continuarono così alcuni amatori a far gare fra loro e nel 1883 venne formata la « *Società cultori colombi viaggiatori* » che tuttora forte di circa 50 soci vive d'una vita rigogliosa ed appassionata e primeggia su ogni rapporto su tutte le altre ora esistenti.

A Reggio Emilia, come gentilmente mi comunica l'amico mio nobil Lodovico Bertani, presidente della

Società colombicultori di quella città, risulta che fin dal 1872 o 1873 esisteva colà buon numero di colombi viaggiatori avuti da Parma, discendenti però da incrociamenti di colombi di razza belga con colombi di razza parmense, e che in quell'epoca si facevano esperienze di viaggi sebbene a piccola distanza. Nel 1874 alcuni amatori acquistarono da Bruxelles colombi di vera razza belga coi quali fecero esperimenti a maggiori distanze, ma ciò che contribuì a dare maggiore sviluppo alla coltura del belga in quella città, come anche in alcune altre, fu la presa di alcuni viaggiatori smarriti dalla grande lanciata di 1070 colombi eseguita a Roma nel 1878 da alcune Società Colombofili di Bruxelles. Dei suddetti viaggiatori ne rimasero in Italia una gran parte perchè il giorno della lanciata avvenne improvvisamente un forte temporale.

Il 22 ottobre 1882 i colombicultori reggiani si riunirono in Società cui diedero la denominazione di *Società colombi messaggieri*, e nel 1883 cominciarono ad organizzare delle gare, con viaggiatori belga. Nell'anno 1884 mi recai appositamente a Reggio per eccitare i colombicultori e gettare salde basi a quella Società onde maggiormente estendere nel nostro paese un tale utile e dilettevole Sport. Il signor Conte Carlo Cassoli presidente allora della Società, il nobile Lodovico Bertani e altri facenti parte della direzione della Società, che gentilmente mi accolsero, mi dissero chè la Società medesima era pressochè sciolta, ma in seguito alle mie esortazioni fatte a quei signori egregi ed a quanti altri colombicultori potei conoscere, e sopratutto dal venire per mio mezzo a conoscenza della probabilità di ricevere incoraggiamenti governativi, e mercè gli sforzi dei signori della direzione, la Società si riorganizzò, ed ora conta più di 30 membri. Riordinata in tal guisa la Società effettuò tosto parecchie gare a grandi distanze, due delle quali come abbiamo accennato al § 150, incoraggiate dal Ministero della Guerra.

Esiste fra le Società colombofili delle due città di Modena e Reggio una forte emulazione tendente quasi a rivalità nel disputarsi la capacità come colombicultori e l' abilità dei rispettivi viaggiatori. Si sono anzi misurati tre volte le aeree schiere e i modenesi riportarono vittoria in tutte e tre le sfide. I reggiani però che per diletto usano di far viaggiare uno stesso colombo per diverse direzioni, cambiando anche da un viaggio all' altro completamente la direzione medesima, per confortarsi delle sconfitte sofferte, si vantano perchè i modenesi non vollero raccogliere il guanto di sfida per una gara da farsi nel modo or accennato. I miei concittadini che non avevano ancora fatto esperimenti di tal genere e che per conseguenza non sapevano se i viaggiatori avessero potuto superare un tale esperimento, non accettando, come interrogato, troppo tardi però, ad alcuni scrissi, fecero molto male, (1) inquantochè essi, che senza dubbio sono i

_____

(1) Com'è accennato al § 165 i colombi ritornano, sebbene con maggiori perdite, anche cambiando repentinamente la direzione.

migliori e i più appassionati colombicultori del nostro paese ed hanno colombi migliori, dovevano raccogliere il guanto orgogliosamente gettato e vincere, onde intatta mantenere la fama che meritamente godono nella schiera colombofila.

A Parma, altra città ove la colombicultura è molto estesa, esiste da qualche secolo una razza di colombi viaggiatori detta « parmense » che ha dato buoni risultati in viaggi fatti sin da molti anni addietro. Non si conosce quando detta razza venne importata o creata colà, ma il signor Icilio Bizzarrini sa, per tradizione di famiglia, che nel 1620 tale razza già esisteva colà. Sin dal principio di questo secolo risulta che i colombicultori parmigiani si divertivano a far viaggiare i colombi della suddetta razza, ed i contemporanei rammentano di viaggi fatti in quell'epoca da Venezia, Torino, Milano ecc. Quest'uso venne sospeso dal 1858 al 1859 perchè l'ex governo assoluto di Parma venuto a conoscenza che distinti patriotti, non sicuri del segreto postale, si servivano dei colombi per corrispondere coi patriotti del Piemonte e degli altri luoghi, ordinò che venissero massacrati tutti i colombi degli amatori che li facevano viaggiare. Una notte del giugno 1858, infatti, diverse pattuglie di poliziotti si recarono nei colombai dei signori Alessandri Vincenzo, Vallesi Antonio, Consigli Giuseppe di Paolo, e di molti altri, ed uccisero tutte quelle innocenti bestiuole arrestandone i proprietari. Soltanto il signor Federico Pagani, avvisato in tempo da un amico, potè nascondere i propri colombi, evitandone l'uccisione, e sottraendosi dalla prigionia di circa un mese come toccò agli altri, pel grave delitto di tener colombi e non altro, poichè non poterono scoprire alcun indizio di aver tenuto corrispondenze per mezzo degli aerei viaggiatori.

Fin dal 1870 e forse prima risulta che esistevano a Parma colombi di razza belga che i parmeggiani incrociavano in parte coi loro colombi da viaggio. Negli anni successivi continuarono a far viaggiare con buoni risultati tanto gl'incroci che i parmeggiani e belgi puri e con quest'ultimi fecero scommesse da Napoli (1).

Venuto a conoscenza di questi fatti e della forte passione esistente in quella città per lo Sport colombofilo, mi recai colà nell'estate del 1885, onde, come feci per Reggio nell'anno precedente, proporre la formazione di una Società sulla stessa guisa delle altre. La mia proposta venne favorevolmente e gentilmente accolta dagli egregi signori Icilio Bizzarrini ed Oreste Aiolfi e da tutti gli altri colombicultori coi quali ebbi il piacere di parlare visitando le rispettive colombaie che trovai fornite di ottimi soggetti. Partii da Parma dopo due giorni di festevole e gentile accoglienza ricevuta da tutti e specialmente dei sunnominati signori ed inoltre colla promessa che si sarebbe formata la desiderata Società. Qualche mese dopo infatti con mia grande soddisfazione, l'egregio sig. Bizzarrini mi annunzia che col 1.º ottobre dello stesso anno 1885 si

(1) I dati sin quì descritti relativamente a Parma, mi vennero gentilmente forniti dai signori testè nominati.

era regolarmente e con apposito statuto costituita sotto
la sua valida ed autorevole presidenza la Società composta di 35 membri sotto la denominazione « *Cultori
colombi viaggiatori belga-Parma* ». Nel successivo
anno 1886 la Società cominciò tosto a farsi onore, poichè
venne premiata all'esposizione locale di volatili e vinse
il secondo premio d'onore nella prima gara nazionale,
tenutasi in Torino il 3 agosto 1886.

A proposito della suddetta gara nazionale, essendo
stata la prima che ha avuto luogo in Italia, credo di
qualche utilità storica per gli annali dello Sport, di
qui riportare i seguenti brani degli autorevoli giornali
« *L'Italia Militare* » ed il « *Popolo Romano* » che
ne riferivano.

L'*Italia militare* dell'11 agosto 1886:

Il 3 ha avuto luogo da Torino l'annunziata gara nazionale con
colombi viaggiatori, effettuatasi sotto la direzione di apposita Commissione centrale, composta dai signori Morelli conte Carlo presidente,
Nasi cav. Roberto, Malagoli tenente Giuseppe rappresentanti la Società Zootecnica di Torino, e Bertani nobile Lodovico, Verzoni Luigi
rappresentanti le città concorrenti di Reggio-Emilia e Modena.

Hanno preso parte alla gara la Società dei colombicultori di
Modena, Reggio, Parma ed alcuni privati colombicultori della città
di Firenze, Cremona, S. Ilario, Piacenza, Collegara e Casalpusterlengo.

Stante la sensibile differenza nella distanza da Torino alle varie
città concorrenti, la gara generale è stata divisa in due gruppi a
seconda della distanza. Formavano il primo gruppo le città di Firenze,
Collegara, Modena e Reggio con un totale di 280 colombi, ed il secondo le altre cinque con 130.

Questa gara venne basata sulla velocità propria di ciascun colombo, tenendo conto, mediante graduale bonifico, della diminuzione di velocità che avviene per effetto della maggiore stanchezza, in relazione colla maggiore distanza. Il primo gruppo venne lanciato alle ore 7 ½, ed il secondo alle 8 ant.

Assistevano alla gara i componenti la commissione, i generali signori Di Pettinengo e la Foret, il comm. Valvassori, alcuni ufficiali del Genio ed un numeroso e distinto pubblico.

La Società Zootecnica assegnava i seguenti premi:

1.º Due medaglie d'oro di primo grado ai colombi che nella gara di ciascun gruppo di città avranno raggiunta una maggiore velocità propria;

2.º Due medaglie d'argento ai due colombi che nella gara di ciascun gruppo avran raggiunto la maggior velocità dopo i due sopraccennati;

3.º Un diploma di merito alla città che presenterà un maggior numero di colombi giunti a destinazione con una velocità non inferiore ai 35 km. all'ora;

4.º Altro diploma di merito alla Società colombicultori che presenterà una percentuale maggiore di colombi ritornati da Torino sino alle 7 pom. d'oggi.

Oltre alla gara generale per gruppi, formavano pure gara fra loro i colombicultori delle singole città.

Queste gare per le quali vennero assegnate altre medaglie e menzioni non vengono regolate sulla velocità propria dei colombi, ma sull'ora di arrivo alla loro colombaia.

I colombi concorrenti alla gara vennero tutti timbrati a Torino nelle remiganti con contrassegni speciali della commissione dirigente per constatare l'identità dei colombi che giungono a destinazione. Per osservare ciò, e constatare l'ora d'arrivo dei medesimi, la Commissione centrale ha nominato una Commissione per ogni città, le quali però secondo rigorosissime formalità stabilite da apposito programma-regolamento, tengono conto per mezzo delle distanze del tempo occorrente per trasportare i colombi dalle colombaie, al luogo ove siede la Commissione locale, e di tanti altri dettagli.

Nelle città formanti il 1.º gruppo i primi colombi sono giunti a
Firenze alle ore   2,27' p. m. distanza in linea retta .   .   . km. 318
Collegara   »   12,50', 41"   »   »   »   . . . » 265
Modena   »   12,11', 57" p.   »   »   »   . . . » 262
Reggio-Emilia   11,53', 8" a.   »   »   »   . . . » 236

In quelli formanti il 2.º gruppo a:
S. Ilario alle ore   2,10', 2" p. distanza in linea retta . . km. 222
Parma   »   11,46', 6" a.   »   »   »   . . . » 211
Cremona   »   12,18', 30" p.   »   »   »   . . . » 185
Piacenza   »   10,34', 18" a.   »   »   »   . . . » 160
Casalpusterlengo   10,51', 45" a.   »   »   »   . . . » 156

Si attendono i verbali della Commissione per poter stabilire l'aggiudicazione dei premi, ed osservare l'esito complessivo della gara.

Poichè la coltivazione dei colombi viaggiatori va facendo rapidi
progressi nel nostro paese, credo utile fare un po' di storia per segna-
lare a chi debbasi il progressivo sviluppo di uno Sport che sebbene,
non tenuto nel dovuto conto perchè non conosciuto ed apprezzato,
può essere di grande utilità all'esercito, e specialmente alla regia
marina; la quale per mezzo dei colombi viaggiatori non è più isolata
nell'alto mare, ma può in poche ore inviare sue notizie sin da 400
o più km. dall'alto mare al continente ed alle isole.

È noto che fin dall'anno scorso le colombaie militari hanno fatto,
oltre a tanti altri, in nove ore circa co'suoi colombi, la traversata da
Napoli a Cagliari km. 450 in linea retta.

La gara nazionale ordunque oggi effettuatasi in Torino, venne
ideata e promossa dal tenente signor Malagoli, sopra menzionato,
specialista in materia, il quale invitato con lusinghevoli parole dal-
l'onorevole Campans marchese Carlo, presidente della Società Zootecnica
di Torino, e non risparmiando fatiche nè spese, accettò di organizzare
la gara predetta recandosi nelle varie città e rivolgendosi ai vari
colombicultori.

La Società Zootecnica di Torino poi, sebbene organizzata per iscopo
regionale, e che perciò non avrebbe interesse alcuno ad incoraggiare
un tale Sport, che come sopra appare si svolge in altre regioni, disin-
teressatamente appoggiava il prefato tenente, ed incoraggiava con

non lieve spesa la mentovata gara, la cui organizzazione è riuscita soddisfacentissima.

Meritano quindi un distinto elogio l'intera direzione della Società Zootecnica per il suo filantropico ed autorevole concorso, ed il signor tenente Malagoli che con tanta passione si occupa di tutto ciò che ha tratto coll'allevamento e colla educazione dei gentili ed intelligenti messaggeri.

Il *Popolo Romano* del 23 agosto 1886:

Come fu preannunziato vi mando le notizie sulla aggiudicazione dei premi ai vincitori nella gara dei piccioni, fatta in seguito dei verbali inviati dalle Commissioni locali. Ricordiamo che la gara si è fatta per gruppi di città e parzialmente fra i colombicultori dei singoli luoghi; quanto ai gruppi il primo era formato dalle città di Firenze, Collegara, Modena e Reggio-Emilia, il secondo da quelle di S. Ilario, Parma, Cremona, Piacenza e Casalpusterlengo.

Ottennero il primo premio d'onore nella gara per gruppi, consistente in medaglie d'oro, il signor Lucchi Dott. Emilio di Modena, (primo gruppo) ed il signor Verzè Enrico di Piacenza (secondo gruppo) per aver raggiunto il primo la velocità propria di kil. 56,073, il secondo quella di kil. 62,337 all'ora, superiore a tutte le altre città del rispettivo gruppo.

Ottennero il secondo premio d'onore consistente in medaglie d'argento, il signor Mescoli Carlo di Modena (primo gruppo) ed il signor Bizzarini Icilio di Parma (secondo gruppo) per una velocità il primo di km. 55,830, il secondo di km. 56,814, all'ora, superiore a tutte le altre città del rispettivo gruppo, dopo però quella raggiunta dai primi premiati.

Il terzo premio, diploma di merito, fu conferito alla città di Modena perchè presentò il maggior numero di colombi giunti a destinazione con una velocità non inferiore ai 35 k. all'ora.

Il quarto premio, altro diploma di merito, fu pure dato alla Società colombicultori modenesi, perchè presentò la percentuale maggiore di colombi ritornati da Torino fino alle 7 pom. il giorno della gara.

Nelle gare parziali concorsero fra loro i colombicultori di Cremona

cui la Società Zootecnica concesse una medaglia di bronzo; Parma una
medaglia d'argento, 3 di bronzo e 3 menzioni onorevoli; Modena
1 medaglia d'argento, 5 di bronzo e 5 menzioni; Reggio Emilia
1 medaglia d'argento, 3 di bronzo e 3 menzioni; Firenze una d'argento, una di bronzo ed una menzione.

Dobbiamo constatare che la palma della vittoria spetta alla città
di Modena, che si è presentata alla gara con maggior numero di colombi, dando i migliori risultati sia per velocità che quantità di messaggieri, presentati di ritorno. Mandiamo quindi un bravo di cuore
ai modenesi, senza però togliere agli altri quel tanto di merito loro
spettante, incoraggiandoli tutti a perseverare nel loro proposito, di
migliorare cioè le rispettive razze per portarsi a livello delle colombaie
militari del regno raggiungendo la velocità ed i risultati numerici
che normalmente si ottengono da quest'ultime, onde mettersi in grado
di esser loro di valido aiuto in caso di guerra.

Sappiamo inoltre che la Società Zootecnica di Torino nell'occasione dell'esposizione di animali che avrà luogo colà sul principio di
estate, ha ideato di bandire una nuova gara nazionale di colombi
viaggiatori alla quale potranno prender parte tutti i colombicultori
del regno.

Altra simile gara nazionale probabilmente avrà luogo a Firenze
per cura del Comitato promotore delle feste che si faranno per lo scoprimento della facciata del Duomo nella ventura primavera, lanciando
i colombi precisamente al momento in cui avrà luogo la funzione, e
ciò per dare alla medesima un certo carattere simbolico e di buon
augurio.

I nostri colombicultori sono avvisati. Quelli ai quali abbisognassero colombi viaggiatori belga potranno rivolgersi alle diverse colombaie militari del regno le quali vendono i giovani piccioni esuberanti
a prezzi mitissimi onde favorire nei privati un tal genere di Sport.

All'estero esistono presso quasi tutte le nazioni amatori che fan viaggiare colombi, i quali, in Europa, sono
di razza belga, ma dove la passione per un tale Sport

ha raggiunto proporzioni immense è nel Belgio, patria del tanto meritamente decantato viaggiatore.

Il dottor Chapuis coll'appoggio di documenti autentici fa rimontare al principio di questo secolo e precisamente nel 1818 il cominciamento dello Sport colombofilo nel Belgio. Fu nel suddetto anno, egli dice, che ebbero luogo le prime gare di qualche importanza. Alcuni amatori di Herne si riunirono e tennero nel 1818 una gara da Francoforte sul Meno, distanza circa 250 Km.

Pressochè nella stessa epoca doveva esistere a Liegi una società con sede nel sobborgo di Amercoeur, ove gli amatori si riunivano allo scopo di organizzare gare. Un testimone oculare, il signor G. Deveaux di Verviers, narra che nell'estate del 1820 un colombo appartenente ad uno dei soci ritornò da Parigi vincitore del primo premio percorrendo in tal guisa il non breve tragitto di oltre 300 Km. Questo avvenimento apparve tanto straordinario che il piccione rinchiuso in una cesta fu portato in trionfo per la città preceduto da due violini per festeggiare la vittoria, mentre collo sparo di due cannoncini annunziavano per le strade l'arrivo dell'eroe.

Dietro questo primo successo sorsero bentosto molti amatori anche nelle altre città, le quali man mano tentavano superarsi nel fare gare una più distante dell'altra, non ostante le difficoltà e le spese pel trasporto dei colombi sulla via ordinaria.

L'impianto poi delle ferrovie diede un'estensione straordinaria allo Sport colombofilo in quell'industrioso paese. Per dare un'idea dell'importanza di esso Sport,

basta dire che esistono colà circa 1150 società colombofili e che nella sola provincia di Liegi il 13 maggio
1882 le diverse Società lanciarono da diversi punti
2225 cesti contenenti 111250 colombi viaggiatori. Nel
mese di aprile dello stesso anno dalla medesima provincia si spedirono 375 vagoni contenenti ciascuno 25
cesti con un totale di 468750 colombi. Non è facile
farsi un'idea della passione esistente in quel paese.
Non v'è casa ove non esistano colombi, come non v'ha
famiglia che non conti un colombicultore. Alcuni poi
ne fanno un commercio speciale e vivono di esso. Difficilmente si fa un'idea di quante difficoltà, fatiche e
spese occorrano nel Belgio per crearsi un colombaio
e per accudirvi e giungere al punto di poter competere
coi veterani delle aeree lotte, che numerosi esistono
colà e nelle cui colombaie o case si scorgono le pareti coperte dei diploma e degli altri trofei delle
battaglie vinte nell'incruento agone.

Un'altra prova dell'immenso sviluppo dello Sport
nel Belgio l'abbiamo nel fatto che « La Rondine », la
più grande Società di Liegi, in cinque gare di lungo
percorso tenute nel 1881 alle quali presero parte i
colombi più scelti, distribuì in tanti premi la rilevante
somma di L. 62194 di cui 36 mila nella gara fatta
da Auch.

Nelle varie città hanno luce giornali i quali trattano
esclusivamente di materie colombofili e sono gli organi
delle Società, le quali se ne servono per comunicare
ai soci i programmi delle gare, il loro esito ed altro;
a Bruxelles esce settimanalmente *L' Epervier* e *Le*

Martinet. Anche nei piccoli paesi e persino nei villaggi esistono Società regolarmente costituite e dirette con apposito Statuto.

Ciascun colombo ha nel Belgio il suo nome e la sua genealogia, la quale è conosciuta dai membri della Società, ed i più valorosi sono conosciuti e temuti dall'intera città, come precisamente avviene nei cavalli da corsa. Il colombo, ad esempio, del sig. Gits di cui si è fatto cenno in altra parte, era, per la sua grande velocità, conosciuto e temuto da quasi tutti i colombicultori di Anversa, città che conta circa due mila amatori divisi in circa 30 Società e con 60 mila colombi.

Ogni anno poi le diverse Società si collegano e tengono gare di lungo percorso provinciali, nazionali e talvolta internazionali, alle quali ultime prendon parte anche i colombicultori delle provincie limitrofe della Germania e della Francia. Pure ogni anno le principali Società tengono aerei tornei dalla distanza di oltre 1000 Km. in linea retta e preferibilmente verso la Spagna, alle quali però non prende parte che il fiore dell'aereo esercito. Specialmente nei giorni in cui han luogo gare generali e nel tempo in cui giungono i viaggiatori si vedono quantità di persone che corrono precipitosamente per la città e si contendono a gambe la via per giungere prima coi colombi nei locali dove siede la Commissione di constatazione dell'arrivo dei viaggiatori.

Non credasi che a questo Sport prendan parte che giovanotti poco seri. Compongono invece le Società persone di ogni età e ceto, dal povero al ricco, dall'operaio all'uomo di Stato. La passione per questo dilettevole Sport non conosce confine di condizioni sociali nè di età; affascina ed attira a se con una potenza irresistibile. Per credere, bisogna praticare per qualche tempo colombicultori e sopratutto provare le compiacenze che si provano nell'allevare, crescere, educare, migliorare i propri amministrati. È ciò che addirittura affascina e sommamente commuove l'appassionato colombicultore è l'arrivo dei viaggiatori specialmente se questo avviene da grandi distanze o se da essi si attendono notizie importanti o la vincita di premi di entità. Avete mai assistito ad un tale arrivo? L'appassionato colombicultore già da qualche tempo prima dell'ora in cui secondo la consueta velocità de' suoi colombi, devono giungere, si mette in osservazione sulla terrazza ove attende commosso i suoi viaggiatori. Dopo un po' di tempo osserva l'orologio, rifà il calcolo e non vedendoli giungere impaziente esclama cogli amici: Eppure a quest'ora dovrebbero già esser giunti; la mia « Stefanina » poi dovrebbe esser quì da qualche tempo! Da questo momento cominciano le ansie, le impazienze. Osserva l'orologio ad ogni momento nonchè la direzione del vento, consulta lo stato del cielo, i gradi di caldo, tutto è favorevole al volo dei viaggiatori. Vede in distanza un uccello che dalla direzione donde devono giungere i viaggiatori vola verso la colombaia ed esclama commosso: Eccone uno! L'uccello si avvicina, disillusione! era una rondine!...... Egli spera ancora di vincere il primo premio poichè non ha veduto arrivare in città i colombi degli avversari. Di nuovo si dispera

perchè sembragli averne ora visto giungere qualcuno.
Si perde d'animo e minaccia le povere bestiole di ti-
rar loro il collo perchè ritardano, ciò però che non
fa perchè le ama troppo. Improvvisamente, quanto meno
se lo aspetta vede al suo zenit a grande altezza un
colombo che rapidamente si abbassa descrivendo grandi
circoli per posarsi sull'esterno della colombaia. Allora
commosso, confuso esclama: È Stefanina! è Stefanina!
e vola davanti alla porta della colombaia per attendere
che entri. Qui cominciano altre ansie. Entrerà subito?
Nessun incidente o rumore verrà a disturbare il viaggiatore? Silenzio, dice agli altri, nessun si muova. I
secondi sembrano ore! Finalmente Stefanina si presenta
sulla gabbia-trappola per entrare. Essa guarda sospet-
tosa intorno a se e nell'interno della colombaia dove
scorge sulla posta per la nidificazione i piccioni suoi,
che usciti dal nido attendono pigolando i genitori per
esser nutriti. Allora Stefanina vuole entrare spinge
i ferri mobili due, tre volte, ma in traverso in guisa
che non si spostano in modo di poter entrare. All'amatore, impaziente di poter prendere Stefanina, sembra
impossibile che essa non sappia che per entrare bisogna
spingere i ferri per quel dato verso; come pure gli
pare che dovrebbe sapere che può dipendere da un
mezzo minuto la vincita di un premio. Tutto ciò avviene
talvolta in pochi secondi. Finalmente con grande soddisfazione dell'amatore Stefanina è entrata nella gabbia-trappola. Egli tosto la prende, le dà un bacio e
dalla finestra la scende velocemente in cortile entro
apposito cesto, donde un veloce corriere la porta cor-

rendo precipitosamente alla Commissione per la constatazione. Il colombicultore vorrebbe seguire Stefanina per conoscere più presto qual sia il premio vinto, ma gli altri colombi sono anch'essi giunti e stanno per entrare. Mentre li prende, il telefono (1) gli notifica che la sua Stefanina ha vinto il primo premio d'onore. Carlo è commosso dalla gioia, vorrebbe baciare tutti. Manda gli altri colombi giunti alla Commissione. Non un colombo è mancato e tutti son giunti nel termine di otto ore dalla distanza di 500 Km. Il telefono gli partecipa che anche gli altri hanno vinto dei migliori premi. Il vincitore per quella giornata è l'uomo più felice del mondo. Egli non pensa e non parla che della sua Stefanina e degli altri suoi fedeli compagni, e dimentica per quella giornata i dispiaceri, od i fastidi degli affari. La famiglia prende parte alla sua gioia. I coinquilini ed i vicini pure s'interessano del fatto e gli fanno le loro congratulazioni. Gli amici pure. Le migliori bottiglie di vino vengono stappate in quel dì.

Più tardi egli va al caffè ove di solito si riuniscono i colombicultori e colà riceve le congratulazioni degli avversari, le quali però non sono sempre sincere perchè rimasti perdenti, congratulazioni che egli riceve ringraziando, senza però rinunciare al diritto concesso ai vincitori di canzonare i perdenti e disprezzarne i colombi, invitandoli a metterli allo spiedo.

(1) Nel Belgio, dove non esiste il telefono, onde ricevere presto notizie circa l'arrivo dei colombi, gli amatori addestrano alcuni piccioni bianchi di razza diversa dei viaggiatori, i quali dal luogo di constatazione vanno ai rispettivi colombai muniti di dispaccio concernenti le notizie della gara.

I colombi del vincitore hanno acquistato un gran credito e tutti vorrebbero comprarne anche a prezzi rilevanti, ma egli si guarda bene dal cederne, onde non gli faccian concorrenza. A ciascuno poi dei concorrenti alla gara, che non ha vinto premi per giustificare la nullità dei propri colombi racconta che gli è avvenuto qualche inconveniente in causa del quale non ha potuto vincere il premio, che gli sarebbe spettato. Ad uno è fuggito il colombo che avrebbe vinto, mentre lo si portava alla Commissione di constatazione. All'altro, un improvviso rumore oppure un gatto ha spaventato i colombi mentre stavano per entrare e così di seguito, giacchè in colombicultura è permesso di dir bugie e raccontare le più strane congetture, senza però aver diritto di esser creduto.

Fra gli appassionati colombicultori poi un tale Sport forma argomento di inesauribili discussioni e conversazione. Basta dire che due miei concittadini ed amici che si recarono coi propri colombi all'esposizione-gara di Torino del 1884 partirono da Modena, stettero alcuni giorni a Torino e ritornarono a Modena senza mai smettere, neanche di notte, di parlare di colombi.

Nei paesi confinanti col Belgio lo Sport del viaggiatore esiste da molti anni ed è esteso molto più che da noi.

In Francia, secondo Gobin, esistevano nel 1878 una ventina di Società, la maggior parte fondate dopo il 1871, tre delle quali a Parigi (*La Speranza, Il Mes-*

saggero dell' assedio, e la *Società colombofila*). La prima esisteva avanti il 1870, poichè come è detto innanzi fu essa che prestò servizio durante l'assedio di Parigi. Una a Lilla *(Sport colombofilo Lillese)*, cinque a Tourcoing *(La Società centrale, La Colomba, Il Falco, Unione e Progresso, Federazione colombofila)*, una a Chatellerault *(La Speranza)*, una a Marsiglia *(La Colomba)* e così di seguito.

A giudicare poi dalle notizie di gare che si leggono nei giornali francesi, devesi attualmente il numero delle società essersi triplicato almeno.

In Germania, forse più che in Francia, è sviluppato lo Sport colombofilo. Infatti soltanto la società di Colonia « *Columbia* » del cui Consiglio d'Amministrazione fa parte come membro autorevole un italiano, l'amico mio signor Giovanni Prosperi, nel 1884, epoca in cui mi recai a visitare le colombaie militari di quella città, era forte di quasi duecento membri, ed organizzò nel suddetto anno circa una ventina di gare sociali. Da questo fatto soltanto si può giudicare lo sviluppo preso dalle società della Germania, ove non soltanto per passione o divertimento quei vigorosi tedeschi si dedicano ad un tale Sport, ma per ispirito patriottico eminentemente ed orgogliosamente da essi sentito, specialmente dopo il 1870. Hanno rigogliosa vita in Germania parecchi giornali colombofili; uno a Colonia, ad Annover, a Zaderdag, due a Berlino ecc. i quali, come quei del Belgio, trattano esclusivamente materie attinenti allo Sport ed alla colombicultura.

In Olanda, Inghilterra, nell' Impero Austriaco, in Spagna, in Russia, in tutta l' Europa infine si è estesa dopo la disastrosa guerra del 1870 la coltura e lo Sport del viaggiatore Belga. Un tale importante fatto sembrami meritare tutta l' attenzione di chi sta a cuore il 'civile progresso delle umane cose e particolarmente dell' esercito; poichè essend' egli avvenuto dopo di aver toccato con mano l' utilità dello Sport, laonde oltre un milione di persone rinchiuse dentro Parigi furono salvate da un abbominevole e prolungato isolamento, è da supporsi seriamente che un tale risveglio sia avvenuto non solamente per procacciarsi un divertimento, ma per previdente spirito patriottico. Io credo infatti che non siavi altro Sport oltre a quello di cui parliamo, che al diletto accoppi la poca spesa e la possibilità, sebbene da non augurarci, di poter prestare grandi servizi all' esercito ed all' intero paese. È sopratutto sotto questo punto di vista che si dovrebbe osservare ed appoggiare un tale Sport. Facciamo dunque appello a tutti i cittadini che amano il proprio paese e particolarmente agli abitanti delle città fortificate di dedicarvisi con passione. La spesa d' impianto è pochissima da noi perchè vi è la facilità, che non esiste in altro paese, di acquistare dalle colombaie militari, che sono sparse in tutto il Regno, degli eccellenti viaggiatori, giovani però, a circa 12 soldi l' uno, piccioni che nel Belgio, sebbene giovani, non si pagherebbero meno di 20 lire. Pel mantenimento, come abbiamo a suo luogo dimostrato, la spesa è lievissima venendo il mantenimento dei colombi quasi compensato dai proventi, di guisa che non rimangono che quelle di trasporto. Queste si rendono poi poco sensibili se si hanno buoni colombi i quali in poche tappe si possono addestrare a percorrere grandi distanze e vincere premi, e meglio ancora se, come si usa nel Belgio, si riuniscono i vari colombicultori delle singole città per far trasportare i colombi assieme nei luoghi di tappa.

I Prefetti, i Municipi, i Comizi Agrari ecc. dovrebbero pur concorrere co' loro mezzi morali e con qualche incoraggiamento per favorire questo nobile Sport onde raggiunga da noi, lo sviluppo già raggiunto dagli altri paesi.

Per dare infine un' idea del vantaggio che si potrebbe ricavare dal lato dell' industria, qualora lo Sport prendesse lo sviluppo che ha attualmente nel Belgio, basta dire che in questo colto paese, che nel 1869 aveva 5,021000 abitanti, esistono circa 3 milioni di colombi i quali al prezzo medio minimo di L. 10 rappresentano un capitale di 30 milioni. Ammettendo che ogni coppia di essi dia solo quattro allievi all' anno in media, sono 6 milioni di piccioni che si riproducono in questo piccolo Stato. Questa rilevante produzione di piccioni, calcolandoli 300 grammi di peso ognuno rappresentano il ragguardevole peso di 18,000 quintali di carne buonissima e delicata che si produce annualmente. Oltre a ciò il Belgio ha un' entrata annua per esportazione; nel 1876, secondo Balbin, vennero esportati circa 18 mila viaggiatori i quali venduti, come furono, al prezzo medio di L. 35 quel piccolo Stato, ebbe un' esportazione in quell' anno, che fu però eccezionale, di oltre 600 mila lire.

Ora, concludendo, se lo Sport si estendesse da noi in egual proporzione rispetto alla popolazione, cosa però non facile da avverarsi, avremmo nel paese 28 milioni di colombi viaggiatori, i quali ne produrrebbero annualmente 56 milioni, con un peso di 160 mila quintali, cifre tonde, di carne buonissima ed a buon prezzo, e ciò con grande vantaggio del nutrimento della popolazione.

152. Lo Sport colombofilo all' assedio di Parigi. — Nel 1870, allorchè Parigi venne assediata dall' esercito germanico, non esistevano in quella grande capitale colombaie militari nè altre istituzioni ufficiali del genere, ma semplicemente una società privata di cultori della razza belga composta di circa 60 membri, denominata *La Speranza*.

All' appressarsi del nemico a Parigi molti degli amatori, di cui uno dei primi fu il La Perre de Roo che il lettore conosce, proposero al Ministero della Guerra di organizzare un servizio di corrispondenza per la via aerea, portando cioè all' esterno i colombi di Parigi e trasportando nella capitale quelli di Lilla e Roubaix e delle altre città ancora occupate dai Francesi, ove, al par delle due ora citate, si fossero rinvenuti colombi viaggiatori. Ma, forse che non credessero alla pratica utilità di un tal mezzo di corrispondenza, o perchè non supponevano che la capitale di sì grande Nazione potesse venire assediata, il Ministero respinse tutte le generose e patriottiche proposte, deridendo talvolta i proponenti. Assediata Parigi i francesi ricorsero tosto a tutti i mezzi per corrispondere cogli assediati. Distinte persone, fra cui coraggiose signorine, nascondendo con mille astuzie le corrispondenze offrirono i loro servizi, ma stante la ben organizzata e rigorosa sorveglianza dei prussiani ben poche poterono passare la linea nemica senza essere arrestate e talvolta colpite dalle palle delle vedette degli avamposti (1). Tentarono persino di mandare corrispondenze per mezzo di cani ma anche questo tentativo non diede risultati pratici.

Doveva dunque Parigi rimanere rinchiusa per cinque mesi senza poter corrispondere coll'esterno. Mercè però la felice idea del signor Rampout Direttore generale delle poste, di poter comunicare coll'esterno per mezzo di palloni areostatici, il 23 settembre partiva da Parigi un pallone contenente 123 Kg. di dispacci. Nel frattempo alcuni membri della società colombofila poterono avere qualche notizia dall'esterno mediante un certo numero di colombi che, stante il rifiuto del governo di accettare i loro viaggiatori, avevano per conto proprio inviati all'esterno. Esauriti questi pochi viaggiatori Parigi trovossi nelle stesse

---

(1) I prussiani collocarono tutto all'intorno di Parigi un filo di ferro sottile, teso all'altezza di 20 cent. da terra nascosto fra l'erba od altro. Con questo semplicissimo mezzo le persone ed anche gli animali che tentavano passare la cerchia d'assedio inciampavano, o cadevano, provocando un rumore che avvisava le sentinelle prussiane.

condizioni, senonchè il vice presidente della società colombicultori *La Speranza* signor Van Rosebeke, un belga, sorse l'idea di portar fuori i colombi viaggiatori per mezzo dei palloni, idea alla quale diedero tosto effetto, e con questo mezzo poterono in pochissimo tempo stabilire un utilissimo mezzo di corrispondenza.

Infatti con decreto della delegazione della difesa nazionale di Tours in data 4 novembre venne impiantato presso la direzione generale delle poste un servizio postale aereo anche pel pubblico con pagamento di 50 centesimi per parola e con un massimo di 20 di queste per ciascun dispaccio. Con altro decreto del 25 detto mese ed anno, la stessa delegazione istituiva il servizio dei vaglia postali sino alla somma di L. 300, e con un terzo decreto in data 8 gennaio 1871 riduceva la tassa dei dispacci da 50 e 20 cent. per parola. È inutile aggiungere che la corrispondenza usciva da Parigi per mezzo dei palloni e vi entrava per mezzo dei colombi portati fuori dai palloni medesimi.

Rimaneva ancora di trovare il modo di far portare ai volatili alati molta corrispondenza contenuta in poco peso, poichè una enorme quantità di dispacci affluiva a Tours per essere trasmessa a Parigi. Il celebre fotografo signor Dragon di Parigi che in una piccola lente del diametro di due millimetri riprodusse la fotografia di un gruppo di 500 deputati, si mise a disposizione del Governo ed il 12 novembre 1870 partiva in pallone unitamente ai suoi collaboratori per recarsi a Tours onde applicare al servizio postale aereo la sua meravigliosa specialità.

Organizzato il laboratorio foto-microscopio a Tours
i dispacci da spedirsi venivano stampati. o chiaramente
trascritti su di grandi fogli, formato da stampa, e poscia
il Dragon li fotografava in piccole e leggerissime pellicole di collodio, alquanto trasparenti che si trasmet-
tevano entro tubetti di penna d' oca, nel modo indicato
al Capo VII. Questa pellicola, oltre alla leggerezza,
presentava anche il grande vantaggio che in due soli
secondi riceveva l' impronta e la sua trasparenza age-
volava alquanto la trascrizione del contenuto. Giunti
a Parigi si trascriveva il contenuto di tali pellicole
in tanti dispacci separati per inviarli alle rispettive
destinazioni.

Per facilitare ed accellerare un tal lavoro, con
una specie di lanterna magica, con forte microscopio
illuminato a luce elettrica si faceva riflettere il contenuto delle pellicole alquanto ingrandito contro pareti
appositamente preparate. In tal guisa non uno soltanto,
ma molti impiegati potevano copiare contemporaneamente, e sollecitamente far recapitare la corrispondenza
e soccorsi di denaro in vaglia postali, che gli assediati ansiosamente attendevano.

Le pellicole erano di forma rettangolare, larghe
tre centimetri e lunghe quattro o cinque secondo che
contenevano la riproduzione di 12 o 16 *fogli di stampa*
e pesavano soltanto un centigrammo scarso ognuno.
Di guisa che un sol colombo, avrebbe potuto portarne
comodamente oltre un centinaio, e si noti che ogni
pellicola conteneva da 2500 a 3000 dispacci. Il numero
dei dispacci portati a Parigi per la via aerea durante

l'assedio di Parigi supera il milione. Un colombo ne portò in una sola volta 50 mila contenuti in 18 pellicole.

Uscirono da Parigi secondo Gayot 363 colombi e furono lanciati dai dipartimenti vicini. Settantatrè soli ritornarono a Parigi: 9 in settembre, 21 in ottobre, 24 in novembre, 13 in dicembre, 3 in gennaio e 3 in febbraio. Se si considera in quali condizioni doveva funzionare un tale servizio, il risultato può dirsi buonissimo; devesi, dico, tener conto che non era stabilito in Parigi prima dell'assedio un regolare servizio di corrispondenza aerea come praticasi nelle città ove esistono colombaie militari, ma i colombi appartenevano, come sappiamo, a dilettanti, molti de' quali al momento dell'assedio non avevano i colombi alenati, e forse alcuni colombi non avevano mai viaggiato. Aggiungasi poi la neve ed il freddo eccezionale di quell'inverno che furono cause di perdite maggiori. Alcuni però di quegli intelligenti ed insuperabili messaggieri portati fuori in pallone, rientrarono in Parigi due, tre, quattro e persino sei volte con dispacci.

La parte che questi colombi hanno rappresentato all'assedio di Parigi del 1870-71, rimarrà memorabile nella storia. Non si scorderà mai che la speranza e la selvezza di un milione di persone, si attendevano o potevano esser sospese sulle ali di un colombo.

II.

Ordinamento delle società colombofili.

153. Statuto di una società nel Belgio.

STATUTO

DELLA

SOCIETÀ COLOMBOFILA DI SAN MICHELE

IN BRUXELLES

———

CAPITOLO I.

DISPOSIZIONI GENERALI.

Art. 1. La Società è costituita sotto la denominazione di *Società di San Michele*.

Art. 2. Gli affari della Società sono regolati da un Consiglio d'Amministrazione.

Art. 3. Le decisioni sono prese a maggioranza di suffragio dal suddetto Consiglio mediante votazione a scrutinio segreto, o diversamente, dalla Società appositamente convocata.

Art. 4. I fondi della Società servono per far fronte alle diverse spese deliberate dall'assemblea.

Art. 5. La Società ha per iscopo di organizzare delle gare di colombi viaggiatori (1).

(1) A questo articolo potrebbesi aggiungere: onde con questo ed altri convenienti mezzi estendere la coltura e l'educazione del viaggiatore in Italia a mettersi in grado di poter concorrere nei vari servizi in guerra.

Art. 6. L'anno sociale comincia il 1.º settembre e termina il 30 agosto.

Art. 7. La durata della Società è illimitata. Il suo scioglimento non può avvenire che dietro il consentimento dei quattro quinti dei membri.

CAPITOLO II.

CONSIGLIO D'AMMINISTRAZIONE.

Art. 8. Il Consiglio d'Amministrazione è composto di cinque membri, cioè un Presidente, un Vice Presidente, un Cassiere, un Segretario ed un Economo (1).

Art. 9. Il Consiglio suddetto è rinnovato ogni anno. La sua elezione ha luogo a scrutinio segreto, il secondo giovedì di gennaio (2). Questo Consiglio entra immediatamente in funzione.

Art. 10. I membri che nel corso dell'anno cessano di far parte del Consiglio vengono rimpiazzati nella prima seduta.

Art. 11. Il Presidente sorveglia l'esecuzione del presente Statuto e segnala tutto ciò che ne è contrario, dirige le sedute ed accorda la parola; ha facoltà di far votare a scrutinio segreto od in altro modo, ad eccezione dei casi previsti dagli articoli 9, 19, 28 e 33 dello Statuto; mantiene le discussioni nel loro argomento e scopo; proclama il risultato degli scrutini e firma tutti i processi verbali unitamente al Segretario nelle votazioni, infine, in caso di parità di voti egli ha voce deliberativa.

Art. 12. Il Vice Presidente aiuta il presidente nelle sue funzioni e lo rimpiazza in caso di assenza.

---

(1) A questo consiglio si potrebbe aggiungere un Segretario ed anche un Economo aggiunti per le eventualità. Lo statuto delle Società colombofili di Reggio E. e Modena, ammette la nomina di un Presidente e di più membri onorari. Queste nomine onorifiche vengono conferite alle persone dichiarate benemerite della Società.

(2) Alcune Società del Belgio sogliono eleggere il Consiglio subito dopo scaduto l'anno sociale, cioè nel mese di settembre.

Art. 13. Allorchè entrambi sono assenti, la presidenza spetta di diritto al più anziano dei membri del Consiglio.

Art. 14. Il Cassiere è incaricato di riscuotere gl'introiti e di pagare le spese. È depositario dei fondi e presenta nella prima seduta di ogni nuovo anno sociale la situazione della cassa della Società. Egli è pure incaricato di far riscuotere a domicilio le quote mensili arretrate.

Art. 15. Il Segretario è incaricato dei lavori di scritturazione, prende nota delle proposte presentate alla Società, trascrive nell'apposito registro le decisioni dell'assemblea a forma di processo verbale, di cui dà lettura nella seduta seguente.

Art. 16. L'Economo è specialmente incaricato della sorveglianza del mobilio e del materiale. Egli tiene perciò un registro di entrata ed uscita di tutti gli oggetti appartenenti alla Società e nell'ultimo mese della sua gestione è tenuto di presentare uno specchio indicante la situazione del materiale sopra indicato.

CAPITOLO III.

COMMISSIONE DI AMMISSIONE.

Art. 17. È istituita una Commissione di ammissione composta di tre membri del Consiglio e di tre Soci, i quali vengono eletti nella prima assemblea generale di ogni nuovo anno.

Art. 18. Compito della Commissione è di cercare con tutti i mezzi che sono in suo potere, se le persone presentate si trovano nelle condizioni richieste per far parte della Società.

Art. 19. La Commissione decide a scrutinio segreto dell'ammissione provvisoria di nuovi candidati. Perchè questa elezione sia valida occorre cha vi abbian preso parte almeno tre membri presenti alla riunione.

Art. 20. Il candidato non ammesso non potrà essere ripresentato nell'anno. Un secondo rifiuto d'ammissione e definitivo.

Art. 21. Il membro della Commissione che presentasse un nuovo candidato non può prender parte alla riunione e votazione per l'ammissione del suo proposto.

Art. 22. I posti che rimangono vacanti nel corso dell'anno vengono rimpiazzati per cura della Commissione la quale nomina i nuovi membri scegliendoli fra quelli della Società.

Art. 23. Nessun socio può interpellare la Commissione su i suoi atti e le sue decisioni.

Art. 24. I Membri della Commissione si obbligano di conservare il segreto su ciò che concerne l'ammissione od il rifiuto dei candidati. Verrà inflitta una multa di L. 25 a quello il quale commettesse una indiescretezza qualunque al riguardo. Tuttavia la multa non potrà essere applicata che per deliberazione di due terzi dei membri della Commissione.

CAPITOLO IV.

PRESENTAZIONI, AMMISSIONI, DIMISSIONI ED ESCLUSIONE DEI MEMBRI.

Art. 25. Non sono ammessi a far parte della Società gl'individui che hanno meno di 18 anni di età (1).

Art. 26. La presentazione dei candidati si fa con lettera diretta al Presidente, il quale ne dà comunicazione ai membri della Commissione facendone conoscere il nome, cognome, l'età, la professione e la dimora del candidato, nonchè il giorno in cui la Commissione deve riunirsi per decidere sulla sua ammissione.

Art. 27. Le presentazioni devono esser firmate dal proponente o da altri due membri appoggianti la proposta.

Art. 28. L'ammissione od il rigetto di un candidato si decide per mezzo della votazione a scrutinio segreto, dopo la sua accettazione provvisoria della Commissione.

Art. 29. I membri nuovi ammessi ne vengono informati per mezzo di lettera, ed acquistano diritto d'entrata alla prima seduta della Società mediante il pagamento della rispettiva tassa in L. 10 e delle quote mensili arretrate.

Art. 30. Il Socio che desidera dare le sue dimissioni le invia per

_____

(1) Presso altre Società questo minimo e fissato a 15 anni.

iscritto al Presidente, il quale ne dà· lettura all'assemblea nella prima seduta.

Art. 31. Sono esclusi dalla Società:

1.º il socio che non abbia pagato per 3 mesi consecutivi la quota mensile e che multato si rifiuti di pagarne l'ammontare al momento della presentazione della quietanza;

2.º tutti i membri che per la loro condotta, si saranno resi immeritevoli di far parte della Società;

3.º tutti i membri che contravvengono alle disposizioni di cui all'art. 62 dello Statuto.

Art. 32. Tutte le proposte di esclusione sono dal Consiglio d'amministrazione comunicate alla Società specialmente convocata a questo effetto. Tuttavia prima di procedere alla proposta di esclusione, il membro incolpato è chiamato davanti al Consiglio per far valere le sue giustificazioni.

Art. 33. La Società riunita in assemblea per deliberare su di una proposta di espulsione, dopo di aver inteso il rapporto del Consiglio, passa immediatamente alla votazione a scrutinio segreto. Esso però non può aver luogo se non son presenti due terzi almeno dei membri della Società. I membri proposti per l'espulsione non possono assistere a questa seduta.

Art. 34. I membri espulsi vengono avvisati per iscritto dal Segretario nel termine di tre giorni dall'effettuata deliberazione.

Art. 35. I membri che cessano di far parte della Società sono in obbligo di liquidare i loro conti sino al giorno della loro dimissione o esclusione, e perdono ogni diritto di avere verso la Società.

I mesi cominciati sono dovuti per intero.

Art. 36. Allorchè un membro cerca di far parte della Società, senza liquidare il suo dare, il suo nome verrà affisso per tre mesi nella sala delle riunioni. Egli ne sarà però avvisato dal Cassiere, il quale è incaricato di tutti gli incassi.

Art. 37. Il numero dei membri della Società è illimitato.

CAPITOLO V.

Sedute, riunioni ed assemblee.

Art. 38. Nel secondo giovedì del mese di gennaio di ogni anno (1) ha luogo un'assemblea generale; tutti i soci che non intervengono a questa seduta ed all'ora designata, sono passibili di una multa di lire due.

Art. 39. Le sedute hanno luogo alle 9 di sera il secondo giovedì di ogni mese.

Art. 40. Indipendentemente dalle sedute mensili il Presidente è in facoltà di convocare straordinariamente la Società tutte le volte che il Consiglio d'amministrazione lo giudicherà necessario. Egli può inoltre rendere straordinarie le sedute mensili.

Art. 41. Dietro domanda in iscritto, motivata e firmata da un quarto dei membri, il Presidente è in obbligo di far convocare la Società.

Art. 42. Tutte le convocazioni si fanno con circolare indicante lo scopo, il giorno l'ora della riunione.

Art. 43. Tutti i soci sono obbligati di assistere alle sedute alle quali sono convocati, sotto pena di una multa di 25 centesimi per le sedute ordinarie e di 50 per quelle straordinarie.

Incorrono inoltre nella multa di centesimi 15 i ritardatori e quelli che senza autorizzazione lasciano la seduta prima che sia levata.

È considerato ritardatore colui che giunge alla seduta un quarto d'ora o più, dopo l'ora fissata.

Art. 44. I soci non saranno esenti dalla multa che in caso di seria malattia e purchè avvertino in iscritto il Presidente prima della apertura della seduta. La multa di 25 centesimi sarà portata ad una lira in caso di frode tendente a farsi esentare dall'intervenire alla seduta.

Art. 45. Ciascun Socio è tenuto di constatare la sua presenza alla seduta inscrivendosi sull'apposito registro; in difetto di ciò egli è passibile di multa.

(1) Veggasi al riguardo la nota N. (2) all'articolo 9 del presente Statuto.

CAPITOLO VI.

Introiti e spese.

Art. 46. Le spese della Società vengono sopportate dalla Cassa, la quale viene alimentata dalle quote mensili fissate a L. 2 per ogni membro e pagabile anticipatamente, più le tasse di entrata e le multe od introiti qualsiansi.

Art. 47. La ripartizione delle somme da destinarsi per ciascuna gara è votata dalla Società contemporaneamente alla designazione delle medesime.

Art. 48. Una somma di 50 lire viene convertita in titoli pubblici e forma un fondo inalienabile per la Società.

Art. 49. I conduttori dei colombi vengono retribuiti secondo la distanza che devono percorrere, in ragione di 10 lire al giorno, più il viaggio in 2.ᵃ classe (1).

CAPITOLO VII.

Gare.

Art. 50. La Società bandisce non meno di quattro gare sociali all'anno; e può organizzare un numero maggiore se il fondo di cassa lo permette.

Art. 51. Le condizioni dei concorsi vengono fissate dalla Società a questo effetto convocata.

Nelle gare della Società i colombi devono essere di proprietà dei soci a nome dei quali vengono iscritti.

Art. 52. Il Consiglio d'Amministrazione è incaricato di verificare coi mezzi che crederà necessari, se i colombi hanno stabile dimora al domicilio del Socio che li ha fatti inscrivere alla gara.

---

(1) Anche questo servizio è compreso fra quelli di cui è cenno all'art. 66.

Art. 53. La Società nel formulare le condizioni delle gare sta-stabilisce anche la sua durata (1).

Art. 54. In caso di gare generali date dalla Società, i membri sono obbligati di non fare iscrivere i propri colombi che a loro nome (2).

Art. 55. I colombi ammessi alle gare verranno marcati col timbro della Società (3). Se su qualche colombo si perde la timbrazione fatta; il Consiglio sarà convocato per decidere su questo incidente.

Il Consiglio marcherà le prime domeniche di marzo, aprile e maggio i giovani piccioni che i soci destinano all'addestramento (4).

Art. 56. Nelle gare la constatazione dell'arrivo dei colombi si farà nel locale della Società, dove i medesimi saran presentati e tenuti in deposito, tenendo conto dell'ora di arrivo di ciascuno. Da quest'ora sarà dedotto il tempo che il Socio impiega a portare il colombo al locale della Società in ragione di un minuto ogni 300 metri di distanza (5).

Così constatato l'arrivo dei colombi, il primo giunto riceverà il primo premio e così di seguito. Di ciò vien compilato regolare ver-

(1) Veggasi a quest'oggetto l'art. 10 del Regolamento pel concorso di Etampes, e relativa spiegazione.

(2) Chiamansi gare generali quelle cui sono ammessi a prender parte i membri di altre società situate in un dato territorio e talvolta in tutto il Belgio ed anche parte dell'estero. Esse prendono in tal caso la denominazione di gara provinciale, nazionale, internazionale, ecc. Il contenuto poi del suddetto art. 54 spiegasi nel senso che anche i colombi degli altri luoghi devono essere iscritti, alle gare generali non a nome delle Società cui i proprietari appartengono, ma individualmente a nome dei proprietari dei colombi concorrenti alla gara.

(3) Veggasi la nota all'art. 63, lo scopo di questa timbrazione.

(4) Scopo di questa timbrazione è di accertare della loro età allorchè prenderanno poi parte alle gare che si fanno con soli piccioni nati nell'anno. Devono quindi esser presentati alla timbrazione fintantochè presentano indubbiamente l'aspetto di piccioni, cioè a circa un mese di età.

(5) Usasi nel Belgio di non tener conto delle frazioni di 300 metri. Non tengon neppur conto delle frazioni di minuto inferiori alla metà e portano invece un minuto primo intero quando la presentazione ha luogo nel mezzo minuto od oltre.

bale sull' apposito registro. I soci che abitano nei sobborghi potranno fruire del beneficio del telegrafo; i loro dispacci devono essere indirizzati nel locale della Società, l'ora dell'emissione del dispaccio verrà considerata come di presentazione del colombo.

Art. 57. Il massimo della distanza da ammettersi per la retribuzione dei minuti di cui all'art. precedente è di 2500 metri.

Art. 58. I premi vengono rimessi ai proprietari dei colombi riconosciuti vincitori, quelli che per effetto della chiusura della gara non venissero vinti, vanno, di diritto, a beneficio della cassa della Società.

Art. 59. Sarà formato avanti ciascuna lanciata un ufficio di constatazione composto di una o due persone retribuite, le quali potranno essere adibite a quest'ufficio durante l'intero anno sociale.

Art. 60. Nelle gare che non vengono chiuse il giorno della lanciata, i colombi vincitori non potranno esser trattenuti presso l'ufficio di constatazione oltre le ore 8 del mattino successivo alla lanciata. In ogni caso saranno rimessi ai loro proprietari tosto dopo riconosciutane l'identità.

Art. 61. Non possono essere accordati i fóndi necessari per una gara se non vi prendan parte almeno due concorrenti. In caso che non si faccian gare, i fondi rimangono nella cassa della Società per l'anno seguente.

Art. 62. I soci che contravvengono sia alle condizioni speciali che generali stabilite per le gare, perdono tutti i diritti ad esse relative, e sono inoltre passibili di una multa di 25 lire. In caso di recidiva vengono espulsi dalla Società.

CAPITOLO VIII.

ADDESTRAMENTO.

Art. 63. Il prender parte alle tappe di addestramento dei colombi rimane facoltativo pei membri della Società (1).

_____

(1) Altre Società invece previo apposito articolo dello Statuto obbligano tutti i membri a presentare almeno nelle prime tappe di addestramento

Art. 64. Le date ed i luoghi di tappa di addestramento vengono designati dalla Società immediatamente dopo che sono state fissate le gare da effettuarsi.

Tanto per l'addestramento che per le gare si fa uso del materiale della Società.

Art. 65. I colombi ammessi come supplementari, vale a dire dopo la prima inscrizione, vengono considerati come tutti gli altri già inscritti al Concorso.

Art. 66. Incorre nella multa di L. 2 il socio che non adempie al servizio cui è stato designato dalla sorte. Egli può farsi rimpiazzare, rimanendo però sempre il solo responsabile dell'adempimento del servizio affidatogli (1).

Art. 67. Prima di cominciare l'addestramento, viene fissata l'ora alla quale in ciascuna tappa, i colombi devono esser portati al locale della Società; quelli che arrivano dopo l'ora fissata vengono rifiutati.

Art. 68. Le spese occorrenti pel trasporto dei colombi, pel conduttore ed altre, vengono pagate anticipatamente dai Soci in ragione dei colombi presentati alla tappa di addestramento.

Art. 69. Il nome dei membri che avranno fatto un servizio non saranno rimessi nell'urna che nel caso in cui, per insufficienza dei rimasti, si debba ricominciare la lista.

Arti 70. Tutte le contestazioni relative all'addestramento od alle gare vengono sottomesse alla deliberazione del consiglio d'Amministrazione. Le sue decisioni sono inappellabili.

un minimo numero di colombi fissato normalmente a tre o quattro. In ogni caso però è inteso che per prender parte alle gare occorre che i colombi siano stati addestrati tutti assieme in modo cioè che i medesimi al giorno della gara si trovino tutti a pari condizioni di addestramento. Per ottenere ciò usasi numerare e contro-marcare tutti i colombi inscritti per quella data gara, come è detto all'art. 55 e inscriverli su apposito registro, colla cui scorta gl'incaricati di ritirare e spedire i colombi per l'addestramento, si accertano della loro identità.

(1) Presso altre società i membri che fan parte del Consiglio d'Amministrazione sono dispensati da qualsiasi servizio; il loro nome non viene quindi messo nell'urna.

CAPITOLO IX.

Disposizioni finali.

Art. 71. Il presente Statuto non può essere modificato che se non dietro voto favorevole di tre quinti almeno dei membri per la prima convocazione e nella seconda a maggioranza di voti dei membri presenti alla seduta.

Art. 72. È rimesso un esemplare del presente Statuto a ciascun membro della Società, mediante pagamento di 50 centesimi per titolo di spesa di stampa.

Art. 73. Il presente Statuto è dichiarato obbligatorio a cominciare dal 15 settembre 1867.

Art. 74. I membri della Società di San Michele dichiarano di accettare il presente Statuto e si obbligano di osservarlo pienamente.

Fatto e chiuso nella seduta del 30 settembre 1867.

IL PRESIDENTE
P. VANKECRBERGHEN.

154. Programma-regolamento per una gara nel Belgio con spiegazioni (*).

CITTÀ DI LOUVAIN

SOCIETÀ L'UNIONE

Recapito al caffè « Le Chandelier » Via di Drèst, 82.

13.º Concorso nazionale annuale

per giovani piccioni nati nel 1885

ETAMPES (1)

Domenica 6 settembre 1885

Premio di L. 9000 assicurato

Qualunque sia il numero dei concorrenti e ripartito come dallo specchietto che fa seguito.

Più due medaglie d'argento dorato offerte dall'Amministrazione comunale:

La 1.ª all'amatore che vincerà il primo premio d'onore, la seconda all'altro che vincerà un maggior numero degli stessi premi: (2)

Posta d'entratura obbligatoria L. 3. Posta facoltativa L. 5: Poules a 1, 2, 5, 10 lire. (3).

Le inscrizioni si ricevono domenica 30 e lunedì 31 agosto nonchè martedì 1.º settembre.

Dopo questa ultima data sarà imposta una multa di 50 centesimi ogni piccione. Ingabbiamento dei medesimi venerdì 4 settembre dalle 6 del mattino a mezzogiorno.

I piccioni saranno accompagnati da apposito conduttore.

La Società offre l'impiego gratuito del suo materiale e non intende prelevare alcun beneficio nel concorso.

(*) Le spiegazioni, che sono richiamate con numeri nel testo del programma, trovansi riunite dopo il testo stesso.

Ripartizione dei premi. (4)

PREMI D'ONORE	PREMI delle poste facoltative di L. 5	POULES da 1 lira	POULES da 2 lire	POULES da 5 lire	POULES da 10 lire	Riepilogo dell'ammontare dei quindici primi premi
1° Premio L. 100	1° Premio L. 100	1° Premio L. 70	1° Premio L. 50	1° Premio L. 80	1° Premio L. 100	1° Premio L. 500
2° Id. » 100	2° Id. » 100	2° Id. » 60	2° Id. » 40	2° Id. » 80	2° Id. » 100	2° Id. » 480
3° Id. » 90	3° Id. » 90	3° Id. » 50	3° Id. » 40	3° Id. » 80	3° Id. » 100	3° Id. » 450
4° Id. » 80	4° Id. » 80	4° Id. » 40	4° Id. » 30	4° Id. » 80	4° Id. » 100	4° Id. » 410
5° Id. » 70	5° Id. » 70	5° Id. » 30	5° Id. » 40	5° Id. » 70	5° Id. » 100	5° Id. » 380
6° Id. » 60	6° Id. » 60	6° Id. » 25	6° Id. » 30	6° Id. » 70	6° Id. » 100	6° Id. » 345
7° Id. » 50	7° Id. » 50	7° Id. » 25	7° Id. » 30	7° Id. » 60	7° Id. » 100	7° Id. » 315
8° Id. » 40	8° Id. » 50	8° Id. » 20	8° Id. » 30	8° Id. » 60	8° Id. » 100	8° Id. » 300
9° Id. » 30	9° Id. » 50	9° Id. » 20	9° Id. » 25	9° Id. » 60	9° Id. » 100	9° Id. » 285
10° Id. » 30	10° Id. » 50	10° Id. » 20	10° Id. » 25	10° Id. » 60	10° Id. » 100	10° Id. » 285
11° al 20° (10 da L. 25) » 250	11° al 80° (70 da L. 40) » 2800	11° al 30° (20 da L. 15) » 300	11° al 30° (20 da L. 20) » 400	11° al 15° (5 da L. 50) » 300	11° al 15° (5 da L. 100) » 500	11° Id. » 250
21° a 100° (80 da L. 20) » 1600						12° Id. » 250
						13° Id. » 250
						14° Id. » 250
						15° Id. » 250
Totale L. 2500	Totale L. 3500	Totale L. 600	Totale L. 800	Totale L. 1000	Totale L. 1500	
Coll'eccedente si faranno tanti premi da L. 20.	Coll'eccedente si faranno tanti premi da L. 40.		Coll'eccedente si faranno premi in ragione di uno per ogni 10 poste restanti.			

DISPOSIZIONI GENERALI.

Art. 1. La tassa d'entratura obbligatoria servirà a formare i premi d'onore ed a coprire le spese, eccettuate quelle di stampa, del risultato della gara e delle schede. Le tasse riscosse per le poules e poste facoltative, vengono integralmente e rispettivamente ripartite fra i vincitori. (5)

Art. 2. L'inscrizione avrà luogo nei giorni sopra indicati dalle 8 alle 10 pom.. Gli amatori possono indirizzare le loro domande d'ammissione accompagnate dall'ammontare delle messe a M.ʳ B. Van Cauvenberge, via della stazione 52.

Art. 3. Sarà rilasciata una scheda per ogni singolo colombo. In queste schede verranno indicate le messe e le *poules* alle quali il colombo prenderà parte. Se il concorrente è munito di una scheda il cui ammontare sia inferiore alla somma che egli desidera scommettere sul suo piccione, cambierà la scheda medesima, pagando soltanto la differenza. Egli, in ogni caso, v'indicherà: 1.º Il suo nome e indirizzo. 2.º Il suo diritto di corsa, senza di ciò egli perderà ogni diritto al percorso. 3.º I contrassegni del piccione. 4.º Il luogo di constatazione se non havvi per questa un ufficio nel suo Comune.

Art. 4. La timbrazione si farà al « Chandelier » Via Dièst 82 dalle 6 alle 7 ant. per gli amatori di Louvain e sobborghi e dalle 8 a mezzogiorno per gli altri amatori.

Art. 5. La lanciata avrà luogo verso le 6 ant. e sarà fatta dal conduttore in presenza del capo stazione o di un suo delegato. Se il tempo impedisce la lanciata prima delle ore 10, essa avrà luogo *definitivamente* il lunedì alla medesima ora e sarà in ogni caso annunciata per telegramma, indicando l'ora belga in cui furono messi in libertà.

Art. 6. Al ritorno i piccioni degli amatori di Louvain e sobborghi saranno portati al locale di constatazione; essi dovranno esser vivi, portare i timbri nel concorso, ed aver superato al volo la distanza dal luogo della lanciata al colombaio rispettivo. Quest'ultima clausola è applicabile a tutti i concorrenti. Gli altri amatori constateranno l'arrivo dei piccioni con telegramma urgente indirizzato « Union Louvain »

indicandone i connotati numero e lettera alfabetica. L'ora d'accettazione del telegramma sarà quella di constatazione. La società si riserva
la facoltà di stabilire due o tre uffici supplementari di constatazione
in caso di bisogno (6). I piccioni regolarmente constatati per telegramma
non dovranno essere portati all'ufficio, ciò non ostante la società si
riserva il diritto di ordinare l'invio di qualunque piccione (7).

Art. 7. Gli amatori che avranno iscritto sulla scheda la distanza
che passa dal loro colombaio all'Ufficio di constatazione godranno
d'un diritto di corsa di un minuto ogni 300 metri non tenendo conto
delle frazioni. Massimo della corsa 10 minuti. Il percorso deve essere
fatto a piedi e misurato per la via più breve.

Art. 8. Ogni concorrente avrà facoltà di far misurare a sue spese
da M. Nicola o da M. Iust Andries (8) sìa la distanza dal suo colombaio al luogo della lanciata, come pure quella dell'amatore che egli
credesse avvantaggiata dal quadro delle distanze affisso nel locale di
constatazione. Questa misurazione firmata dal suo autore, dovrà pervenire al locale suddetto sotto pena di nullità, prima del mezzodì del
giorno in cui ha luogo la lanciata. Non sarà tenuto conto delle frazioni
di ettometro e queste ultime non saranno calcolate nel compilare la
lista dei vincitori a meno che essi non siano di natura tale da modi-
ficare il valore numerario del premio ottenuto. Per facilitare tali misurazioni la Direzione del concorso fornirà agl'interessati tutti gli schiarimenti che potessero desiderare.

Art. 9. I piccioni vincitori saranno classificati in base alla *velocità
propria* il primo giorno, ed il secondo in base alla velocità d'un minuto per chilometro (9). Le distanze metriche saranno affisse al locale;
ogni reclamo riguardante queste distanze, dovrà esser fatto avanti la
lanciata.

Art. 10. Il concorso sarà considerato chiuso quando saranno vinti
tutti i premi delle poste (10). Le poules restanti saranno tirate a sorte
fra quelli che ne avranno diritto (11).

Art. 11. In caso di parità nel numero dei premi vinti, la medaglia
sarà devoluta all'amatore che riunirà numero minore di punti ne'suoi
premi vinti, esempio: Il 1.º premio più il 20º ed il 50º formeranno:
1 + 20 + 50 = 71 punti (12).

Art. 12. I concorrenti riceveranno la classificazione provvisoria dei vincitori, e questi riceveranno in seguito una scheda indicante definj-vamente i premi guadagnati, il loro valore e la data della distribuzione. I premi menzionati nella or detta scheda, saranno rimessi contro rice-vuta. Verrà fatta una ritenuta del 2 % a favore del personale di basso servizio e del conduttore. Nel caso poi che l'amatore desiderasse rice-vere i suoi premi e diploma franchi, sarà fatta una ritenuta supple-mentare del 2 % (13).

Art. 13. Per ottenere comunicazioni telegrafiche relative al concorso l'interessato dovrà versare 50 cent. per ogni telegramma semplice ed una lira per gli urgenti.

Art. 14. I casi soggetti ad interpretazione o non previsti dal pre-sente regolamento saranno giudicati senz'appello da una commissione nominata a quest'effetto (14).

Art. 15. Gli amatori dell'esterno, che inviano i propri colombi per ferrovia, sono pregati di darne avviso il giorno antecedente alla spedizione allo scopo di poterli rintracciare alla stazione in caso di ritardo.

Fatto il 20 Maggio 1885 per essere lealmente osservato.

La Direzione della Società.

IL PRESIDENTE
C. D'ANCRÈ

Il Segretario	Il Segr. Aggiunto	Il Cassiere
B. VAN CAUWENBERGE.	C. HOMBLÈ.	H. VERHEYDEU.

Il Commissario
OLIVIERS GODOLÈ & VANDERVORST.

(I premi d'onore verranno accompagnati dal relativo diploma).

Spiegazioni.

(1) La distanza da Etampes (Francia) a Louvain (Belgio) e di chil.^{tri} 278 calcolati in linea retta. Come risulta nel giornale l'*Epervier* del 13 settembre 1885, a questo concorso presero parte N. 1370 piccioni, i quali vennero lanciati alle ore 7,30 con tempo piovoso e vento di N. O. I premi d'onore invece di esser 100 come dal presente regolamento furono 149 in seguito ad eccedenza di somme nelle poste d'entratura. Il colombo vincitore del 1.º premio giunse a Seneffe, chil.^{tri} 328, alle ore 11,54 a: m: ed il vincitore dell'ultimo a Louvain all'1,44 pom. dello stesso giorno. Velocità massima quindi al minuto m. 1053, minima 877.

(2) Questa condizione è regolata iu modo analogo a quanto è detto all'art. 11 del regolamento.

(3) Queste somme sono, s'intende, per ogni colombo. Tutti gli inscritti alle gare concorrono ai premi d'onore, poichè vengono formati colle poste d'entratura obbligatorie, che tutti devono versare. Agli altri premi o di posta o di poules, invece, le cui messe sono facoltative, concorrono soltanto i colombi che vi sono stati inscritti. Il primo premio delle poste di L. 5, ad esempio, verrà guadagnato dal primo giunto fra i piccioni stati inscritti alle dette poste. Lo stesso dicasi per le poules da una lira, da due ecc. Lo stesso colombo poi può essere inscritto per concorrere a tutte le combinazioni, di guisa che il colombo vincitore del primo premio d'onore può vincere tutti gli altri primi premi se vi è stato iscritto. È molto razionale questa graduazione di premi poichè riesce facile a tutti di prendere parte alla gara secondo i propri mezzi, ed in ragione dell'abilità dei propri viaggiatori: I premi d'onore sono così chiamati perchè vengono conferiti ai colombi che hanno raggiunto una maggior velocità sino al numero stabilito, che nel presente è di 149 come sopra si è indicato.

(4) La ripartizione dei premi può farsi in qualsiasi altro modo. Vi sono concorsi nei quali alcuni premi d'onore consistono in oggetti p: e: pendole da caminetto, orologi tascabili, suppellettili da colombaio e simili. Talvolta scommettono pure per serie di due o più colombi. La serie è dichiarata vincitrice quando riporta un maggior numero di premi. A parità di premi si segue la regola di cui all'art. 11 del Programma regolamento. Le serie possono essere o no designate. Anche S. M. il Re,

oltre ai Municipî ecc. di quel colto e industrioso paese, sogliono conce-
dere premi alle varie Società.

(5) Vi sono società che per far fronte alle spese ritengono un tanto
per cento sulle tasse d'entratura e con questa ritenuta fanno fronte a tutte
le spese. Anche in queste gare non manca la filantropia, poichè alcune
volte vien ritenuto un tanto per cento sulle vincite, a beneficio di qualche istituto, della Società protettrice dei colombi viaggiatori che nel
Belgio esiste da parecchi anni.

(6) Vi sono nel Belgio Società che permettono ai concorrenti, specialmente se sono fuori dalla città, di far constatare l'arrivo de' suoi
viaggiatori nel proprio colombaio per mezzo d'apposito Delegato della
Società il quale è sempre un constatore patentato. L'amatore deve sot-
tomettersi, in questo caso, alle seguenti condizioni: 1.º Farne domanda al
momento dell'iscrizione al concorso. 2.º Versare la somma di L. 5 che
serve pel pagamento del constatatore patentato. 3.º Pagare le spese di
trasporto di questi se il colombaio è fuori di città. 4.º Presentare al concorso non meno di un dato numero di viaggiatori (circa 8 o 10). Depo-
sitare all'ufficio un buon orologio che viene regolato e consegnato al
constatatore il giorno della lanciata. Viene poi tenuto conto delle diffe-
renze di questo orologio con quello regolatore della Società. Se detto
orologio si fermasse rimangono soppresse le attribuzioni del constatatore.
In questo caso l'amatore comunica l'arrivo dei viaggiatori o per mezzo
del telegrafo o portandoli all'ufficio di constatazione centrale od anche
a qualche altro sussidiario ecc.

(7) Pei colombai degli altri luoghi devesi, secondo il mio avviso,
tener conto della distanza dell'ufficio telegrafico.

(8) Questi constatatori sono sempre geometri patentati.

(9) L'ufficio di constatazione, nel Belgio, in estate viene chiuso alle
nove di sera e riaperto alle 4 e talvolta alle 3 del mattino. Si noti però
che colà la giornata è in detta stagione più lunga che da noi. La constatazione dei colombi che giungono dopo la chiusura dell'ufficio comincia
al mattino successivo all'ora dell'apertura dell'ufficio: le ore della notte
non sono quindi contate. La velocità di questi colombi non si calcola in
base alla velocità propria come per quei giunti il primo giorno, ma secondo l'ora d'arrivo al colombaio rispettivo accordando un bonifico di
un minuto per ogni chilometro di maggior distanza percorsa. In tal guisa
spiegasi il contenuto dell'articolo a cui si riferisce la presente annotazione.
E ciò sembrami razionale poichè mettendosi il colombo in viaggio nel 2.º

giorno o nei successivi dopo cioè di aver riposato tutta la notte, non sarebbe equo accordare una buonificazione ascendente in ragione della diminuzione progressiva della velocità, come si pratica nel 1.º giorno di concorso ed è accennato all'articolo 16 del programma per la gara di Torino che fu seguito al presente.

(10) In luogo di chiudere il concorso dopo vinta una data categoria di premi si usa anche di chiuderlo a una data ora o a un dato giorno, nei viaggi di lungo percorso, qualunque sia il numero dei colombi ritornati.

(11) Da quanto è espresso in questa seconda parte dell'articolo 10, sembra che la Società *L'Unione* che ha bandito il concorso, abbia una norma fissa per la distribuzione delle poules non vinte prima della chiusura della gara e che in conseguenza non le abbia accennate, ma normalmente detti premi di poules non vinti vengon tirati a sorte fra i piccioni non premiati.

(12) Per maggior chiarezza si aggiunge: Se la somma dei quattro premi vinti dall'altro o dagli altri concorrenti ammontasse ad un numero superiore ai 71 punti, il premio spetterebbe a quello indicato all'articolo cui si riferisce la presente nota o viceversa se i punti fossero meno di 71.

(13) Vi sono Società che riservano il diploma ai soli premi d'onore, ma il maggior numero di esse accordano un diploma a tutti i vincitori.

(14) Nei casi imprevisti e contestati in luogo di apposita Commissione la Direzione della Società nomina due concorrenti che vengono aggiunti ai membri componenti l'ufficio di constatazione.

155. Itinerario-invito per una gara nel Belgio.

ESERCIZIO DEL 1883

Società la « Libera Abéona »

con sede in via d'Oro N. 14. Bruxelles

Itinerario colombi e piccioni.

LANCIATE		GIORNI E LUOGHI in cui devono essere presentati i viaggiatori nel locale designato	GARE POSTE	Premi d'onore	MEMBRI DI SERVIZIO
LUOGO	DATA				
Colombi					
Hal	5 Maggio	Sabato 5 Maggio ore 6 ant.			Delnoy-Derick.
Soignies	8 id.	Martedì 8 id. » »			Brunin Loix.
Quievrain	13 id.	Sabato 12 id. dalle 8 alle 10 p.m.	1.50 per serie di 3		B. de Roestr-Hobert.
Montescourt	20 id.	Id. 19 id. » 12 » 2 »	1.50 per serie di 2		Mills-Decoster.
Chantilly	27 id.	Id. 26 id. » 10 » 2 »	2.00 per colom.°		Reykers-Claessens.
Paris	3 Gingno	Id. 2 Giugno » 10 » 2 »	1.75 id.·		Vanosbrocck - Vanderschrick.
Vandome	10 id.	Venerdì 8 id. all' 1 p.m.	1.75 id.		E. Pletinckx-Bernyt.
Poitiers	1 Luglio	Giovedì 28 id. dalle 10 alle 2 p.m.	3.00 id.		Smaus-L.Pletinckx-Hermaus.
Piccioni					
Hal	21 Luglio	Sabato 21 Luglio alle ore 6 ant.			Hubert-Delnoy.
Braine	24 id.	Martedì 24 id. id. 6 »			B. de Roestr-Loix.
Jurbisse	26 id.	Giovedì 26 id. id. 5 »			Mills Brunin. .
Quiévrain	29 id.	Sabato 28 id. dalle 8 alle 10 p.m.	1.50 per serie di 2		Vanderschrick - Decoster.
St. Quentin	5 Agosto	Id. 4 Agosto » 12 » 2 »	1.50 per serie di 2		Deryck-Chaesseus.
Nayon	12 id.	Id. 11 id. » 12 » 2 »	2.00 per picc.		Hermaus-Rikero.
Chantilly	19 id.	Id. 18 id. » 12 » 2 »	1.75 id.		Berynt-Vanosbrocck.
Rambouillet	26 id.	Venerdì 24 id. » 12 » 2 »	1.75 id.		Smans-y-Pletinckx.
Vierzon	9 Settemb.	Id. 7 Settem. » 10 » 2 »	3.00 id.		E. Pletinck-Brunin-Mills.

Concorsi sociali

Colombi: Gara di Parigi, per serie di due designati, posta 5 lire. *Piccioni*: gara di Rambouillet, per piccione posta 4 lire.

N. B. di ciascuno dei concorsi sociali vi saranno 13 premi di cassa (il 1° di 20 lire, gli altri 12 ciascuno di 15 lire). Ciascun membro non potrà riportare al medesimo concorso che due di questi premi.

Signore,

Abbiamo l'onore di rimetterle qui sopra l'itinerario per colombi e piccioni per l'anno 1883 con l'indicazione dei concorsi generali che saranno organizzati dalla Società la « *Libera Abéona* » con sede in Via d'Oro 14 a Bruxelles e ai quali è pregato di prender parte. — Crediamo nostro dovere far presente che per le lanciate dei colombi, sarà in facoltà del conduttore, in caso di cattivo tempo, di ritardarla fino al momento ch'egli crederà favorevole, senza che perciò possa esser fatto al Consiglio Amministrativo alcun reclamo.

Per IL CONSIGLIO D'AMMINISTRAZIONE

Il Segretario Y. VANDERSCHRICK. — *Il Presidente* Y. PLETINCKX.

156. Programma-regolamento della 1.ª gara nazionale, tenutasi in Torino, con spiegazioni.

SOCIETÀ ZOOTECNICA CON SEDE IN TORINO

GARA NAZIONALE CON COLOMBI VIAGGIATORI

PROGRAMMA-REGOLAMENTO per la corsa di gara nazionale che la mentovata Società terrà da Torino alle città di cui all'art. 5, il giorno 3 agosto 1886 (*).

Art. 1. La gara è diretta da apposita Commissione centrale composta dei signori:

Morelli conte Carlo   Presidente

Nasi cav. Arturo

Malagoli ten. Giuseppe } Rappresentanti la Società Zootecnica

Bertani nob. Ludovico, Rappresentante la Società di Reggio } Membri

Verzoni Luigi   »   »   di Modena

Art. 2. Sono stati regolarmente inscritti ed ammessi alla suddetta gara in base al manifesto in data « Torino giugno 1886 »

1.º I vari membri della società colombicultori di Modena

2.º   »   »   »   di Reggio Emilia.

3.º   »   »   »   di Parma.

4.º I signori Visconti Sebastiano, Ciotti Carlo, Fanciulli Carlo e Raveggi Antonio di Firenze.

5.º Il signor conte Marco Bentivoglio di Collegara (Comune di Modena).

(*) Questo Regolamento venne da me redatto in modo di soddisfare alle consuetudini delle Società concorrenti alla gara e nello stesso tempo di dare precise norme ai colombicultori ed alle Commissioni di constatazione dell'arrivo dei colombi nelle singole città, che non avevano assistito a queste gare, ma allorchè tali regole anche da noi saranno conosciute, si potrà abbreviare e semplificare di molto il Regolamento di cui trattasi.

6.º Il signor Ettore Jemmi di S. Ilario d'Enza.

7.º I signori Garibaldi Antonio e Zoboli Luigi di Cremona

8.º Il signor Ciboldi Giosuè di Casalpusterlengo.

9.º Il signor Versè Enrico di Piacenza.

Art. 3. Potranno prender parte alla gara, colombi d'ogni età e razza purchè appartenenti ai sodalizi e concorrenti sopramenzionati.

Art. 4. I colombi concorrenti alla gara saranno inviati, non timbrati, al domicilio della Società Zootecnica, Corso Dante, porto affrancato in modo che giungano in Torino non più tardi delle ore 11 ant. del giorno 2 agosto. La Commissione dirigente non risponde circa l'ammissione alla gara dei colombi che giungessero in Torino dopo l'ora sopraindicata.

Art. 5. Sulla gabbia o cesta contenente i colombi verrà indicata la società od il casato e nome del proprietario e la quantità di viaggiatori contenuti in ciascuna gabbia o cesta. I concorrenti sono inoltre pregati di avvisare della spedizione dei colombi onde si possa, nel caso, farne ricerca alla stazione.

Art. 6. Tosto dopo ritirati dalla stazione i viaggiatori, la Commissione centrale procede segretamente alla loro numerazione e contrassegnazione mediante timbri speciali che verranno presentati dal presidente della Commissione ed a lui restituiti immediatamente dopo per la loro segreta custodia.

Art. 7. I colombi verranno lanciati dai locali della Società Zootecnica, Corso Dante; alle ore 7 $^1/_2$ ant. il 2.º gruppo, ed alle 8 precise il 1.º gruppo, nel suddetto giorno 3 agosto, qualunque sia lo stato atmosferico del cielo, salvo però in caso di grandine.

Nel caso di varianti all'ora od al giorno della lanciata le Commissioni locali ne verranno avvisate telegraficamente.

Art. 8. Le Commissioni locali, le quali sono state regolarmente nominate dalla Società Zootecnica, avranno per principale compito:

a) Di constatare l'ora ed i minuti primi e secondi (1) dell'arrivo di ciascun colombo.

b) di nominare le Sotto-Commissioni di cui all'art. 10;

c) di telegrafare a Torino l'ora, il numero e contrassegno del colombo non chè il casato e nome del suo proprietario che a norma dell'art. 18 avrà diritto ad un premio;

d) d'inviare il giorno della gara, pure alla Commissione Centrale, l'annesso specchio (Vedasi il modello in seguito).

Art. 9. Per accudire a quanto è detto alla lettera *a)* del precedente articolo, le Commissioni delle varie città si radunano in un locale per quanto è possibile equidistante dalle varie colombaie concorrenti alla gara. Nelle città però ov'esiste un solo concorrente la Commissione si riunirà al pianterreno della casa ove trovasi la colombaia.

Art. 10. La constatazione dell'arrivo alle colombaie di campagna che distano di oltre un chilometro (misurata per la via più breve e per la rasa campagna) dall'entrata dalla cinta daziaria meno distante alla colombaia e che concorrono alla gara con quelle delle città vicine, come ad esempio avviene a Reggio-Emilia e Parma, verrà per cura della rispettiva Commissione locale nominata una Sotto-Commissione composta di tre membri almeno, di piena fiducia della Commissione. Questa Sotto-Commissione siederà in un locale al pian terreno della casa ove trovasi la colombaia e compilerà un apposito verbale da consegnarsi nel più breve termine possibile unitamente al colombo, alla Commissione locale. Questi verbali verranno allegati allo specchio sopraccennato.

Art. 11. L'ora d'arrivo dei colombi verrà constatata mediante cronometri a minuti secondi indipendenti, di cui si provvederà ciascuna Commissione o Sotto-Commissione. Quelli delle Commissioni verranno regolati col tempo medio di Roma mediante gli orologi esistenti presso l'ufficio telegrafico del luogo; ed i cronometri delle Sotto-Commissioni concorderanno con quello delle rispettive Commissioni.

Art. 12. I colombi, reduci da Torino si presenteranno alle suddette Commissioni o Sotto-Commissioni le quali noteranno tosto l'istante preciso della loro presentazione ed i contrassegni di cui all'art. 6 (2). Poscia si farà il difalco spettante a ciascun concorrente pel tempo impiegato a trasportare il colombo dalla colombaia alla sede della Commissione. Tale difalco verrà fatto in ragione di un minuto secondo ogni sei metri della distanza che passa tra le due porte di strada delle case ove trovansi la colombaia e la sede della Commissione.

Tale distanza sarà misurata colla massima precisione da un geometra patentato assistito dalla Commissione locale; ed eseguite tutte le misurazioni, il geometra rilascierà dichiarazione giurata è vistata dall'intera Commissione (3).

Art. 13. Il trasporto dei colombi dalla colombaia alla sede della Commissione verrà fatto per mezzo di pedoni, i quali però lungo la strada potranno correre ed esser cambiati a piacere del concorrente (4).

Art. 14. I colombi s'intendono presentati alle Commissioni e sotto Commissioni dal momento in cui vengono consegnati vivi alle medesime.

Art. 15. Stante la sensibile differenza che passa nella distanza da Torino alle varie città concorrenti, la gara fra città e città verrà divisa in due gruppi a seconda della distanza (5).

Formeranno quindi il primo gruppo le città di

Casalpusterlengo (km. di distanza in linea retta) 156

Piacenza	»	»	»	»	160
Cremona	»	»	»	»	185
Parma	»	»	»	ʰ	211
S. Ilario	»	»	»	»	222

Formeranno il secondo gruppo

Reggio Emilia (km. di distanza in linea retta) 238

Modena	»	»	»	»	262
Collegara	»	»	»	»	265
Firenze	»	»	»	»	318

Art. 16. A compensare nelle sole due gare per gruppi la diminuzione di velocità dei viaggiatori, che avviene per effetto della maggiore stanchezza, in relazione colla maggior distanza; ai colombi la cui colombaia dista maggiormente dalle altre verrà concesso un abbuono in ragione di 1 km. per ogni 10 di maggior distanza esistente tra le varie città. Si calcolerà poi quota di 10 km. anche la frazione superiore ai 7 km. e quota di un mezzo km. la distanza di 3 a 7.

Esempio: L'abbuono sulla differenza di distanza tra Reggio e Modena in km. 24, sarà di km. 2 $^1/_2$ sull'intera distanza; cosicchè trovandosi o no Reggio in bandiera con Modena, la distanza di 262 km. effettivamente esistente da Torino verrà portato a km. 264 $^1/_2$. Basandosi quindi sull'effettiva distanza da Reggio-Emilia di km. 238 e su quella supposta di 264 $^1/_2$ anzichè di 262 effettivi di Modena, si farà il calcolo sulla velocità propria dei due colombi che come sopra è detto si trovassero in bandiera. Analogamente dicasi per le altre città (6).

Questo computo verrà fatto dalla Commissione dirigente coll'appoggio dei dati che le verranno comunicati dalle Commissioni locali.

Art. 17. Nelle città presso cui si trovano colombaie in campagna che distano da Torino 3 o più km. in linea retta in meno od in più da quelli indicati all'art. 15 ne verrà tenuto il debito conto. I colombi quindi delle colombaie di campagna che concorrono ai premi, sullo specchio citato verranno descritti a parte indicando la distanza precisa in linea retta da Torino al luogo della colombaia.

Art. 18. Oltre alla gara divisa per gruppi di città come dall'art. 15 formeranno pure gara i colombicultori d'una stessa città nella quale sianvi due o più concorrenti, nel modo indicato all'art. 20.

Art. 19. La Direzione della Società Zootecnica di Torino conferisce ai proprietari dei colombi vincitori i seguenti premi:

1.° Due medaglie di primo grado (argento dorato) ai proprietari di due colombi che nella gara di ciascun gruppo di città avranno raggiunto una maggior velocità propria.

2.° Due medaglie di 2.° grado (argento) ai proprietari dei due colombi che nella gara di ciascun gruppo avranno raggiunto la maggior velocità dopo i due di cui al numero precedente.

3.° Un diploma di merito alla città che presenterà alla rispettiva Commissione locale un maggior numero di colombi giunti alla rispettiva destinazione con una velocità non inferiore ai 35 km. all'ora.

4.° Altro diploma di merito verrà conferito alla Società di colombicultori (purchè regolarmente costituita) che presenterà una percentuale maggiore di colombi ritornati da Torino sino alle ore 7 pom. del giorno della gara.

Art. 20. Nella gara fra i colombicultori delle singole città di cui all'art. 18 la menzionata Direzione conferirà ai proprietari dei colombi viaggiatori alcuni premi in proporzione al numero dei colombi che verranno presentati alla gara (7).

Art. 21. L'aggiudicazione dei premi accennati all'art. precedente non si fa come nella gara per gruppi, in ragione cioè della velocità propria di ciascun viaggiatore, ma secondo l'ora di arrivo alla colombaia.

Art. 22. Nel caso che due colombi concorrenti ai premi raggiungessero l'identica velocità propria nella gara per gruppi, o risultassero giunti nel medesimo istante, nelle gare fra i concorrenti della stessa città, verranno estratti a sorte i nomi dei proprietari dei colombi. Al primo estratto verrà assegnato il premio di maggior grado ed all'altro, oltre al premio che gli potesse spettare, verrà rilasciata una dichiarazione constatante la parità di merito dei colombi.

Art. 23. Non concorreranno ai premi accennati all'art. 20 i colombi vincitori di premi per gruppi di cui al N.° 1 e 2 dell'art. 19.

Art. 24. Ciascun amatore non potrà ricevere che un premio solo (8).

Art. 25. I signori Presidenti delle Commissioni locali sono pregati di dare conoscenza del presente regolamento ai signori concorrenti alle gare.

Art. 26. Le spese per telegrammi o per qualsiasi altro motivo da incontrarsi dalle Commissioni locali, andranno a carico dei concorrenti. Andranno pure a loro carico le spese pel ritorno delle gabbie o ceste vuote.

Art. 27. Le varie indicazioni riguardanti le gare che le Commissioni devono comunicare a quella dirigente, verranno riassunte nell'annesso specchio il quale, all'occorrenza, sarà accompagnato da lettera.

Art. 28. Nel caso si presentassero circostanze non previste dal presente programma-regolamento, o venissero date al medesimo interpretazioni diverse, la Commissione centrale decide a maggioranza di voti, inappellabilmente.

Torino 31 Luglio 1886.

IL PRESIDENTE
MORELLI

I Membri

Nasi — Malagoli — Bertani — Verzoni.

Spiegazioni.

(1) Ripeto però che non conviene per ragione di semplificazione tener conto dei secondi Veggasi al riguardo la nota all'articolo 56 dello Statuto della Società « San Michele ».

(2) Di questo contrassegno ne venne segretamente inviata un'impronta a ciascuna Commissione locale affinchè potesse assicurarsi dell'identità confrontandola con quella impressa sui colombi ad essa presentati dai concorrenti alla gara. Le suddette Commissioni erano tutte presiedute da Ufficiali Generali e Superiori e qualcuna da un Capitano dell'esercito, che gentilmente si prestarono.

(3) Questo rigore nella misurazione, venne messo per soddisfare al desiderio espresso dal signor rappresentante la Società di Modena, ma parmi sufficiente che la misurazione venga bensì fatta da un geometra, ma senza l'assistenza della Commissione e senza il giuramento.

(4) Onde non perder tempo, ed anzi guadagnarne se è possibile, sògliono i concorrenti, come già si è detto, calare il colombo dalla finestra entro un cestino od altro per risparmiare il percorso delle scale. Un giovinotto, buon corridore, piglia tosto il colombo e colla maggior velocità possibile lo porta alla Commissione di constatazione. Se il colombaio è da questa molto distante i corridori si cambiano lungo la strada ogni 400 o 500 metri circa.

(5) Non era però indispensabile questa divisione per gruppi, ma ciò si fece anche per dare un maggior incoraggiamento ai concorrenti estendendo in tal modo ad un maggior numero di essi la corrisponsione dei premi.

(6) Nella citata gara di Torino però, questo abbuono venne da me stabilito a criterio in ragione di 1 Km. ogni 16 di maggior distanza non avendo potuto trovare neanche nelle pubblicazioni a me note in che modo e proporzione si regola nel Belgio un tal beneficio. Ma ora da informazioni assunte dai più autorevoli colombicultori di Anversa per mezzo dell'amico mio signor Conte Emanuele Neriny colà dimorante che tanto s'interessa d'un tale Sport nel nostro paese, ho saputo che sino ad un certo numero di Km. di differenza, è quello sopra indicato di un Km. ogni 10 di maggior distanza cominciando dal concorrente meno distante. In luogo poi di trascurare o arrotondare le frazioni di 10 Km. nel modo indicato alla fine del 1.º alinea di questo articolo, sarà meglio

calcolare abbono in ragione del 10 %₀ sull'intera differenza di distanza. Qualora però questa sia grande, l'abbuono non dev'esser fisso, ma aumentare gradatamente.

(7) Questi premi furono 5 medaglie d'argento, 13 di bronzo e 12 menzioni onorevoli. Tali medaglie e le altre di cui all'art. 19 vennero accompagnate del relativo diploma.

(8) Il disposto di questo articolo non è razionale, poichè, come per le corse di cavalli, non sono gli amatori che corrono ma i colombi; ciò non pertanto sia nella citata Gara Nazionale che in altre fatte precedentemente nelle varie città, si è adottato il disposto di questo articolo onde incoraggiare un maggior numero di amatori. Allorquando lo Sport colombofilo avrà raggiunto da noi maggiori proporzioni e vi sarà perciò un maggior numero di premi, converrà praticare il sistema più razionale di premiare i colombi che giungono prima, fossero pur tutti dello stesso proprietario, come appunto usasi nel Belgio, in Germania e credo anche in Francia.

NOTA. Le società che desiderassero facilitare alquanto l'apposizione dei contrassegni di cui all'art. 6.º del programma-regolamento ed al N.º (2) delle spiegazioni di cui sopra, potrebbero fornirsi dell'apposito numeratore-meccanico-segreto esistente nel Belgio per mezzo del quale si contrassegnano velocemente i colombi nelle remiganti senza che, neppure chi eseguisce la contrassegnazione, possa vederla. Questo numeratore riporta nel contempo lo stesso contrassegno sulla nota ove sono registrati i colombi da timbrarsi, e, volendo, mediante l'applicazione di un quadrante-contatore, registra la quantità dei colombi timbrati. Dirigersi al Direttore del giornale l'*Epervier*, Montagne de la Cour, 7, Bruxelles, anche per maggiori schiarimenti.

157. Specchio-verbale della constatazione dell' arrivo dei colombi nella stessa gara.

Società Zootecnica con sede in Torino.

Prima Gara Nazionale con colombi viaggiatori.

Commissione locale di . . . .

Noi sottoscritti componenti la suddetta Commissione dichiariamo sulla nostra parola d'onore che i colombi sottodescritti, giunti a . . . . tutt'oggi, 3 agosto 1886, vennero oggi stesso presentati alla Commissione all'istante preciso segnato nella colonna N. 4 e che le distanze di cui alla colonna 5 vennero regolarmente misurate dal Geometra patentato signor

Numero e contrassegni posti dalla Commissione centrale nelle remiganti di ciascun viaggiatore		PROPRIETARIO di ciascun colombo	Presentaz. di ciascun colombo alla sede della Commissione		Distanza per la via più breve dalla sede della Commissione alla porta di strada della casa ove trovasi la colombaia	Tempo da dedursi da quello di cui alla colonna 4 in ragione di un minuto per ogni 300 metri della distanza indicata a colonna 5	Rimane il tempo impiegato a percorrere il tragitto di Km. . .		Velocità raggiunta	
N.°	contrassegni		Ore	M'	metri	minuti	Ore	M'	al minuto	all'ora
1	2	3	4		5	6	7		metri 8	Km. 9

LA COMMISSIONE

LIBRO III.

CAPO UNICO

DELLE COLOMBAIE MILITARI.
APPLICAZIONE DEL COLOMBO VIAGGIATORE
AL SERVIZIO MILITARE.

I.

Le Colombaie militari nei vari Stati.

158. Abbiamo accennato ai § 2 e 152 ai vari servizi prestati dai colombi nell'antichità, nonchè alla utilissima parte che il viaggiatore belga ha preso nell'assedio di Parigi, dove i Germani non ostante le loro esterminate forze ed i potenti mezzi di guerra di cui erano provvisti, furono impotenti ad impedire che gl'insuperabili viaggiatori togliessero dal completo isolamento gli assediati. La lezione data in tal guisa al mondo militare non fu perduta, poichè molte potenze d'Europa impiantarono ben presto le colombaie militari. La Germania che a suo danno provò l'utilità di una tale istituzione fu la prima a darvi un esteso e grande impianto, e poscia vennero l'Austria, l'Italia, la Russia, la Francia, la Spagna, la Romania ecc.

L'Inghilterra ed il Belgio non hanno colombaie militari, ma il governo di detti paesi incoraggia l'allevamento e l'addestramento dei colombi viaggiatori per poterli poi utilizzare in caso di guerra.

La Germania, l'Italia e la Francia oltre all'avere le colombaie militari, incoraggiano pure l'allevamento privato dei colombi viaggiatori, per servirsene a scopo di guerra. .

Dal giornale « Il colombo messaggiero » che si pubblica ad Annover risulta infatti che il dipartimento Generale. della guerra in Germania concedeva nel corrente anno parecchie medaglie d'oro e d'argento ai colombicultori privati.

Il governo Francese con legge del 3 luglio 1877 stabilì che i colombi privati possano esser requisiti per i bisogni dello Stato, al quale scopo ne ordinò il censimento per conoscere la quantità di colombi da potersi utilizzare in caso di bisogno. Recentemente sotto il ministro Campenon venne impiantata una colombaia militare a Besanzone da servire per le comunicazioni tra questa piazza ed i forti dei dintorni.

In Germania l'impianto cominciò certamente poco dopo la guerra del 1870-71 poichè risulta che nel 1872 esistevano le colombaie militari di Amburgo, Metz, Berlino e Colonia. Nel 1883 vennero poi impiantate quelle di Magdeburgo, Minden e Welsel e poscia altre ancora.

La Germania, come tutte le altre potenze, popolò i suoi colombai con colombi viaggiatori belga che comprò sul luogo. I primi sessanta li acquistava all'asta pubblica pagandoli quattromila lire, al prezzo massimo cioè di 240 lire ed al minimo di L. 18 ciascuno; in media L. 66 per capo.

Quasi tutte le altre potenze invece i primi colombi li ebbero in dono da amatori e specialmente dal La Perre de Roo il quale senza badare a fatiche e spese si dedicò e lavorò indefessamente per propagare lo estendersi dell' istituzione delle colombaie militari.

II.

Le Colombaie militari in Italia (1).

159. Come avvenne il primo impianto. — Abbiamo sommariamente accennato all' impianto delle colombaie militari presso le varie potenze, ora sembraci che meriti un cenno più esteso, di fare cioè un po' di storia sull' impianto delle medesime presso di noi. Domando però venia se per essere uno storico fedele dovrò citare qualche mio superiore e, mio malgrado, anche il mio povero nome.

Nel settembre 1876, ignaro affatto dell' impianto delle colombaie militari che andava progredendo presso le altre potenze, lessi sul giornale « l' Esercito » un articolo riguardante alcuni esperimenti fatti dall' Esercito Germanico con colombi viaggiatori. Appassionato come fui e sono per la coltura e l' ammaestramento dei colombi, laonde sin da giovanetto, passai anch' io intere giornate sull' abbaino che vedesi a figura 18, dissi co' miei colleghi che assistevano alla lettura dell' articolo: anch' io sarei capace di stabilire un servizio

(1) Per la costruzione e requisiti delle colombaie Militari veggasi al Capo IV del Libro I.

di corrispondenza aerea come in Germania. Da ciò mi venne tosto l'idea di poter utilizzare le mie poche cognizioni colombifili a benefcio del nostro esercito. Presentai senz'altro al mio sig. Colonnello Ponzio Vaglia. Comm. Emilio, già comandante il 12° Artiglieria in Ancona, al quale allora appartenevo, ed ora Maggior Generale aiutante di campo effettivo di S. M., per mezzo del Capitano sig. Giovanni Maccagnini, allora tenente aiutante maggiore, verbale domanda di poter impiantare nel sottotetto del quartiere Villarey in Ancona un piccolo colombaio che avrei impiantato e fatto funzionare a mie spese, per fare un primo esperimento.

Il sig. Generale, cui piacque la mia iniziativa, non solo mi permise d'impiantare il colombaio, ma volle egli stesso sostenere le spese occorrenti sia per l'impianto che pel suo funzionamento. Allestito il locale, nel dicembre 1876 mi recai a Modena, come risulta dai giornali locali del 3 gennaio 1877, a far un primo acquisto di colombi. Di razza belga non potei trovarne che pochi dall'egregio sig. Braglia farmacista, l'unico allora, per quanto mi si disse e ricercassi, che avesse colombi di quella pregiata razza. Ciò non pertanto potei allevare un discreto numero di piccioni e con questi fare con buon esito un primo esperimento sin verso Bologna, con lievissime perdite. In seguito al buon risultato ottenuto in questo privato esperimento il Ministero della Guerra ordinò nel 1878 l'ampliamento del suddetto colombaio dandovi un regolare ordinamento.

Nello stesso anno il cavalier sig. Gio. Battista Sella fratello del compianto Comm. Quintino già Ministro di Stato, distinto amatore di colombi di ogni razza, generosamente offerse al Governo sessanta buonissimi colombi di razza belga, e più tardi il La Perre de Roo ne offerse altri 20. Con questi ottimi elementi si potè dare il voluto sviluppo alla colombaia di Ancona ed impiantarne una seconda nell'anno successivo a Bologna. Venni pure io stesso incaricato dell'impianto e funzionamento di questo colombaio. Nel febbraio 1880 il La Perre de Roo inviò altri 24 buoni viaggiatori che vennero distribuiti in parti eguali ai due colombai di Bologna ed Ancona. Anche questi elementi contribuirono a migliorare maggiormente le qualità dei colombi esitenti, per la qual cosa le citate colombaie poterono sin d'allora esercitare gruppi di colombi per le varie direzioni ed a grandi distanze con ottimi successi.

Come avviene da noi per tutte le cose nuove, siano desse buone o no, la mia iniziativa destò, nella parte non ufficiale, una certa diffidenza, e direi quasi derisione, perchè trattavasi di colombi. Ciò avveniva specialmente, ed erano le più, nelle persone affatto ignare di un tal antichissimo servizio di corrispondenza, e che giudicavano sfavorevolmente senza interrogarmi o curarsi di osservarlo un po' davvicino.

Con questa corrente contraria l'istituzione rimase nello stato *quo ante* per tre anni, ed io senza appoggio nè una parola d'incoraggiamento, fui lì lì per abbandonare ogni idea, ciò che del resto in tale stato di cose mi sarebbe riescito facile ad ottenere. Ma col solo appoggio delle mie convinzioni e di quel poco di conoscenza in materia, nè badando a fatiche e spese stetti fermo nel mio proponimento.

160. I colombi alle grandi manovre del 1882. — Finalmente nel 1882 le due colombaie allora esistenti vennero chiamate a prender parte alle grandi manovre che in quell'anno ebbero luogo nel Folignate. Il risultato di questo esperimento che trovasi dettagliatamente descritto nella Monografia da me pubblicata nell'agosto 1886 nella *Rivista d'Artiglieria e Genio* fu, riassumendo, che di 42 colombi inviati da Bologna presso la 1.ª Divisione del 2.º Corpo d'Armata di manovra e di 40 da Ancona alla 2.ª Divisione del 1.º Corpo d'Armata, tutti, meno tre soltanto, fecero ritorno alla loro colombaia muniti di dispacci diretti al rispettivo Comando della Divisione militare Territoriale, con una velocità oraria massima di 73 Km. e minima di 48 Km. calcolati in linea retta.

Qual non fu la meraviglia degl'increduli allorchè il 1.º settembre, che fu il primo giorno di lanciata, seppero che il Comando della Divisione militare di Bologna, telegrafava *di aver ricevuto in ufficio alle 10,30 ant. i tre dispacci spediti per la via aerea alle 7 da Foligno*?

Da quel giorno i dispregiati viaggiatori furono oggetto di ammirazione ed interesse. I soldati stessi che li vedevano viaggiare sui carri di Stato Maggiore li guardavano con curiosità e simpatia e facevano le più strane congetture sul quando e sul come « *io faceva per mandarli a portare i dispacci a Bologna.* »

In seguito poi all'esattezza e velocità con cui nei seguenti giorni, continuavano ad esser recapitati i dispacci, non ostante talvolta la pioggia e nebbia che vedevamo traversare felicemente dai viaggiatori sulla sommità delle giogaie Appenniniche, nonchè alla sicurezza colla quale, io che conosceva intimamente i miei volatili e la individuale loro abilità, disponevo e mi sentivano parlare de' miei corrieri come cioè se fossero fidi uomini alati, dall'ammirazione si passò all'entusiasmo. Tutti mi chiedevano, m'interrogavano e volevano vedere gl'interessanti volatili e la loro partenza. Formavano pure oggetto d'interesse la cassettina « *necessaire* » di cui alla figura 19 per l'allestimento dei dispacci, che portavo con me, il modo di preparare ed applicare i dispacci medesimi e sopratutto la grande quantità di scritto a mano che un colombo può portare, purchè il dispaccio venga preparato nei modi indicati al § 167.

Ebbi l'onore di essere interrogato e lodato da tutti i miei superiori e persino da ufficiali generali di grado più elevato del campo. Il signor capo di stato maggiore generale, comandante supremo delle grandi manovre, volle pure interrogarmi e mi trattenne lungamente nel suo ufficio. Quei giorni insomma furono per me i più belli della mia vita colombofila e mi compensarono larghissimamente delle amarezze, delle fatiche e degli scoraggiamenti provati pel passato.

Si chiuse la *campagna* colombofila col *far sfilare* i colombi rimasti in numero di 20 circa mentre, alla grande rivista, sfilava il 2.° corpo d'armata. Lanciati

i colombi in un punto propizio passarono precisamente
sopra il palco della Corte che trovavasi dirimpetto a
S. M. il Re, che li vide passare e ne chiese contezza.
I colombi proseguirono tutti assieme per circa un
paio di chilometri e poscia, bello a vedersi, quei di
Ancona si staccarono dal branco volgendosi a Nord-Est,
mentre gli altri continuarono a filare velocemente sulla
direzione di Bologna.

**161. Impianto di altre colombaie militari in
Italia ed in Africa.** — In seguito dunque all'eccellente
quanto inaspettato risultato, ottenuto nelle suddette
grandi manovre, di cui venne da me esteso una det-
tagliata relazione-proposta, il Ministero ordinò l'impianto di una rete completa di corrispondenza aerea
di 23 colombaie, estesa in tutto il continente e nelle
isole. Ne vennero quindi impiantati, oltre a quelli allora esistenti di Ancona e Bologna, altri tre nel 1883,
sei nel 1884 ed uno nel 1885, in totale sono dodici
che oggi regolarmente funzionano nel Regno.

Inoltre altre due colombaie sono state impiantate
nell'aprile 1886 nei nostri Presidi d'Africa, l'una a
Massaua e l'altra ad Assab. Scopo principale di questo
impianto è di poter inviare con celerità da Massaua
ad Assab e viceversa i telegrammi che oggi Massaua
è costretta di spedire e ricevere da e per l'isola di
Perim dove trovasi la stazione telegrafica, per mezzo
di navi. Allorchè le suddette colombaie funzioneranno,
i telegrammi verranno portati da Massaua ad Assab
e viceversa per mezzo di colombi e da quest'ultima

piazza all'Isola di Perim, e pure viceversa, per mezzo delle piccole navi che stazionano ad Assab pel servizio locale. Potranno inoltre gli accennati colombi servire per tenere in corrispondenza i punti minori con quelli principali di Massaua e di Assab (1).

162. Incetta di colombi nel Belgio. Visita di colombaie militari estere. — Onde poter popolare i nuovi colombai con buoni elementi e rinnovare nel contempo il sangue dei volatili esistenti, il Ministero mi onorò della sua fiducia inviandomi nel marzo 1884 nel Belgio per acquistare colombi. Feci capo a Bruxelles ove acquistai subito qualche colombo e poscia mi recai ad Enghien, a Colonia e ad Anversa ove feci altri ottimi e maggiori acquisti. Debbo qui pubblicamente ringraziare il signor conte Lambert console generale di S. M. il Re d'Italia a Bruxelles ed il suo cancelliere, egregio signor Eugenio Sirejacob, l'amico mio signor G. Prosperi dimorante a Colonia, il signor dott. cav. L. Petich console di S. M. il Re d'Italia ad Anversa e nelle due Fiandre, il cav. Alessandro de Ydiaquez console del Perù nella stessa città, il cav. Giacomo Wekemans direttore della Società Reale di Zoologia e del giardino zoologico di Anversa, il signor Henri Wan-Assche ed in ispecial modo il nostro connazionale signor dott. Emanuele Neriny già ufficiale

---

(1) Essendo ora stato impiantato il cavo telegrafico tra Massaua e Perim, le colombaie militari accennate, sono ora incaricate soltanto del servizio colle piazze staccate ed a quello d'informazioni.

di cavalleria nell'esercito Italiano, valoroso veterano della patria indipendenza, menzionato onorevolmente alle battaglie di santa Lucia, Goito e Novara nel 1848-49, per avermi fortemente appoggiato e coadiuvato negli acquisti e colmato di gentilezze. Fu per mezzo di quest'ultimo e del cav. Wekemans che potei acquistare dal cav. Pecher, che doveva trasferirsi nel Brasile, quaranta eccellenti colombi a 25 lire l'uno, col patto però di trasportarli fuori dal Belgio, colombi che il nominato sig. Pecher non ha mai venduto a meno di L. 300 cadaunò.

Il nominato cavalier Wekemans poi, oltre di aver messo a mia disposizione il suo segretario, ottimo colombofilo, di cui son dolente di non rammentare il nome, mi regalò due femmine dello stesso valore, che io accettai per conto del Governo, non avendomi voluto cedere, com'è suo sistema, colombi a pagamento, e notisi che ne aveva più di trecento.

I colombi acquistati nelle suddette città ascesero a 207 ai quali vogliansi aggiungere le due femmine avute in dono. I prezzi variarono da L. 5 a 12,50 pei giovani piccioni e L. 10 a L. 25 per gli adulti, e l'ammontare di L. 2300 circa, in media L. 11 per capo. Debbo però all'appoggio dei su mentovati signori, se potei acquistare sì eccellenti volatili e con sì poca spesa; se avessi dovuto pagare i 207 colombi al suo valore reale, oppure, ammettiamo, al prezzo medio di L. 66 pagato dalla Germania, sopra dimostrato, avrei dovuto spendere L. 13 mila e seicento in luogo di L. 2 mila e trecento.

Nell'occasione del mio viaggio nel Belgio, visitai le colombaie militari di Parigi e di Colonia. Quella di Parigi trovasi nel giardino di acclimatazione al Bois de Boulogne. È fatto a torricella ed era poco popolato. A Colonia invece vi sono due grandi colombaie. Una serve per la riproduzione e pel rifornimento degli altri dell'Impero e l'altra pel servizio. Sono entrambe belle e ben fornite.

A Parigi visitai pure il distintissimo colombofilo sig. La Perre de Roo, il quale debbo pure ringraziare per avermi gentilmente accolto e per aver offerto allo Stato, in seguito alla mia visita, altri cinquanta colombi. Il prelodato signore, il quale era già stato nominato Ufficiale dell'Ordine della Corona d'Italia pei doni fatti precedentemente, venne in quest'occasione meritamente promosso Commendatore dello stesso ordine.

Altri due doni avvenuti in seguito al mio viaggio nel Belgio, vennero fatti dal prefato signor D.re Neriny il primo di 40 ed il secondo di 60 eccellentissimi viaggiatori, e generosamente si offerse di farne degli altri, se le nostre colombaie militari ne avessero avuto bisogno.

Coi 207 colombi acquistati ed i 159 che lo Stato per mio mezzo ebbe in dono che per la loro bontà, posti in Italia, rappresentano un valore di otto mila lire almeno, le nostre colombaie vennero largamente provviste di ottimi elementi. Laonde si osservò tosto un sensibile miglioramento della razza, ed oggi possiamo asserire, senza però denigrare le razze degli altri, che i colombi delle colombaie militari sono i migliori esistenti in Italia. I modenesi, reggiani, parmeggiani ed altri se ne son serviti e se ne servono ancora per migliorare, mediante incroci, le proprie razze ed inoltre una prova della bontà dei citati colombi l'abbiamo nel fatto che in tutte le gare fatte a Modena negli anni 1883 al 1886 inclusi, alle quali io ho assistito, il primato fu sempre riportato da colombi provenienti da colombaie militari, i quali erano loro stati venduti per esuberanza di numero. Aggiungasi a questa circostanza che le colombaie militari non vendono mai i migljori, per quanto siano esuberanti.

163. **Esposizione di Torino.** — Nello stesso anno 1884 le colombaie militari presero parte all'esposizione generale Italiana di Torino con colombi e suppellettili colle quali anzi formai nei locali dell'esposizione un piccolo colombaio con due diversi sistemi di nidificazione. Il 3 giugno poi, invitate le colombaie militari dalla Commissione generale dell'Esposizione a fare un esperimento di viaggi inviando dispacci nei diversi luoghi, e stabilite le volute regole per l'accertamento dell'ora d'arrivo dei colombi, si effettuò il 3 giugno una lanciata di 30 colombi appartenenti alle cinque colombaie esponenti. Si ebbe per risultato, come appare dai verbali della suddetta Commissione, che i viaggiatori raggiunsero la loro dimora con una velocità massima di 78 Km. all'ora i più vicini a Torino, e minima di 50 i più distanti che erano quelli di Ancona e Bologna, non ostante la pioggia continua di quel giorno in quasi tutta l'alta e media Italia.

Assisteva a questa lanciata oltre la Commissione Zootecnica, S. A. il principe Amedeo e S. A. il principe Tommaso, i quali mi onorarono più volte della loro presenza nel colombaio provvisorio e delle loro interrogazioni.

Pei buoni risultati ottenuti nell'aereo esperimento nonchè per la bellezza e purità dei tipi esposti, e pei razionali tipi di colombaie militari e di suppellettili, fu dalla Giuria assegnato al Ministero della Guerra il *Diploma d'onore*, onorificenza del più alto grado per gli espositori fuori concorso.

164. Esperimenti sul mare. — Fra i tanti esperimenti di viaggi fatti dalle Colombaie militari, meritano speciale menzione, perchè nuovi negli annali colombifili, quelli fatti nel 1885 sul mare, tra l'isola della Maddalena, Roma e viceversa, e da Napoli a Cagliari.

Il giorno 25 luglio si eseguì lo scambio dei colombi viaggiatori tra le colombaie di Roma e dell'Isola Maddalena, e nel giorno 29 dello stesso mese si cominciarono le spedizioni dei dispacci dalla Maddalena a Roma, che proseguirono senza interruzione sino al 3 agosto. Il 4 si sospesero allo scopo di poterne fare anche in giornate di cattivo tempo e per aumentare anche le giornate di assenza dei colombi dalla loro dimora nativa. Il giorno 18 essendo avvenuti sensibili perturbamenti atmosferici le spedizioni furono riprese e si proseguirono ad intervalli in giorni piovosi e burrascosi, sino al 24 dello stesso mese, giorno in cui ebbero termine, essendo esauriti i 48 colombi inviati alla Maddalena.

Per ciò che riguarda i particolari delle spedizioni si osservarono le norme di cui al § 167 solo, che ciascuna spedizione venne eseguita con quattro colombi in vece di tre nella considerazione della non piccola distanza e della difficoltà che il viaggiatore doveva superare per raggiungere la sua meta; e si fu per queste stesse ragioni che nei giorni in cui lo stato atmosferico del cielo era meno favorevole al volo dei viaggiatori che il numero dei colombi da spedirsi in ciascuna volta si portò a cinque ed anche a sei.

Il tratto di mare che separa l'isola della Maddalena dal continente è di 240 Km. in linea retta e la distanza complessiva dall'isola della Maddalena a Roma è di Km. 270. Tale distanza venne percorsa dai corrieri alati con una velocità oraria di 45 Km. in media, e giunsero a Roma in ragione superiore ai $^2/_3$ dei colombi lanciati.

I dispacci colombi vennero recapitati (1) dalla Maddalena a Roma:

In ore 4,50 il 30 luglio
» 5 a 6 il 29 e 31 luglio e 1 e 24 agosto
» 6,5 il 3 agosto
» 6,50 il 23 agosto
» 8,18 il 18 agosto.

Nella lanciata del 2 agosto avvenne che i viaggiatori sciolti alla Maddalena alle ore 5,25 ant. giunsero a Roma il mattino dopo alle ore 8,32. Ad eccezione

(1) Avvenne più volte che giunsero a Roma i colombi prima del telegramma che dalla Maddalena s'inviava alla capitale per avvisare delle spedizioni fatte.

quindi di questa lanciata in cui i colombi tardarono probabilmente per aver deviato dalla giusta direzione mentre traversavano il mare, in tutti gli altri giorni in cui si effettuarono le spedizioni si ebbero risultati ottimi non ostante il gran caldo ed il lungo tragitto attraverso al mare.

Cade qui acconcio il notare, giacchè trattasi di esperimenti fatti sul mare, che la colombaia militare di Cagliari destinata pel servizio di esplorazione sul mare, ha lanciato i suoi messaggieri a scopo di esercitazione sin dalla distanza di 450 Km. sulla linea di Napoli, vale a dire a soli 20 Km. da questa città, e tali volatili eseguirono la traversata sul mare sino a Cagliari in ore 9.

Tali brillanti risultati ottenuti in questi primi esperimenti fatti sul mare a grandi distanze con viaggiatori delle colombaie militari, non sono stati finora raggiunti da altre colombaie italiane, e per quanto si sappia, neppure all'estero (1). Dai risultati medesimi poi si ha fondata ragione di ritenere poter esser assicurata in caso di guerra la corrispondenza tra le isole ed il continente, e poter così sostituire i cavi telegrafici sottomarini che venissero interrotti, come anche di poter impiantare un servizio di corrispondenza tra le navi

_____

(1) Nel Belgio ove gli amatori di un tale genere di Sport fanno eseguire ogni anno ai loro colombi viaggi sul continente europeo sin dalla distanza di 1200 a 1300 Km., in mare non hanno fatto che traversate dall'Inghilterra al Belgio medesimo; le quali si riducono a ben pochi chilometri se il colombo in luogo di prendere la linea retta, (che sarà di circa 100 Km. di mare) si dirige verso il passo di Calais per raggiungere il continente.

in alto mare ed il continente o le isole, assicurando così maggiormente la difesa delle coste.

Ognuno comprenderà facilmente di quanta importanza sia un tale servizio di corrispondenza, poichè per esso sarà possibile ricevere ogni giorno, ogni momento, ed in breve tempo per mezzo delle navi da guerra che trovansi in alto mare e dalla distanza di 400 Km. dalla spiaggia, notizie sugli avvenimenti che si compiono in alto mare, nonchè sulle mosse e forza della flotta nemica.

I colombi della Maddalena inviati a Roma e lanciati nell'epoca suddetta, giunsero alla Maddalena medesima in ragione di $^2/_5$. Questo risultato inferiore a quello ottenuto dalla colombaia militare di Roma, devesi attribuire al fatto che i colombi viaggiatori della Maddalena non poterono essere in precedenza sufficientemente addestrati a percorrere l'intero tragitto e ciò per esser venuto a mancare l'apposita R. Nave. Dai pochi giunti a destinazione, sebbene non abbastanza addestrati, si è potuto constatare che il colombo viaggiatore possiede una facoltà istintiva di orientamento ed un attaccamento tale alla sua colombaia, e, diciamolo pure, immenso coraggio, per non esitare a staccarsi dalla terra lanciandosi sulle acque per raggiungere un piccolo tratto di terra che non vede (1).

Oltre alle esperienze avanti accennate si son fatti

---

(1) Per vedere la Maddalena da Roma occorrerebbe che il viaggiatore si elevasse all'altezza di circa 6500 m.; mentre sappiamo che il colombo portato all'altezza di 4000 m. perde la facoltà di volare e lanciato cade come corpo morto.

presso le colombaie militari esperimenti pratici di ogni specie per assicurarsi del recapito dei dispacci in circostanze anormali, come sarebbero: in giorni di pioggia, di nebbia, di neve, di vento sfavorevole al volo dei viaggiatori ecc.: come anche di traversate di alte catene montuose e persino delle Alpi. ·

Tali esperimenti pratici diedero per risultato costante che i colombi possono normalmente prestare un servizio *sicuro* di corrispondenza aerea in ogni circostanza, meno però quando il suolo è coperto di neve, perchè in tal caso il viaggiatore non ritorna, che da brevi distanze (1). Anche quando il freddo è intenso avvengono perdite maggiori nei viaggiatori, ma il servizio viene assicurato coll'inviare un maggior numero di colombi portatori dello stesso dispaccio.

La velocità risultò in media dai 50 ai 60 Km. all'ora calcolati in linea retta.

165. Ordinamento. — Il servizio delle colombaie militari è affidato alle direzioni del Genio le quali fanno tutte capo per questo ramo di servizio al Comando Territoriale del Genio di Roma che ne ha la superiore direzione (2).

A ciascuna colombaia è addetto un sottufficiale colombicultore pratico della materia ed un inserviente.

---

(1) Veggasi al riguardo la nota a pagina 242.

(2) La Direzione superiore venne affidata nel 1878 al Comando Territoriale d'Artiglieria di Bologna. Nel maggio 1884 passò a quello di Roma e poscia nel novembre dello stesso anno venne definitivamente affidata al suddetto Comando del Genio presso cui mi trovo addetto. In seguito a questo cambiamento venni trasferto dall'Artiglieria al Genio.

I sott' ufficiali colombicultori vengono scelti nelle diverse armi, fra quelli che conoscono la colombicoltura e per esser nominati a tale impiego devono aver frequentato con buon esito un corso di colombicoltura teorico pratico presso la colombaia militare normale di Roma.

I colombi sono tutti matricolati e tenuti a ruolo come si usa pei cavalli di truppa (1).

La R. Marina concorre coi suoi mezzi di trasporto all' addestramento dei colombi destinati alle traversate marittime.

Ciascuna delle dodici colombaie ha tanti gruppi di uno stabilito numero di viaggiatori già addestrati, quanti sono i punti coi quali ciascuna colombaia deve essere in corrispondenza (2). Questi gruppi di viaggiatori vengono esercitati tutto l'anno a viaggiare sulla stessa linea, meno però nel momento in cui annualmente si incomincia l'allevamento e, fintantochè abbiano allevato i figli della 2.ª e qualche volta della 3.ª covata annuale, a seconda del numero dei giovani piccioni

---

(1) Nel Belgio, in luogo della matricola impressa nelle remiganti, come vedesi a figura 14.ª, sogliono, alcuni amatori, mettere nella zampa del volatile una piccola ghiera di metallo bianco in cui è impresso il numero di matricola, ed ha in rilievo l'anno di nascita del volatile ed una o più lettere maiuscole per distinguerne il proprietario. Queste ghiere, che sono alte 5 m.m. con otto di diametro e del peso di circa 30 centigrammi, vengono introdotte nella zampa del piccioncino all'età di circa sette giorni.

(2) Come si è accennato, il colombo viaggiatore di razza belga fa ritorno da distanze superiori a 1000 Km. ma le colombaie militari del Regno, sia per ragioni strategiche, che per esser più sicuri del recapito della corrispondenza, vennero collocate nelle diverse piazze a distanze non superiori ai 250 Km

occorrenti per rifornire i gruppi di adulti. Nella buona stagione questi gruppi vengono esercitati fino alla meta stabilita per ciascuno di essi, ed anche oltre la meta medesima divergendo inoltre lateralmente dai punti di collegamento, in modo che una colombaia che abbia tre o più gruppi di viaggiatori cosi addestrati a far ritorno da diverse direzioni, può ricevere con maggior sicurezza per mezzo di essi notizie da qualsiasi punto qualora si dovesse come si vedrà in seguito, mandare colombi presso corpi di truppa mobilizzati (1).

Nella stagione invernale, le colombaie situate in luoghi freddi esercitano i loro viaggiatori soltanto a piccole distanze, mentre che le colombaie situate nell'Italia meridionale li esercitano a grandi distanze anche nell'inverno.

Le disposizioni sopra indicate sono osservate nei tempi normali allo scopo di avere per il massimo lasso di tempo possibile i colombi pronti da un giorno all'altro a prestar servizio. Però quando fosse necessario un servizio di corrispondenza aerea, nel periodo di tempo in cui come sopra è detto i colombi non si

(1) È noto che anche cambiando direzione, portando p. e. colombi appartenenti alla colombaia di Roma che siano addestrati a far ritorno all'isola Maddalena, portandoli, dico, a Falconara, fanno egualmente ritorno a Roma. Cito questo fatto perchè un tale esperimento, oltre a tanti altri fatti antecedentemente venne eseguito dalla colombaia di Roma il 20 agosto 1885 con 9 colombi che avevano sempre viaggiato nella direzione dell'Isola Maddalena. I 9 colombi inviati a Falconara non appena lanciati da colà presero subito senza csitare la direzione di Roma, e ne giunsero 4 nello stesso giorno, 2 il successivo ed un altro 40 giorni dopo quantunque gli fossero state tagliate le remiganti.

fanno viaggiare, allora in 15 giorni circa, si possono addestrare d'urgenza i viaggiatori di tutte le colombaie fino alla meta predestinata od a quell'altro punto che potesse occorrere, ed in questo modo si ottiene che i colombi possono essere istruiti per qualsiasi eventualità di guerra, nel mentre cioè l'esercito compie la sua mobilitazione.

I locali delle colombaie militari del Regno che hanno due o più gruppi di colombi viaggianti, s'intende, ciascuno su una diversa direzione, sono costruiti secondo il tipo speciale di cui al § 110 ed alle figure 1.ª, 2.ª e 3.ª, per mezzo [del quale, come si è detto, ottiensi, che tutti i colombi di una colombaia tanto vecchi che giovani possono contemporaneamente e giornalmente uscire a volontà all'aperto senza che nel rientrare cambino alloggio; senza cioè si confondino i colombi di un gruppo con quelli dell'altro, cosa questa che facilita assai tutto l'andamento e la sorveglianza della colombaia (1).

Le finestre poi della colombaia sono munite di una gabbia-trappola nella quale si possono far rimanere imprigionati i colombi allorquando giungono alla colombaia muniti di dispaccio, prima che i medesimi vadano a confondersi cogli altri esistenti nell'interno.

---

(1) Ho veduto all'estero colombaie che per non aver locali razionalmente disposti, sono costretti di dare libera uscita ai colombi soltanto ad uno scompartimento o due per volta e di tener chiusi gli altri, per evitare che si confondano i colombi di uno scompartimanto con quelli di un altro. In tal modo i colombi godono della libertà di uscita soltanto una volta ogni 3 o 4 giorni, inconveniente questo assai sensibile per colombi di alto volo e destinati a percorrere grandi distanze.

A tale gabbia-trappola in caso di servizio si applica un congegno che fa suonare un campanello elettrico, per tutto il tempo' che il colombo rimane rinchiuso nella trappola, cioè, fintantochè il colombicultore, avvertito dal campanello, vada ad impadronirsene ed a ritirare il dispaccio di cui è portatore.

III.

Applicazione del colombo viaggiatore al servizio militare.

166. Servizi che il colombo può prestare. — La corrispondenza con colombi è in massima destinata a surrogare i mezzi ordinari che venissero interrotti dal nemico durante la guerra.

Le colombaie militari possono quindi servire per mettere in corrispondenza:

1.º Le piazze forti fra loro in caso d'assedio.

2.º Le isole col continente e viceversa.

3.º Le truppe mobilizzate con le piazze forti assediate.

4.º L'armata, gli esploratori ed i guarda coste di mare, e gli aeronauti col continente e colle isole.

Tal mezzo di corrispondenza è inoltre applicato:

5.º Nel servizio di esplorazione in terra ferma.

6.º Nella corrispondenza tra le unità Alpine ed i forti di sbarramento.

7.º Per surrogare le linee tetegrafiche che, per essere esposte al nemico, venissero dal medesimo interrotte.

8.º Per concorrere infine a tutti quei servizi in guerra che secondo le circostanze, possono rendere utile l'applicazione della corrispondenza di cui si tratta.

Come è noto il servizio di corrispondenza aerea si ottiene per mezzo dell'istinto che i colombi hanno di far ritorno alla loro dimora. Volendo ad esempio mettere in comunicazione fra loro due piazze o tutte le dodici piazze ove esiste la colombaia militare, occorre che le piazze medesime si scambino vicendevolmente i viaggiatori (1). Effettuato lo scambio ciascuna colombaia invia la corrispondenza alle altre piazze dando la libertà ai viaggiatori appartenenti alle colombaie della piazza colla quale si vuole corrispondere. Nei servizi di corrispondenza invece indicati ai numeri 3, 4, 5 e 6 non è possibile che la sola corrispondenza dall'esercito mobile e dalla flotta alle piazze ove esistono le colombaie, ma non mai da queste a quelli, perchè non è dato poter addestrare colombi in località instabili e mobili, quali appunto sono le navi e le posizioni in cui si compiono eventuali azioni di guerra.

Nel servizio di esplorazione in mare si provvedono le navi a ciò destinate del necessario numero di colombi appartenenti alle colombaie che si trovano meno distanti. La flotta, ad esempio, destinata a percorrere l'Adriatico si provvederà degli occorrenti viaggiatori delle colombaie di Venezia, Bologna, Ancona, Taranto ecc. Volendo poi dal mare trasmettere notizie al con-

---

(1) Lo scambio accennato si effettua quando se ne presenta il bisogno e se occorre anche molto tempo prima, perchè come si è detto, il colombo fa ritorno alla sua dimora dopo mesi ed anche anni di assenza.

tinente, queste s'inviano per mezzo dei colombi appartenenti alla colombaia meno distante dal punto ove trovasi la nave al momento in cui si vuol fare la spedizione dei colombi.

In modo analogo si procede per la corrispondenza degli areostati colle diverse piazze, soltanto che non potendosi sapere su quale direzione essi possono venire trasportati dalle correnti aeree, si potranno munire di colombi di due, tre o più colombaie poste a varie distanze dal luogo dell'ascensione del pallone.

Le truppe mobilizzate possono corrispondere colle fortezze assediate per mezzo dei colombi appartenenti alle fortezze medesime, però queste, in talune circostanze, potranno corrispondere colle truppe medesime, mediante colombi appartenenti a fortezze non assediate.

In caso d'invasione si può impiantare un servizio d'informazioni sulle mosse od operazioni dell'avversario affidando un certo numero di colombi ad appositi agenti di fiducia, i quali rimanendo nel territorio che viene occupato dal nemico possono essere in grado di adempiere tale importante servizio.

Cade qui acconcio di riportare un esempio citato dal colonnello Lodi in una conferenza di presidio, che tenne alcuni anni or sono in Piacenza, allo scopo di propugnare il maggior sviluppo delle colombaie militari allora esistenti.

« Supponiamo invaso il piemonte. L'alta valle del Po, le due Dore in mano nemica. Torino occupata. Probabilmente l'esercito della difesa prenderà le alture di Monferrato, Alessandria tenderà allo stretto di Stradella, si varrà del Ticino come ostacoli all'invasione. Ma con quali mezzi potrà aver notizie delle mosse nemiche? Moverà questi alla destra o sinistra del Po? Accennerà direttamente per la via più breve sopra Milano? Formerà egli un esercito d'osservazione ed uno di occupazione? ecc. ecc. Voi vedete che il nostro ufficio di informazioni si troverà a ben dura prova; avrà ben ordini e domande a cui rispondere! Uomini intrepidi, patriotti distinti cercheranno di farci pervenire notizie del nemico, ma vedete con quali pericoli per la vita dei messaggeri, con quali difficoltà per oltrepassare le linee nemiche, con quale lentezza per attendere i momenti opportuni? »

Ora, invece, se fosse stato già iniziato un servizio di esplorazioni, inviando preventivamente nelle zone occupate e tenendo quindi nascosti nelle città, castelli, villaggi, colombi delle colombaie militari ed all'occorrenza anche dei privati esistenti in Alessandria, Piacenza, Bologna, Ancona, Verona, Venezia ecc. facilmente si scorge come gl'individui preposti alle corrispondenze segrete troverebbero un mezzo più sicuro e non pericoloso per la loro vita per far giungere a noi importanti notizie relative alle mosse, alla forza del nemico e simili.

Alcuni dei servizi più sopra accennati, quando la distanza non sia grande, possono essere disimpegnati mediante viaggi di andata e ritorno come è indicato ai §§ 141, 142 e 143.

Con buon esito feci, nel 1878, esperimenti di andata e ritorno fino alla distanza di 35 Km.; ma è da ritenersi che pel breve tempo che il colombo impiega a percorrere lunghi tragitti, si possono ottenere detti servizi da distanze maggiori (1). Quest'asserzione trova una conferma nel fatto che il colombo che vive in istato selvaggio si reca di propria volontà a distanze di oltre 100 Km. per nutrirsi, od alla spiaggia del mare per cibarsi di sostanze saline delle quali esso ha bisogno ed al tempo stesso è ghiotto.

Questo metodo puossi applicare con molta facilità per la corrispondenza tra i diversi forti di una stessa piazza.

167. Allestimento e trasmissione di dispacci. — Riporto qui in appresso, con qualche aggiunta, quanto al riguardo è detto nell'istruzione sulle colombaie militari, da me compilata.

« I dispacci sono scritti sopra striscie di carta di seta delle più leggiere, (detta pelle d'uova) sulla quale però si possa scrivere da ambo le parti, larghe da $0^m,01$ o $0^m,03$ e lunghe quanto occorre, senza oltrepassare il peso di cui in seguito.

« Ogni striscia arrotolata strettamente a cilindro si pone in un tubetto di penna d'oca o di tacchino più lungo di $0^m, 002$ della larghezza della striscia e della voluta grossezza. All'estremità del tubetto esuberante, si fa passare in senso trasversale, con un

---

(1) Sono stato incaricato di fare in quest'anno esperimenti di andata e ritorno da Roma a Civitavecchia, Km. 62 di distanza in linea retta, e spero di poter riescire ad ottenere qualche buon risultato.

ago, un filo di refe forte (non di seta perchè facile a
snodarsi); quindi si annodano strettamente i due capi
d'ogni lato in modo che i nodi risultino sulla parte
cilindrica e nella stessa direzione, e vi restino due
capi liberi lunghi 0^m,10, usando all'uopo i voluti ordigni (1) si otturano le due estremità con cera vergine (2) per preservare dall'umidità, e poi si applica
il dispaccio ad una delle timoniere più forti, vicinis-
simo all'origine delle penne con nodi stretti mediante
i fili fissati al tubetto (vedi fig. 15.ª e 20.ª).

« I dispacci saranno più corti e leggieri che possibile. Salvo casi eccezionali in cui il peso complessivo del dispaccio potrà raggiungere un grammo, il
peso normale non sarà superiore a mezzo grammo (3).

« Ogni dispaccio-colombo sarà trasmesso normalmente da tre viaggiatori muniti ciascuno di una copia.
Tale numero potrà essere portato fino a 6 pei viaggi
di molta entità, e a seconda dello stato del cielo, dei
venti predominanti, della capacità e quantità dei viaggiatori, del tempo in cui i colombi sono assenti dalla
rispettiva colombaia ecc.

« In via eccezionale i viaggiatori possono essere
due soli.

(1) Questi ordigni sono: una tanaglietta perforante, una seghetta, una
sagoma (misura), una forbice ed altri comuni contenuti nella cassetta di
di cui alla fig. 19.

(2) Convien render maleabile la cera. Ciò si ottiene facendola lique-
fare entro acqua calda, aggiungendo il 20 per cento circa d'olio d'oliva.

(3) Con tale peso si può trascrivere a mano sulla striscia di carta,
con carattere minutissimo, il contenuto di circa 12 pagine di carta pro-
tocollo.

« In caso di guerra la lanciata dei colombi sarà fatta ad intervallo di circa mezz'ora dall'uno all'altro.

« Ciascuna spedizione, da compiersi possibilmente in analogia alle norme del § 132, sarà fatta con colombi dello stesso sesso, e di cui metà scelti fra i migliori e metà fra gli altri. Se i primi risultati sono buoni si terranno i migliori per le imprese più difficili e saranno lanciati per gli ultimi i più adulti.

« I dispacci porteranno l'indicazione del luogo, giorno ed ora di partenza, se occorre o no risposta, il numero di matricola del viaggiatore, l'esito delle spedizioni precedenti, i bisogni della colombaia, ed infine tutto ciò che riguarda l'andamento del servizio.

« In tempo di guerra si userà per la compilazione del dispaccio il cifrario dell'esercito.

« La colombaia che riceve i dispacci li consegna all'autorità superiore della piazza, la quale dispone a seconda dei casi.

« Possibilmente per le cure da prestarsi, un militare od inserviente, specialista, accompagna ogni gruppo di viaggiatori che si manda fuori per servizio di corrispondenza, il quale sarà pure accompagnato da una dimostrazione conforme al mod. n. 11 (1).

« Chi riceve i colombi deve assicurarsi che essi abbiano chiaramente impressa la matricola sulle remiganti, e in due timoniere la leggenda del colombaio cui appartengono (fig. 13.ª e 14.ª). Questa in caso di

(1) In questa dimostrazione vengono individualmente descritti i colombi per ordine di capacità, e serve per tener conto delle spedizioni, dei dispacci ed altro.

guerra prima di lanciare i colombi viene cancellata onde non venga conosciuta l'appartenenza del viaggiatore che cadesse in mano al nemico, il quale potrebbe servirsene a nostro danno con notizie false. La leggenda si cancella con acidi o meglio tagliando la barba od anche la penna. »

Bisogna, secondo il mio avviso, prevedere il caso in cui durante la guerra qualche proprietario di colombi viaggiatori ne faccia uso colpevole stabilendo, ad esempio, un servizio di esplorazione per conto del nemico, od in qualsiasi altro modo. In qualche Stato la legge non solo autorizza il Governo a fare una requisizione di tutti i colombi viaggiatori in caso di bisogno, ma dispone che tutte le persone che tengono o fanno uso di essi in tempo di guerra, senza l'autorizzazione dell'autorità militare, siano considerati come spie del nemico e trattati in conseguenza. Questa misura di precauzione mi sembra indispensabile e dovrebbe esser anche da noi adottata e rigorosamente applicata, come pure si dovrebbe infliggere una penalità rigorosa contro quelli che, specialmente in tempo di guerra, uccidono colombi viaggiatori.

Inoltre, essendo i colombi militari di una potenza considerati come strumenti di guerra, son compresi nella categoria delle cose di cui il vincitore prende possesso quando avviene la capitolazione di una piazza. Allorchè questa si arrende, conviene dar la libertà a tutti i colombi delle altre colombaie militari che ivi si trovassero, ed uccidere quelli appartenenti alla colombaia della piazza vinta, onde il nemico non se ne serva a nostro danno.

« Il trasporto dei viaggiatori al seguito di truppe mobilitate, sarà fatto in apposite gabbie, ove su cartellini esterni saranno scritte le volute indicazioni, e saranno distinti per colombaia e per sesso, cosa necessaria per evitare errori nella trasmissione dei dispacci-colombi, ed impedire che procreino e si affezionino in luoghi estranei alla colombaia. Nelle fermate di oltre 24 ore, i viaggiatori, sempre divisi per sesso, saran posti in camere asciutte, ventilate ed illuminate. Nelle lunghe fermate, o se nelle vicinanze trovansi altri colombi, si cercherà d'impedirne la vista (1) ai viaggiatori, ed ogni quattro o cinque giorni pure di fermata saran posti nelle rispettive gabbie da viaggio, e lasciativi per un'intera o mezza giornata, affinchè comprendano che da un momento all'altro possono esser lanciati, vi si preparino, e tengono in tal guisa esercitato il senso della direzione.

« Durante il tempo che i viaggiatori sono fuori della colombaia, saranno talvolta spaventati con cenci o rumori, per far loro desiderare la primitiva dimora, ove sono stati sempre ben trattati.

« La direzione superiore, in tempo di guerra può accettare per uso militare viaggiatori dai privati, disponendo presso le colombaie per la loro presa in consegna e pel loro mantenimento ed impiego.

« La distribuzione delle colombaie nei vari servizi in guerra è di competenza del capo di Stato maggiore dell'Esercito. »

(1) Come ripiego si può chiudere metà della finestra con la persiana e l'altra metà col telaio a vetri imbiancando questi con calce.

168. Conclusione. — Da quanto è esposto in que-
capo, emerge di quanto vantaggio possa essere in
guerra l'impiego di questi volatili pel servizio di corrispondenza, tanto, che fino a quando la scienza non
avrà sciolto l'arduo problema della direzione dei palloni areostatici, non si potrà ottenere altra corrispondenza celere e sicura a grandi distanze colle piazze
forti assediate, in mare ed in altre contingenze, tranne
che per mezzo dei colombi. Inoltre anche dopo sciolto
il problema della direzione dei globi areostatici il
servizio di corrispondenza con essi probabilmente non
potrà farsi con quella celerità, facilità e poca spesa (1)
che si può ottenere con colombi viaggiatori.

Il servizio di corrispondenza con colombi viaggiatori, sussidiato dalla telegrafia ottica, da quella se-
maforica, nonchè dai palloni areostatici (quest'ultimi
nel caso in cui pel prolungamento dell'assedio fossero
esauriti i viaggiatori, offrono il mezzo di poter riportare all'esterno quelli già ritornati nella piazza assediata) assicura all'esercito un mezzo sicuro di corrispondenza per poter far fronte in ogni eventualità.

Sarebbe pertanto desiderabile che anche il Ministero di Agricoltura, Industria e Commercio, oltre

---

(1) Nell'anno 1885 la spesa totale pel funzionamento delle 12 colombaie militari del Regno fu di L. 12091,64 cioè circa L. 1000 per ogni
colombaia. Il funzionamento invece del numero occorrente di areostati
per servizio di corrispondenza, qualora come si è detto venisse sciolto il
problema di cui sopra, implicherebbe una spesa assai rilevante, poichè,
come è noto, le ascensioni che si devono fare continuamente per esperienza e per l'istruzione del personale, costano ognuna quasi la somma
che occorre in un anno per una colombaia militare.

.quello della guerra, incoraggiasse con premi l'allevamento e l'addestramento dei colombi viaggiatori dei
privati, poichè tali incoraggiamenti oltre di estendere
nel regno un dilettevole Sport che si potrebbe all'occorrenza applicare a vantaggio dell'esercito, Sport che
nel Belgio implica un movimento di alcuni milioni
nel commercio interno e di molte migliaia di lire di
esportazione, porterebbe un sensibile aumento sul nostro mercato di cibi azotati a buon prezzo, con vantaggio della popolazione.

FINE DEL LIBRO TERZO.

LIBRO IV.

PRONTUARIO DI CONTI FATTI

PER CALCOLARE LA VELOCITÀ DEI COLOMBI DA 11 A 2000 CHILOMETRI DI DISTANZA E PER QUALSIASI COMBINAZIONE DI DISTANZA E DI TEMPO IMPIEGATO

Spiegazioni.

La quota di cui alla colonna (2) corrispondente al tempo impiegato dal colombo a far ritorno alla sua dimora, moltiplicata per Km. percorsi, darà la velocità al minuto.

Per trovare, ad esempio, la velocità di un colombo che abbia percorso 318 chilometri in ore 5,40, si moltiplica la quota risultante a colonna (2) di metri 2,94117 per 318. Esempio: $2^m,94117 \times 318 = 935^m,292$ di percorso al minuto.

Non occorre però fare l'operazione sopra tutte le cinque cifre decimali se non che nel caso in cui due o più colombi abbiano raggiunta una velocità quasi eguale, giacchè, tralasciando una, due od anche tre cifre decimali, il risultato non varia che di pochi centimetri al minuto, nei primi due casi, e di pochi decimetri nel 3.º. Infatti: $2^m,941 \times 318 = 935^m,238$; differenza 54 millimetri. In tal guisa l'operazione riesce ancora più facile e breve.

NOTA. Mentre gradirei venisse riprodotto da' periodici qualche brano del libro, mi varrei al contrario di tutti i diritti concessimi dalla legge, contro chi riproducesse, anche in parte, il presente prontuario

(2)   M I N U T I

Ore (1)	0 METRI	1 METRI	2 METRI	3 METRI	4 METRI	5 METRI	6 METRI	7 METRI	8 METRI	9 METRI
0	—	—	—	—	—	—	—	—	—	—
1	16 66666	16 39344	16 12900	15 87300	15 62500	15 38461	15 15151	14 92537	14 70588	14 49275
2	8 33333	8 26446	8 19672	8 13008	8 06450	8 00000	7 93650	7 87401	7 81250	7 75199
3	5 55555	5 52486	5 49450	5 46448	5 43478	5 40540	5 37634	5 34759	5 31914	5 29100
4	4 16666	4 14937	4 13223	4 11522	4 09836	4 08163	4 06504	4 04858	4 03225	4 01606
5	3 33333	3 32225	3 31125	3 30033	3 28947	3 27868	3 26797	3 25732	3 24675	3 23624
6	2 77777	2 77008	2 76243	2 75482	2 74725	2 73972	2 73224	2 72479	2 71739	2 71002
7	2 38095	2 37529	2 36966	2 36406	2 35849	2 35294	2 34741	2 34192	2 33644	2 33100
8	2 08333	2 07900	2 07468	2 07039	2 06611	2 06185	2 05761	2 05338	2 04918	2 04498
9	1 85185	1 84842	1 84501	1 84162	1 83823	1 83486	1 83150	1 82815	1 82481	1 82149
10	1 66666	1 66389	1 66112	1 65837	1 65562	1 65289	1 65016	1 64744	1 64473	1 64203
11	1 51515	1 51285	1 51057	1 50829	1 50602	1 50375	1 50150	1 49925	1 49700	1 49476
12	1 38888	1 38696	1 38504	1 38312	1 38121	1 37931	1 37741	1 37551	1 37362	1 37174
13	1 28205	1 28040	1 27877	1 27713	1 27551	1 27388	1 27226	1 27064	1 26903	1 26742
14	1 19047	1 18906	1 18764	1 18623	1 18483	1 18343	1 18203	1 18063	1 17924	1 17785
15	1 11111	1 10987	1 10864	1 10741	1 10619	1 10497	1 10375	1 10253	1 10132	1 10011
16	1 04166	1 04058	1 03950	1 03842	1 03734	1 03626	1 03519	1 03412	1 03305	1 03199
17	98039	97943	97847	97751	97656	97560	97465	97370	97276	97181
18	92592	92506	92421	92336	92250	92165	92081	91996	91911	91827
19	87719	87642	87565	87489	87412	87336	87260	87183	87108	87032
20	83333	83263	83194	83125	83056	82987	82918	82850	82781	82712
21	79365	79302	79239	79176	79113	79051	78988	78926	78864	78802
22	75757	75700	75642	75585	75528	75471	75414	75357	75301	75244
23	72463	72411	72358	72306	72254	72202	72150	72098	72046	71994
24	69444	69396	69348	69300	69252	69204	69156	69108	69060	69013
25	66666	66622	66577	66533	66489	66445	66401	66357	66312	66269
26	64102	64061	64020	63979	63938	63897	63856	63816	63775	63734
27	61728	61690	61652	61614	61576	61538	61500	61462	61425	61387
28	59523	59488	59453	59417	59382	59347	59311	59276	59241	59206
29	57471	57437	57405	57372	57339	57306	57273	57240	57208	57175
30	55555	55524	55493	55463	55432	55401	55370	55340	55309	55279
31	53763	53734	53705	53676	53648	53619	53590	53561	53533	53504
32	52083	52056	52029	52002	51975	51948	51921	51894	51867	51840
33	50505	50479	50454	50428	50403	50377	50352	50327	50301	50276
34	49019	48995	48971	48947	48923	48899	48877	48851	48828	48804
35	47619	47596	47573	47551	47528	47505	47483	47460	47438	47415
36	46296	46274	46253	46232	46210	46189	46168	46146	46125	46104

PRIMI (2)

10	11	12	13	14	15	16	17	18	19	Ore
ETRI	METRI	METRI	METRI	METRI	METRI	METRI	METRI	METRI	METRI	(1)
—	90 90909	83 33333	76 92207	71 42857	66 66666	62 50000	58 82352	55 55555	52 63157	0
28571	14 08450	13 88888	13 69863	13 51351	13 33333	13 15789	12 98701	12 82051	12 65822	1
39230	7 63358	7 57575	7 51879	7 46268	7 40740	7 35294	7 29927	7 24637	7 19424	2
26315	5 23560	5 20833	5 18134	5 15463	5 12820	5 10204	5 07614	5 05050	5 02512	3
—	3 98406	3 96825	3 95256	3 93700	3 92156	3 90625	3 89105	3 87596	3 86100	4
22580	3 21543	3 20512	3 19488	3 18471	3 17470	3 16455	3 15457	3 14465	3 13479	5
70270	2 69541	2 68817	2 68096	2 67379	2 66666	2 65957	2 65251	2 64550	2 63851	6
32558	2 32018	2 31481	2 30946	2 30414	2 29885	2 29357	2 28832	2 28310	2 27790	7
04081	2 03665	2 03252	2 02839	2 02429	2 02020	2 01612	2 01207	2 00803	2 00400	8
31818	1 81488	1 81159	1 80831	1 80505	1 80180	1 79856	1 79533	1 79211	1 78890	9
63934	1 63666	1 63398	1 63132	1 62866	1 62601	1 62337	1 62074	1 61812	1 61550	10
49253	1 49030	1 48809	1 48588	1 48367	1 48148	1 47928	1 47710	1 47492	1 47275	11
36986	1 36793	1 36612	1 36425	1 36239	1 36054	1 35869	1 35685	1 35501	1 35317	12
26582	1 26422	1 26262	1 26103	1 25944	1 25786	1 25628	1 25470	1 25313	1 25156	13
17647	1 17508	1 17370	1 17233	1 17096	1 16959	1 16822	1 16686	1 16550	1 16414	14
09890	1 09769	1 09649	1 09529	1 09409	1 09289	1 09170	1 09051	1 08932	1 08813	15
03092	1 02986	1 02880	1 02774	1 02669	1 02564	1 02459	1 02354	1 02249	1 02145	16
97087	96993	96899	96805	96711	96618	96525	96432	96339	96246	17
91743	91659	91575	91491	91407	91324	91240	91157	91074	90991	18
86956	86880	86805	86730	86655	86580	86505	86430	86355	86281	19
82644	82576	82508	82440	82372	82304	82236	82169	82101	82034	20
78740	78678	78616	78554	78492	78431	78369	78308	78247	78186	21
75187	75131	75075	75018	74962	74906	74850	74794	74738	74682	22
71942	71890	71839	71787	71736	71684	71633	71581	71530	71479	23
68965	68917	68870	68823	68775	68728	68681	68634	68587	68540	24
66225	66181	66137	66093	66050	66006	65963	65919	65876	75832	25
63694	63653	63613	63572	63532	63492	63451	63411	63371	63331	26
60975	60938	60901	60864	60827	60790	60753	60716	60679	60642	27
59171	59136	59101	59066	59031	58997	58962	58927	58892	58858	28
57142	57110	57077	57045	57012	56980	56947	56915	56882	56850	29
55248	55218	55187	55157	55126	55096	55066	55035	55005	54975	30
53475	53447	53418	53390	53361	53333	53304	53275	53248	53219	31
51813	51786	51759	51733	51706	51679	51652	51626	51599	51572	32
50251	50226	50200	50175	50150	50125	50100	50075	50050	50025	33
48780	48756	48732	48709	48685	48661	48638	48614	48590	48567	34
47393	47370	47348	47326	47303	47281	47258	47236	47214	47192	35
46082	46061	46040	46019	45998	45977	45955	45934	45913	45892	36

(2)   M I N U T I

Ore (1)	20 METRI	21 METRI	22 METRI	23 METRI	24 METRI	25 METRI	26 METRI	27 METRI	28 METRI	29 METRI
0	50 —	17 61904	45 45454	43 47826	41 66666	40 —	38 46153	37 03703	35 71428	34 482
1	12 50000	12 34567	12 19512	12 04818	11 90475	11 76470	11 62790	11 49425	11 36363	11 233
2	8 33333	8 26446	8 19672	8 13008	8 06451	8 00000	7 93650	7 87401	7 81250	7 7512
3	5 —	4 97512	4 95049	4 92610	4 90496	4 87804	4 85436	4 83091	4 80769	4 7846
4	3 84615	3 83141	3 81679	3 80228	3 78787	3 77358	3 75939	3 74531	3 73134	3 7179
5	3 12500	3 11526	3 10559	3 09597	3 08641	3 07692	3 06748	3 05810	3 04878	3 0395
6	2 63157	2 62467	2 61780	2 61096	2 60416	2 59740	2 59067	2 58397	2 57731	2 5706
7	2 27272	2 26757	2 26244	2 25733	2 25225	2 24719	2 24215	2 23713	2 23214	2 2271
8	2 00000	1 99600	1 99203	1 98807	1 98412	1 98019	1 97628	1 97238	1 96850	1 9646
9	1 78571	1 78253	1 77935	1 77619	1 77304	1 76991	1 76678	1 76366	1 76056	1 7574
10	1 61290	1 61030	1 60771	1 60513	1 60256	1 60000	1 59744	1 59489	1 59235	1 5898
11	1 47058	1 46842	1 46627	1 46412	1 46198	1 45985	1 45772	1 45560	1 45348	1 4513
12	1 35135	1 34952	1 34770	1 34589	1 34408	1 34228	1 34048	1 33868	1 33689	1 3351
13	1 25000	1 24843	1 24688	1 24533	1 24378	1 24223	1 24069	1 23915	1 23762	1 2360
14	1 16279	1 16144	1 16009	1 15874	1 15740	1 15606	1 15473	1 15340	1 15207	1 1507
15	1 08695	1 08577	1 08459	1 08342	1 08225	1 08108	1 07991	1 07874	1 07758	1 0764
16	1 02040	1 01936	1 01832	1 01729	1 01626	1 01522	1 01419	1 01317	1 01214	1 0111
17	96153	96061	95969	95877	95785	95693	95602	95510	95419	9532
18	90909	90826	90743	90661	90579	90497	90415	90334	90352	9017
19	86206	86132	86058	85984	85910	85836	85763	85689	85616	8554
20	81966	81900	81833	81766	81699	81632	81566	81499	81433	8136
21	78125	78064	78003	77942	77881	77821	77760	77700	77639	7757
22	74626	74571	74515	74460	74404	74349	74294	74239	74183	7412
23	71428	71377	71326	71275	71225	71174	71123	71073	71022	7097
24	68493	68446	68399	68352	68306	68259	68212	68166	68119	6807
25	65789	65746	65703	65659	65616	65573	65530	65487	65445	6540
26	63291	63251	63211	63171	63131	63091	63051	63011	62972	6293
27	60975	60938	60901	60864	60802	60790	60753	60716	60679	6064
28	58823	58788	58754	58719	58685	58651	58616	58582	58548	5851
29	56818	56785	56753	56721	56689	56657	56625	56593	56561	5652
30	54945	54914	54884	54854	54824	54794	54764	54734	54704	5467
31	53191	53163	53134	53106	53078	53050	53022	52994	52966	5293
32	51546	51519	51493	51466	51440	51413	51387	51361	51334	5130
33	50000	49975	49950	49925	49900	49875	49850	49825	49800	4977
34	48543	48520	48496	48473	48449	48426	48402	48379	48355	4833
35	47169	47147	47125	47103	47080	47058	47036	47014	46992	4697
36	45871	45850	45829	45808	45787	45766	45745	45724	45704	4568

PRIMI (2)

30 METRI	31 METRI	32 METRI	33 METRI	34 METRI	35 METRI	36 METRI	37 METRI	38 METRI	39 METRI	Ore (1)
33 33333	32 25806	31 25000	30 30303	29 41176	28 57142	27 77777	27 02702	26 31578	25 64102	0
11 11111	10 98901	10 86956	10 75268	10 63829	10 52631	10 41666	10 30927	10 20408	10 10101	1
7 69230	7 63358	7 57575	7 51879	7 46268	7 40740	7 35294	7 29927	7 24637	7 19424	2
4 76190	4 73933	4 71698	4 69483	4 67289	4 65116	4 62962	4 60829	4 58715	4 56621	3
3 70370	3 69003	3 67647	3 66300	3 64963	3 63636	3 62318	3 61010	3 59712	3 58422	4
3 03030	3 02114	3 01204	3 00300	2 99401	2 98507	2 97619	2 96735	2 95857	2 94985	5
2 56410	2 55754	2 55102	2 54452	2 53807	2 53164	2 52525	2 51889	2 51256	2 50626	6
2 22222	2 21729	2 21238	2 20750	2 20264	2 19780	1 19298	2 18818	2 18340	2 17864	7
1 96078	1 95694	1 95312	1 94931	1 94552	1 94174	1 93798	1 93423	1 93050	1 92678	8
1 75438	1 75131	1 74825	1 74520	1 74216	1 73913	1 73611	1 73310	1 73010	1 72711	9
1 58730	1 58478	1 58227	1 57977	1 57728	1 57480	1 57232	1 56985	1 56739	1 56494	10
1 44927	1 44703	1 44508	1 44300	1 44092	1 43884	1 43678	1 43472	1 43266	1 43061	11
1 33333	1 33155	1 32978	1 32802	1 32625	1 32450	1 32275	1 32100	1 31926	1 31752	12
1 23456	1 23304	1 23152	1 23001	1 22850	1 22699	1 22549	1 22399	1 22249	1 22100	13
1 14942	1 14810	1 14678	1 14547	1 14416	1 14285	1 14155	1 14025	1 13895	1 13765	14
1 07526	1 07411	1 07296	1 07181	1 07066	1 06951	1 06837	1 06723	1 06609	1 06496	15
1 01010	1 00908	1 00806	1 00704	1 00603	1 00502	1 00401	1 00300	1 00200	1 00100	16
95238	95147	95057	94966	94876	94786	94696	94607	94517	94428	17
90090	90009	89928	89847	89766	89686	89605	89525	89445	89365	18
85470	85397	85324	85251	85178	85106	85034	84961	84889	84817	19
81300	81234	81168	81103	81037	80971	80906	80840	80775	80710	20
77519	77459	77399	77339	77279	77220	77160	77101	77041	76982	21
74074	74019	73964	73909	73855	73800	73746	73691	73637	73583	22
70921	70871	70821	70771	70721	70671	70621	70571	70521	70472	23
68027	67980	67934	67888	67842	67796	67750	67704	67658	67613	24
65359	65316	65274	65231	65189	65146	65104	65061	65019	64977	25
62893	62853	62814	62774	62735	62695	62656	62617	62578	62539	26
60606	60569	60532	60496	60459	60422	60386	60350	60313	60277	27
58479	58445	58411	58377	58343	58309	58275	58241	58207	58173	28
56497	56465	56433	56401	56369	56338	56306	56274	56242	56211	29
54644	54614	54585	54555	54525	54495	54466	54436	54406	54377	30
52910	52882	52854	52826	52798	52770	52742	52714	52687	52659	31
51282	51255	51229	51203	51177	51150	51124	51098	51072	51046	32
49751	49726	49701	49677	49652	49627	49603	49578	49554	49529	33
48309	48285	48262	48239	48215	48192	48169	48146	48123	48100	34
46948	46926	46904	46882	46860	46838	46816	46794	46772	46750	35
45662	45641	45620	45599	45578	45557	45537	45516	45495	45475	36

MINUTI

Ore (1)	40 METRI	41 METRI	42 METRI	43 METRI	44 METRI	45 METRI	46 METRI	47 METRI	48 METRI	49 METRI
0	25 —	24 39024	23 80952	23 25581	22 72727	22 22222	21 73913	21 27659	20 83333	20 40816
1	10 —	9 90099	9 80392	9 70873	9 61538	9 52380	9 43396	9 34579	9 25925	9 17431
2	6 25000	6 21118	6 17283	6 13496	6 09756	6 06060	5 02409	5 98302	5 95238	5 91715
3	4 54545	4 52488	4 50450	4 48430	4 46428	4 44444	4 42477	4 40528	4 38596	4 36681
4	3 57142	3 55871	3 54609	3 53356	3 52112	3 50877	3 49650	3 48432	3 47222	3 46020
5	2 94117	2 93255	2 92397	2 91545	2 90697	2 89855	2 89017	2 88184	2 87356	2 86532
6	2 50000	2 49376	2 48756	2 48138	2 47524	2 46913	2 46305	2 45700	2 45098	2 44498
7	2 17390	2 16919	2 16450	2 15982	2 15517	2 15053	2 14592	2 14132	2 13675	2 13219
8	1 92307	1 91938	1 91570	1 91204	1 90839	1 90476	1 90114	1 89753	1 89393	1 89035
9	1 72413	1 72117	1 71821	1 71526	1 71232	1 70940	1 70648	1 70357	1 70068	1 67779
10	1 56250	1 56006	1 55763	1 55521	1 55279	1 55038	1 54798	1 54559	1 54320	1 54083
11	1 42857	1 42653	1 42450	1 42217	1 42045	1 41843	1 41643	1 41442	1 41242	1 41043
12	1 31578	1 31406	1 31233	1 31061	1 30890	1 30718	1 30548	1 30378	1 30208	1 30039
13	1 21951	1 21802	1 21654	1 21506	1 21359	1 21212	1 21065	1 20918	1 20772	1 20627
14	1 13636	1 13507	1 13378	1 13250	1 13122	1 12994	1 12866	1 12739	1 12612	1 12485
15	1 06382	1 06269	1 06157	1 06044	1 05932	1 05820	1 05708	1 05596	1 05435	1 05374
16	1 00000	99900	99800	99700	99601	99502	99403	99304	99206	99108
17	94339	94250	94161	94073	93984	93896	93808	93720	93632	93545
18	89285	89206	89126	89047	88967	88888	88809	88731	88652	88573
19	84745	84674	84602	84530	84459	84388	84317	84245	84175	84104
20	80645	80580	80515	80450	80385	80321	80256	80192	80128	80064
21	76923	76863	76804	76745	76687	76627	76569	76511	76452	76394
22	73529	73475	73421	73367	73313	73260	73206	73152	73099	73046
23	70422	70372	70323	70274	70224	70175	70126	70077	70028	69979
24	67567	67521	67476	67430	67385	67340	67294	67249	67204	67159
25	64935	64892	64850	64808	64766	64724	64683	64641	64599	64557
26	62500	62460	62421	62383	62344	62305	62266	62227	62189	62150
27	60240	60204	60168	60132	60096	60060	60024	59988	59952	59956
28	58139	58105	58072	58038	58004	57971	57937	57903	57870	57836
29	56179	56148	56116	56085	56053	56022	55991	55959	55928	55896
30	54347	54318	54288	54259	54229	54200	54171	54141	54112	54083
31	52631	52603	52576	52548	52521	52493	52465	52438	52411	52383
32	51020	50994	50968	50942	50916	50890	50864	50838	50813	50787
33	49504	49480	49455	49431	49407	49382	49358	49333	49309	49285
34	48076	48053	48030	48007	47984	47961	47938	47915	47892	47869
35	46728	46707	46685	46663	46641	46620	46598	46576	46554	46533
36	45454	45433	45413	45392	45372	45351	45330	45310	45289	45269

PRIMI

50	51	52	53	54	55	56	57	58	59	Ore
METRI	METRI	METRI	METRI	METRI	METRI	METRI	METRI	METRI	MÉTRI	(1)
20 —	19 60784	19 23076	18 86792	18 51851	18 18181	17 85714	17 54385	17 24137	16 94915	0
9 09090	9 00900	8 92857	8 84955	8 77192	8 69565	8 62068	8 54700	8 47457	8 40336	1
5 88235	5 84795	5 81395	5 78034	5 74712	5 71428	5 68181	5 64971	5 61797	5 58659	2
4 34782	4 32900	4 31034	4 29184	4 27350	4 25531	4 28728	4 21940	4 20168	4 18410	3
3 44827	3 43642	3 42465	3 41296	3 40136	3 38983	3 37837	3 36700	3 35570	3 34448	4
2 85714	2 84900	2 84090	2 83286	2 82485	2 81690	2 80898	2 80112	2 79329	2 78551	5
2 43902	2 43309	2 42718	2 42130	2 41545	2 40963	2 40384	2 39808	2 39234	2 38663	6
2 12765	2 12312	2 11864	2 11416	2 10970	2 10526	2 10084	2 09643	2 09205	2 08768	7
1 88679	1 88323	1 87969	1 87617	1 87265	1 86915	1 86567	1 86219	1 85910	1 85528	8
1 69491	1 69204	1 68918	1 68634	1 68350	1 68067	1 67785	1 67504	1 67224	1 66944	9
1 53846	1 53609	1 53374	1 53139	1 52905	1 52671	1 52439	1 52207	1 51975	1 51745	10
1 40845	1 40646	1 40449	1 40252	1 40056	1 39860	1 39664	1 39470	1 39275	1 39082	11
1 29870	1 29701	1 29533	1 29366	1 29198	1 29032	1 28865	1 28700	1 28534	1 28369	12
1 20481	1 20336	1 20192	1 20048	1 19904	1 19760	1 19617	1 19474	1 19331	1 19189	13
1 12359	1 12233	1 12107	1 11982	1 11856	1 11731	1 11607	1 11482	1 11358	1 11234	14
1 05263	1 05152	1 05041	1 04931	1 04821	1 04712	1 04602	1 04493	1 04384	1 04275	15
99009	98911	98814	98716	98619	98522	98425	98328	98231	98135	16
93457	93370	93283	93196	93109	93023	92936	92850	92764	92678	17
88495	88417	88339	88261	88183	88105	88028	87950	87873	87796	18
84033	83963	83892	83822	83752	83682	83612	83542	83472	83402	19
80000	79936	79872	79808	79744	79681	79617	79554	79491	79428	20
76335	76277	76219	76161	76103	76045	75987	75930	75872	75815	21
72992	72939	72886	72833	72780	72727	72674	72621	72568	72516	22
69930	69881	69832	69783	69741	69686	69637	69589	69541	69492	23
67114	67069	67024	66979	66934	66889	66844	66800	66755	66711	24
64516	64474	64432	64391	64350	64308	64267	64226	64184	64143	25
62111	62073	62034	61996	61957	61919	61881	61842	61804	61766	26
59880	59844	59808	59772	59737	59701	59665	59630	59594	59559	27
57803	57770	57736	57703	57670	57636	57603	57570	57537	57503	28
55865	55834	55803	55772	55742	55710	55679	55648	55617	55586	29
54054	54024	53995	53966	53937	53908	53879	53850	53821	53792	30
52356	52328	52301	52273	52246	52219	52192	52164	52137	52110	31
50761	50735	50710	50684	50658	50632	50607	50581	50556	50530	32
49261	49236	49212	49188	49164	49140	49115	49091	49067	49043	33
47846	47824	47801	47778	47755	47732	47709	47687	47664	47641	34
46511	46489	46468	46446	46425	46403	46382	46360	46339	46317	35
45248	45228	45207	45187	45167	45146	45126	45105	45085	45065	36

ENDA

fig. 2ª

—

Iª DIVISIONE.
2° gruppo viag
ri adulti

IIª DIVISIO
3° gruppo viagg
adulti

III DIVISIONE
togruppi di ri
mento

er isolare gli a
malattia

colombi appart
aie

granaglie e sup

lombaia

lla colombaia
l'osservatorio.
servatorio.

Fig. 4ª **SCAFFALE PER LA NIDIFICAZION:**

TTO

SEZIONE A B

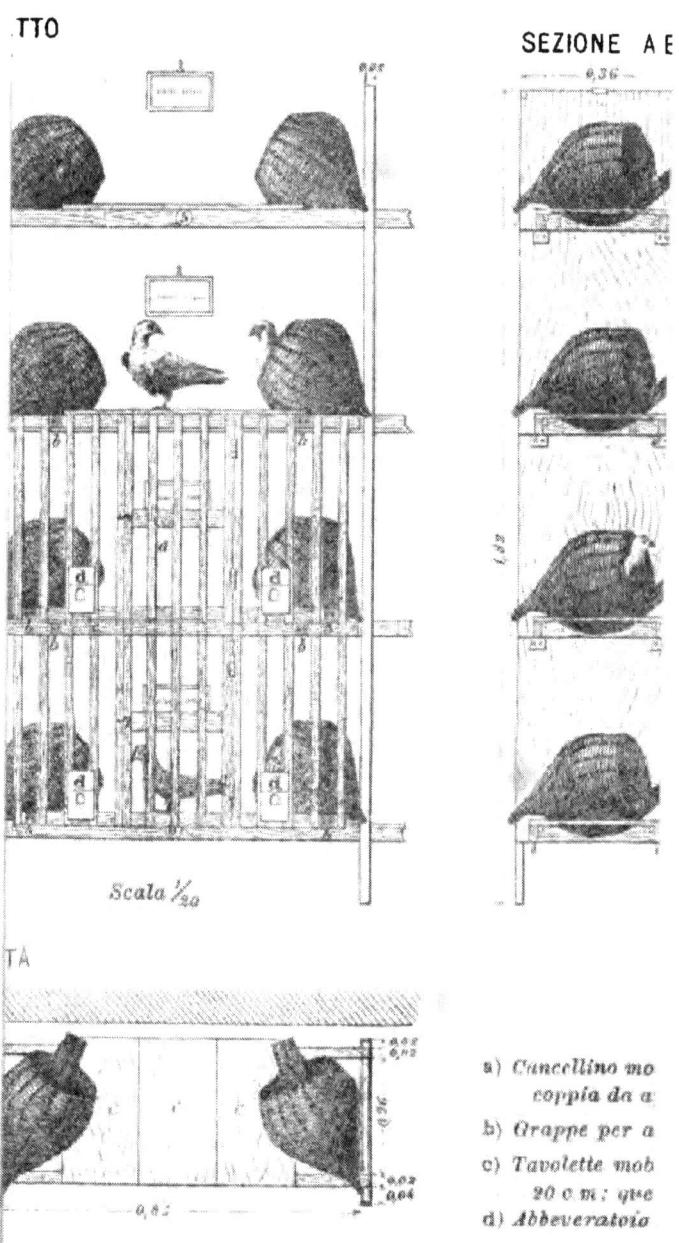

Scala ½₂₀

TA

a) *Cancellino mo*
   coppia da a
b) *Grappe per a*
c) *Tavolette mob*
   20 c m: que
d) *Abbeveratoio*

Tav. IV.

ETTAGLIO DEI FERRI MOBILI

Visti di fronte

Visti di fianco

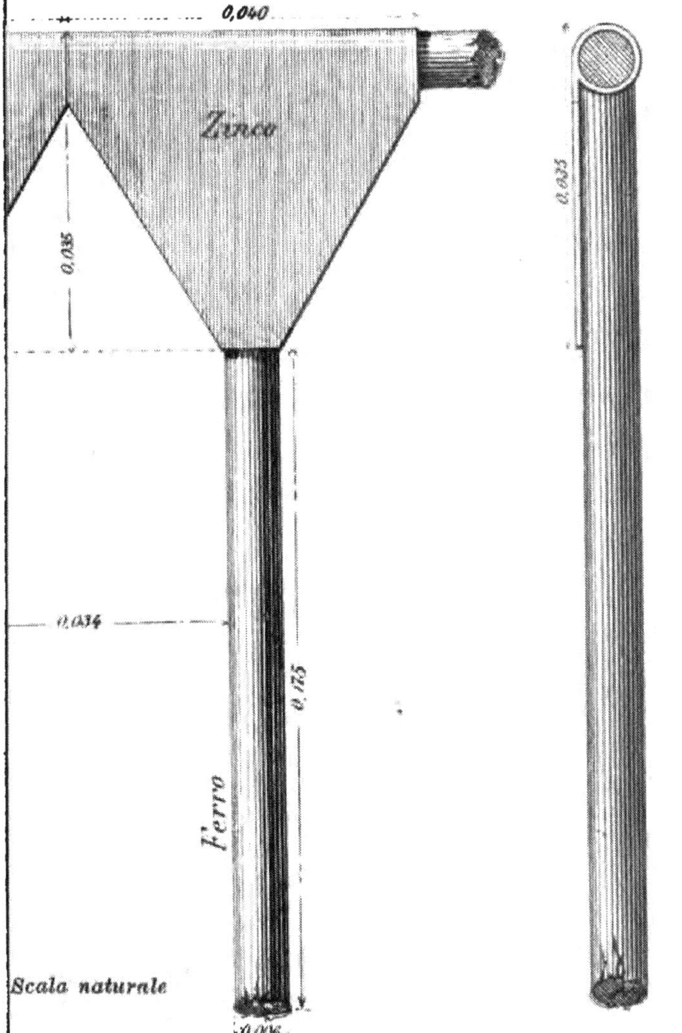

0,040

Zinco

0,035

0,034

0,175

Ferro

0,035

Scala naturale

0,006

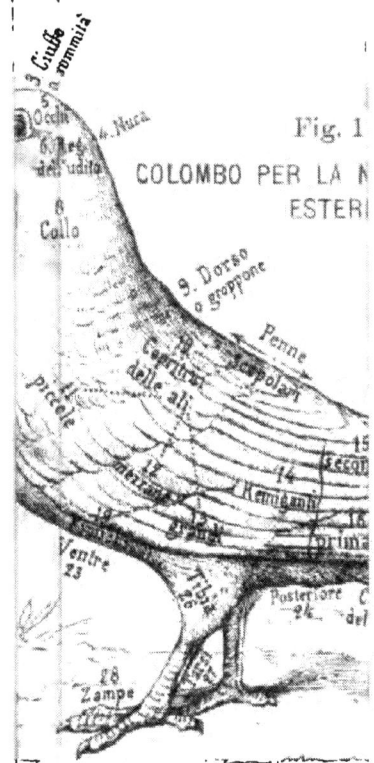

3 Ciuffo
5 Sommità
6 Occhi
Nuca
6 Org.
del'udito
8 Collo
9. Dorso o groppone
Penne
scapolari
Copritrici delle ali
Ali piccole
15 Secon...
14
Ali medie
Remiganti
17
grandi
primar...
Ventre
23
Posteriore
Tibia
26
24 del...
18
Zampe

Fig. 1

COLOMBO PER LA N
ESTERI

Varietà mista

Fig. 10ª

o supe-

lombi

COLOMBO AVVOLT

PER

INTERNO DI UNA (

tre
ngi

con

AB
A

ABBEVERATO
PER ABB
MENTI
PERCHÈ

N VERNICIATA
LA CASSETTA
9. 25ª

P!

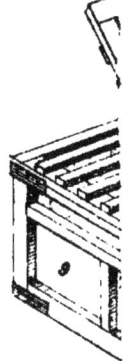

noggia entro cui
no le granaglie,
passano nel fon-
mangiatoia di
mano che ven-
nsumate.

PEL

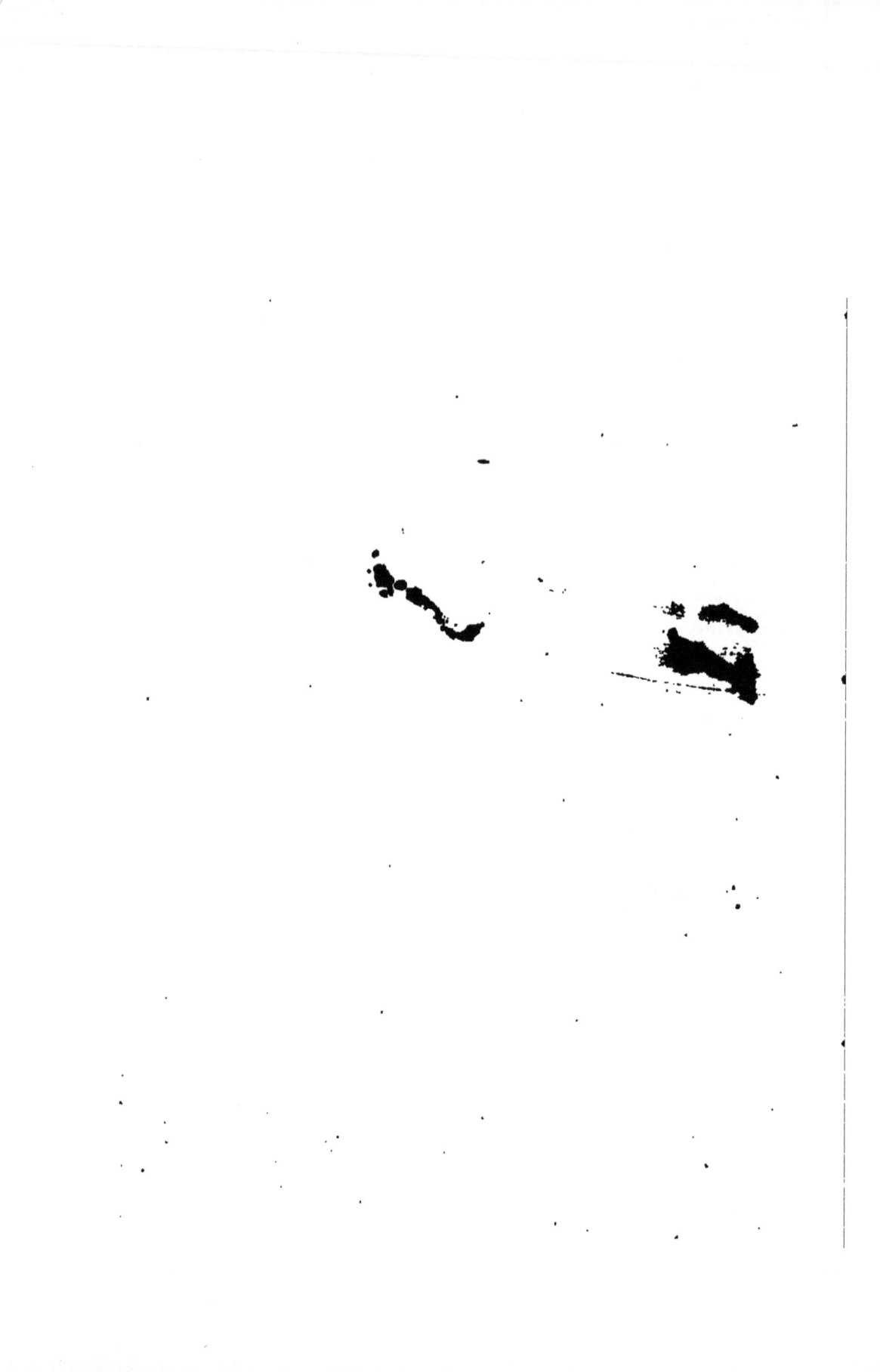

RETURN TO ➡ CIRCULATION DEPARTMENT
202 Main Library

LOAN PERIOD 1	2	3
HOME USE		
4	5	6

ALL BOOKS MAY BE RECALLED AFTER 7 DAYS

Renewals and Recharges may be made 4 days prior to the due date.

Books may be Renewed by calling 642-3405.

DUE AS STAMPED BELOW

AUTO DISC FEB 08 1988		

FORM NO. DD6,

UNIVERSITY OF CALIFORNIA, BERKELEY
BERKELEY, CA 94720

Lightning Source UK Ltd.
Milton Keynes UK
UKHW030632240821
389389UK00008B/599